ASPECTOS DO DIREITO NO BRASIL QUINHENTISTA: CONSONÂNCIAS DO ESPIRITUAL E DO TEMPORAL

IBSEN NORONHA
Licenciado em Direito pela Universidade de Brasília
Mestre pela Universidade de Coimbra

ASPECTOS DO DIREITO NO BRASIL QUINHENTISTA: CONSONÂNCIAS DO ESPIRITUAL E DO TEMPORAL

Dissertação apresentada para a obtenção
do Grau de Mestre em Direito
na Vertente Jurídico–Histórica
Em 2 de Dezembro de 2004

ASPECTOS DO DIREITO NO BRASIL QUINHENTISTA: CONSONÂNCIAS DO ESPIRITUAL E DO TEMPORAL

AUTOR
IBSEN JOSÉ CASAS NORONHA

EDITOR
EDIÇÕES ALMEDINA, SA
Av. Fernão Magalhães, n.º 584, 5.º Andar
3000-174 Coimbra
Tel.: 239 851 904
Fax: 239 851 901
www.almedina.net
editora@almedina.net

PRÉ-IMPRESSÃO I IMPRESSÃO I ACABAMENTO
PROL EDITORA GRÁFICA LTDA - Unidade Alphaville
Al. Araguaia - Barueri - SP
Tel.: 4195 - 1805 Fax: 4195 - 1384
www.prolgrafica.com.br

Julho, 2008

DEPÓSITO LEGAL

Os dados e as opiniões inseridos na presente publicação
são da exclusiva responsabilidade do(s) seu(s) autor(es).

Toda a reprodução desta obra, por fotocópia ou outro qualquer
processo, sem prévia autorização escrita do Editor, é ilícita
e passível de procedimento judicial contra o infractor.

SUMÁRIO

• Introdução •

PRIMEIRA PARTE

Capítulo 1 – A Ordem de Cristo nos primórdios dos Descobrimentos

Capítulo 2 – Um Tribunal *sui generis*: A Mesa da Consciência e Ordens

Capítulo 3 – O Direito nascente

SEGUNDA PARTE

Capítulo 1 – Portugueses e Índios: o encontro de dois povos e duas mentalidades

Capítulo 2 – A luta pelo Direito no Brasil Quinhentista

Capítulo 3 – Uma visão sobre os diplomas acerca da liberdade dos Índios

• Conclusões •

Anexos

Bibliografia

*À Nossa Senhora da Imaculada Conceição,
Padroeira da Universidade de Coimbra*

*"... e a terra se vai pondo em sobjeição de Deus
e do Governador, o qual os faz viver em justiça
e rezão, castigando os delinquentes com muyta
moderação, com tanta liberdade como
aos mesmos cristãos."*

Carta do P.ᵉ MANUEL DA NÓBREGA A TOMÉ DE SOUSA.
Bahia 5 de Julho de 1559.

*"Il faut éclairer l'histoire par les lois
et les lois par l'histoire."*

MONTESQUIEU

PREFÁCIO

Um livro atirado ao público, conforme o esplêndido acerto de Guerra Junqueiro, «equivale a um filho atirado à roda. Entrego-o ao destino, abandono-o à sorte. Que seja feliz é o que eu lhe desejo; mas, se o não for, também não verterei uma lágrima».

Da sorte académica do livro de Ibsen Noronha, subordinado ao título «Aspectos do Direito no Brasil Quinhentista: consonâncias do Espiritual e do temporal», que correspondeu à sua dissertação de Mestrado em Ciências Jurídico-Históricas na Faculdade de Direito da Universidade de Coimbra, já ajuizou um júri, em que sobressaíam as figuras dos Senhores Professores Martim de Albuquerque e António dos Santos Justo. Os méritos da obra estão pois reconhecidos. Importa agora fazê-los rebrilhar, em forma de archotes crepitantes ou de curiosos vidrilhos de ensaio. É isso que o leitor anónimo, porventura dissaboreado destes temas, esperará de uma singela nótula introdutória.

O excurso de Ibsen Noronha exibe uma prestimosa utilidade, na medida em que pretende oferecer uma exposição abrangente acerca do direito no Brasil quinhentista. Não se discute o enorme interesse em relançar o papel da Ordem de Cristo nos Descobrimentos ou a acção da Mesa da Consciência e Ordens no Ultramar português, nem se contesta a aliciante aspiração de colocar olhos fitos nas primeiras manifestações da cultura jurídica no Brasil, com especial ênfase nos lances jurídicos que envolveram os Índios. Louvam-se, francamente, tais passos e tais propósitos, num terreno ainda muito inexplorado pela historiografia jurídica luso-brasileira.

O punctum saliens *da obra respeita, na verdade, à complexa definição do estatuto jurídico dos Índios. Envolto numa imensa teia problemática, o tema dos Índios implicava o tratamento de questões tão relevantes como a da liberdade. Um assunto que se encontrava longe de radicar apenas no plano filosófico.*
   Alvo de aceso debate foi a tese da alienabilidade da própria liberdade. Segundo alguns, um bem susceptível de aestimatio. *Nesta linha, sustentava o Padre Quirício Caxa que, tendo o homem o senhorio da sua liberdade, se podia vender a si mesmo. Lançou-se também na* disputatio *o Padre Manuel da Nóbrega que se movimentou de acordo com outras coordenadas, aliás, bem mais exigentes. Admitia que a liberdade se veria perdida por guerra justa ou por pena de culpa, mas nunca a qualquer preço. No fundo, alguém só poderia alienar a sua* libertas *para salvar a vida. A significar que o preço do status libertatis era a vida. Dos fundamentos e corolários práticos do direito à liberdade no seio dos Índios do Brasil traçou Ibsen Noronha um quadro assaz sugestivo.*

   Pela lente do historiador do direito desvela-se ainda uma gritante plasticidade do ius *aplicável no Brasil quinhentista. Pêro Borges, primeiro ouvidor-geral, terá degredado de uma para outras capitanias alguns colonos, deixando de o fazer para a costa africana, como dispunha o livro V das Ordenações, porque, em seu entender, o vingar de colonização implicava, não raro, deixar de seguir as Ordenações, pois tinham sido elaboradas «não havendo respeito aos moradores do Brasil». Rogou-se, por outro lado, a inaplicabiliade da lei em matéria de barregania. Evidentemente que as situações de casados amancebados e de duplos casamentos proliferavam nas terras descobertas. No entanto, a quietude complacente das autoridades justificava-se.*

O direito de família não podia ser encarado pela óptica metropolitana. Com inegável lucidez, o governador Mem de Sá sublinhou que o Brasil não se deveria regular pelas leis e estilos do Reino. O Papa Pio V, na mira de fomentar o casamento cristão entre os Índios, concedeu uma dispensa de impedimentos matrimoniais no tocante à consaguinidade dos nubentes. Tudo a tremeluzir, desde cedo, a formação de um princípio da especialidade de que irão falar abertamente os velhos mestres do direito colonial da Escola de Coimbra.

A obra de Ibsen Noronha encerra páginas entusiasmantes alicerçadas nas confidências seguras dos documentos. Ibsen Noronha não pertence à categoria dos viandantes exaustos. Só eles se sentam, à beira das estradas, medindo em silêncio, lugubremente, o caminho percorrido. A história do direito brasileiro espera muito da sua juventude e do seu talento.

RUI DE FIGUEIREDO MARCOS

INTRODUÇÃO

«Se Roma criou a razão jurídica, a Península Ibérica criou a piedade legal». Esta frase, escrita por Luminius[1], suscita uma série de questões ao curioso e, muito mais, ao estudioso dos problemas de índole histórico-jurídicos nascidos com a era dos Descobrimentos. A frase provoca a sensação de uma estreitíssima relação entre os poderes espiritual e temporal em Portugal e Espanha, actuando na formação de um direito nas terras do Novo Mundo. E este fenómeno deu-se mais notavelmente no século XVI. A este século dedicamos a nossa atenção neste estudo, privilegiando o Brasil como receptor da cultura jurídica portuguesa. As sementes do direito brasileiro vieram de Portugal, mas o solo, sendo diverso, fez vicejar um direito próprio.

É fácil verificar, numa rápida incursão pelos estudos dedicados ao primeiro século do Brasil, no que toca o direito, uma triste escassez bibliográfica. Se, como afirmou Marchant, no seu clássico estudo sobre as relações económicas no Brasil de Quinhentos[2], os estudos dedicados à economia neste período haviam sido negligenciados, outro tanto se poderia dizer acerca dos estudos voltados para as relações jurídicas e a génese do direito brasileiro.

---

[1] Citada por MARTIM DE ALBUQUERQUE no artigo intitulado: A luta pela Justiça na colonização do Brasil, in *Estudos de Cultura Portuguesa*, Lisboa, 2002, III, *in fine*.

[2] *Do Escambo à Escravidão – As Relações Econômicas de Portugueses e Índios na Colonização do Brasil – 1500-1580*, trad. brasileira de Carlos Lacerda, São Paulo, 1980. Marchant afirmou ter sido, o aspecto económico, o mais negligenciado no que respeita ao primeiro século do Brasil. Talvez hiperbólica, a afirmação, contudo, provocou interesse pelo tema. A obra foi escrita no início da década de quarenta. Para a afirmação referida ver o prefácio da obra.

Em verdade a historiografia de pendor jurídico dedicou poucas páginas ao período Quinhentista. Abordado como parte integrante que é do período colonial, acabou por ser estudado de maneira sintética e não como um momento onde o fenómeno jurídico se manifesta de maneira, muitas vezes, decisiva e pujante.

Os trabalhos dedicados aos assuntos que a frase de Luminius desafia a explorar, na sua especificidade brasileira, são muito raros. As obras de História geral são um apoio importante para uma visão global contextualizada mas, ao mesmo tempo, insuficientes no quadro jurídico.

Este panorama justifica uma séria suspeita de que está quase tudo por fazer no trabalho de pesquisa e elaboração da história do direito brasileiro, ao menos no que respeita ao seu primeiro século. Os trabalhos de maior fôlego, publicados há mais de meio-século, abriram sendas, e são de um mérito enorme[3]. Mas, desde então, apesar de um interesse real pelos estudos histórico-jurídicos manifestado em muitos ambientes académicos no Brasil, a não obrigatoriedade da disciplina nos cursos de direito e, nem sequer, a sua oferta como matéria opcional na maioria das faculdades – para além de um marcado privilégio à práxis jurídica – tudo isto concorre para um lamentável olvido da história do direito como uma cadeira de real importância para a formação de juristas com um horizonte mais largo e maior perspectiva para exercer as suas nobres funções. É óbvio que a investigação também sofre com este sistema.

O estudo que vamos empreender visa tão somente ser um contributo que ajude a levantar uma série de questões acerca do facto histórico do nascimento do direito brasileiro, chamando a atenção para alguns temas mais ou menos relegados ao silêncio pelos trabalhos referentes ao alvorecer da história do Brasil.

* * *

À fenomenologia jurídica interessa tanto a recepção quanto a rejeição de um direito; também é de sumo interesse perscrutar os meios de que se serviu o poder que desejou instaurar uma nova ordem jurídica. O grau

---

[3] Destacamos a *História do Direito* Brasileiro, de Waldemar Ferreira, publicada em 1952, e o importante ensaio, com o mesmo título, de César Trípoli, de 1936; a clássica *História do Direito Nacional*, de J. Izidoro Martins Júnior, foi publicada há mais de um século.

de aceitação ou rejeição da ordem jurídica deve, pois, fazer parte do quadro de análise num estudo histórico-jurídico. Sob este prisma, o século XVI no Brasil apresenta um carácter muito interessante para uma análise histórica da génese de um direito de origem europeia abaixo do Equador. Basta considerar que os colonos europeus, desbravadores destas novas possessões, muitas e muitas vezes, não acatavam as determinações provenientes da corte e transtornavam, assim, o processo de criação e execução do corpo legislativo que deveria dar unidade ao novo estado.

Por outro lado, aos aborígenes, chamados índios, pareciam muito estranhas as regras que se lhes apresentavam para serem cumpridas, francamente contrárias ao seu *modus vivendi* pré-cabralino. Os costumes e maneiras de encarar a vida, desde a simples disciplina de trabalho até aos rituais antropofágicos, viram-se contestados veementemente pelos homens brancos, chegados em embarcações àquelas terras.

Uma das muitas perguntas que afloram na reflexão acerca deste período é, desde logo, como os leigos encaravam a ordem jurídica. E o que dizer dos próprios encarregados da execução das leis? Não menos curiosidade desperta a percepção das formas de influência exercitadas pelos poderosos na aplicação do direito.

Para além deste quadro configurado no hemisfério sul, é muito digno de atenção o panorama europeu naquele século, que se reflectia em Portugal e Espanha, os reinos protagonistas do advento do Novo Mundo e inevitavelmente repercutia nas suas acções em além-mar. Ao mesmo tempo os Descobrimentos transformavam a «visão de mundo» do homem europeu. Em suma, tudo concorria para uma viragem vertiginosa de muitos dos conceitos até então considerados indiscutíveis. O conhecimento humano em bloco foi colocado à prova. O Direito não foi poupado.

Neste contexto, por exemplo, é notável a importância que adquirem a doutrina e as concepções medievais, ainda em vigor nestes tempos na Península Ibérica, que afirmam a hierarquia configurada pela lei divina, a lei natural e a lei positiva[4]. Esta espécie de lastro jurídico foi essencial na elaboração e organização de um direito já exclusivamente brasileiro em

---

4 O problema da limitação dos poderes da autoridade suprema, na escala hierárquica típica da sociedade medieval, é permeada por categorias de ordem transcendente. O *ius divinum* e o *ius naturale* limitam de maneira essencial o poder soberano, traduzindo uma concepção ontológica da supremacia. A positivação da lei depende essencialmente desta limitação. A sociedade teocêntrica é perfeitamente entendida através deste "mecanismo organizado". Evidentemente só uma sociedade sacral

Quinhentos.

A delimitação deste estudo ao século XVI pareceu-nos legítima, por se tratar de um período de viragem na história europeia, que precedeu, de um modo geral, o início da laicização do direito. O terreno vinha sendo preparado desde o surgimento do humanismo jurídico e, nesta época, já iam avançadas as concepções no pensamento jurídico que chegariam até ao marco consagrado deste processo, representado pela obra de Grotius.

Mas, tomando como baliza o século XVI, não consideramos obrigatório fechar as fronteiras, visto que as digressões se tornam úteis e muitas vezes necessárias. Assim, as apreciações deslocam-se conforme as necessidades, tendo sempre em conta que o presente histórico se vincula ao passado e prepara o devir.

Esta delimitação, contudo, acaba por se espraiar pela geografia. A aplicação do direito no espaço brasileiro em Quinhentos significa considerar a sua orla litorânea, mas não a sua enorme extensão hodierna. Esta havia sido explorada, mas não colonizada. Devemos, pois, para uma noção espacial correcta, ter em consideração a faixa de litoral entre os actuais estados de Pernambuco e São Paulo. Em graus de latitude diríamos, 6° a norte e 25° a sul. Estas seriam as coordenadas tidas em conta, de facto, para as nossas observações. O interior era quase desconhecido.

Durante a primeira metade do século nasceram povoações que se transformaram em vilas, estando todos esses núcleos colonizadores situados na costa[5]. A segunda metade do século é marcada pela luta contra os franceses. As vitórias luso-brasileiras deram origem a São Sebastião do Rio de Janeiro e a Felipéia de Nossa Senhora das Neves, na Paraíba. Estas e a capital, Salvador, foram as únicas fundações urbanas com fôros de cidade no século XVI.

Não é longa a lista das vilas brasileiras ao final do século I da História do Brasil: contamos três no nordeste, seis na região leste, cinco na região sul[6] que, somadas às três únicas cidades existentes, nos dão o pano-

---

pode sustentar este sistema. O primado do papado torna-se, assim, condição *sine qua non* para a sua coerência.

[5] Destacamos Olinda e Igaraçu em Pernambuco, Santa Cruz, Ilhéus e Porto Seguro na Bahia e São Vicente – a primeira vila – e Santos em São Paulo. A primeira cidade brasileira data da chegada do primeiro governador geral, Tomé de Sousa, em 1549, e foi Salvador da Bahia de Todos os Santos.

rama da colonização até então. Assim, sintetizando, ao longo de um século, a acção civilizadora portuguesa espraiou-se desde o forte dos Reis Magos até à Cananéia.

Quanto à população, temos o estudo feito pelo Barão do Rio Branco que estabeleceu alguns números que nos podem servir de base: 24.700 moradores brancos; 18.500 índios cristianizados e 14.000 escravos negros. Esta é a estimativa no final do século I.

Neste território, ocupado por esta população neste espaço de tempo, transcorrem os acontecimentos que buscamos para o nosso estudo.

* * *

Nas nossas pesquisas, quase sempre nos deparamos com trabalhos dedicados, compreensivelmente, ao problema do estatuto do Índio. Entretanto, não nos podemos furtar à observação de que, na maioria dos ditos estudos, a perspectiva das instituições e do contexto da época foi bastante menos privilegiada que a análise com pressupostos ideológicos. Entendemos que tal aproximação se utiliza das fontes com objectivos bastante opostos aos que nós julgamos importantes, ou seja, reflectir a História sem preconceitos, para compreender o processo, sua continuidade e suas rupturas. No caso da história do direito o critério deve ser escrupuloso.

Para além do aspecto ideológico notamos que o tratamento dado às fontes jurídicas muitas vezes prescindia dos textos, contentando-se com extractos substanciados. Por isso, achamos de toda conveniência, apesar de termos que pagar o preço de oferecer alguma aridez para o leitor, atermo-nos aos textos disponíveis e dedicarmo-nos com algum cuidado à sua análise. Além disso, resolvemos publicar em anexo, na íntegra, algumas das leis referentes à liberdade dos índios, que se encontram dispersas em antigas colecções, sendo, por isso mesmo, difícil a sua consulta.

O trabalho foi dividido em duas partes, cada uma delas composta por três capítulos. As temáticas das partes e dos capítulos são distintas,

---

[6] São elas Igaraçu (1536), Olinda (1537) e Natal (1599) na região Nordeste; Porto Seguro (1535), São Jorge de Ilhéus (1536), Santa Cruz (1536), Espírito Santo (1551), Nosso Senhor da Vitória (1551) e São Cristóvão (1590), na região leste; São Vicente (1532), Santos (1545), São Paulo de Piratininga (1554), N. Senhora da Conceição de Itanhaém (1561) e, finalmente, São João Batista de Cananéia, na região sul.

mas encontram-se articuladas.

Tendo bem presente a importância do problema da condição dos primitivos habitantes do Brasil, procuramos trazer à tona algo do que o tempo preservou para a interpretação daquele período.

Ao longo das leituras ficou claro que estudar o estatuto dos índios seria impossível sem o recurso ao estudo dos jesuítas, aqueles que tomaram o encargo de inserí-los na sociedade que Portugal desejava instaurar além-mar, ou seja, a civilização cristã. Para além da óbvia importância no campo da transformação dos costumes e da cultura, de deixarem o maior manancial de documentos disponíveis, o campo do direito foi-lhes muito familiar. É o que relevamos no capítulo terceiro da primeira parte do nosso estudo, afinal foi da pena de um jesuíta que surgiu um dos primeiros documentos de debate jurídico escrito no Brasil, e versando exactamente sobre o tema candente da liberdade dos índios.

Antes, porém, dos jesuítas, a missão de instaurar esta civilização em novas terras pertenceu a uma ordem de cavalaria, com origens medievais, que teve um percurso especial em Portugal, a Ordem de Cristo. A importância desta ordem na gesta dos Descobrimentos é muitas vezes lembrada mas continua obscura no que respeita à sua efectividade. Procuramos no primeiro capítulo fazer um *aproach* e averiguar a sua acção e suas atribuições no Brasil[7]. A especial circunstância, verificada a partir de D. Manuel, de os admnistradores da Ordem serem os soberanos do reino, para além de condicionar a sua acção, apresenta um aspecto jurídico interessante: a Ordem assentava sobre disposições emanadas da monarquia e do papado – portanto externas – e também tinha as suas próprias disposições oriundas do capítulo, de origem interna. O espiritual e o temporal acham-se distintos, mas harmonizados.

No segundo capítulo fizemos uma incursão sobre a Mesa da Consciência e Ordens, tribunal *sui generis*, criado por D. João III à época da ins-

---

[7] Na sua *História da Província de Santa Cruz*, impressa em 1576, Pero de Magalhães Gandavo, referindo-se ao descobrimento, escreve: *o que não parece carecer de mysterio, porque assim como nestes reinos de Portugal trazem a cruz no peito por insignia da ordem de cavallaria de Christus, assim prouve a elle que essa terra se descobrisse a tempo que o tal nome*[de Santa Cruz] *lhe pudesse ser dado neste santo dia*[3 de Maio]*, pois havia de ser possuida de Portuguezes e ficar por herança de patrimonio ao mestre da mesma ordem de Christus.* Cfr. op. cit., edição do Annuario do Brasil, Rio de Janeiro, 1924, pp. 19-20.

tituição do sistema das capitanias. Além de terem força de lei as suas decisões, o tribunal também ficaria encarregado, a partir de 1551, dos assuntos das três ordens militares: Cristo, Avis e Santiago. O problema do cativeiro dos índios também estava afecto a este tribunal que, desde a sua composição até a competência de decidir os casos que tocavam à consciência régia, manifesta o carácter único que o revestia.

A segunda parte do trabalho tem, no seu primeiro capítulo, uma tentativa de enquadramento dos primeiros contactos entre os portugueses e os índios. Um destes povos estaria destinado a implantar uma nova ordem, o outro a submeter-se, integrando-se. As fontes concedem-nos relatos claros e permitem-nos aquilatar as diversas posições e oposições que os sujeitos de direito tomaram e fizeram.

O segundo capítulo procura mostrar os primeiros actos na luta pela instauração do direito no Brasil, com os pressupostos doutrinários e fácticos para além dos diplomas que começavam a delinear a nova ordem jurídica desejada. O problema do cativeiro dos índios e a aplicação do direito são emoldurados a partir da documentação disponível, desde a época anterior à colonização, passando pelo sistema das capitanias hereditárias e chegando ao Governo geral, tendo o governo inicial de Tomé de Sousa e o do terceiro governador, Mem de Sá (que durante catorze anos administrou o Brasil) recebido maior atenção. O problema da prática da antropofagia, pela controvérsia que causa e por ser, obviamente, totalmente incompatível com a instauração da ordem jurídico-moral europeia, foi apresentado exclusivamente com recurso às fontes da época.

No último capítulo procuramos estudar fundamentalmente os diplomas régios que marcaram a evolução da legislação durante o século XVI quanto à condição dos índios. Acreditamos que a análise desta legislação, permeada pelo estudo das condições da época sob um prisma multidisciplinar, pode dar uma noção bastante clara de como foi tratado o problema desde a corte portuguesa. Desfechamos este capítulo com dois diplomas de Filipe II de Portugal, já no dealbar do século XVII, por considerarmos que o ciclo estudado fica completo, apesar de, posteriormente, como é sabido, novas circunstâncias acabarem por alterar o rumo da política legislativa.

Por fim seleccionamos alguns documentos que consideramos importantes e juntamos em anexo.

Durante todo o esforço empreendido no trabalho de investigação através da era de Quinhentos, deparamo-nos com as relações entre o religioso e o profano constantemente e em todos os campos do acontecer humano. As relações entre os sujeitos de direito do Novo e do Velho Mundo, pelo menos segundo a óptica europeia, não poderiam reger-se senão sob esta perspectiva. Os aspectos religiosos tiveram a sua importância, que pode e deve ser aquilatada, para o entendimento do processo do nascimento do direito no Brasil. Muitas vezes, sabemo-lo, foi das dissonâncias entre o religioso e o profano que surgiu o direito *strictu sensu*. Preferimos, contudo, como ficou límpido no subtítulo deste trabalho, observar as consonâncias, que ficam explícitas no Brasil Quinhentista.

Neste momento o nosso pensamento volta-se primeiramente para os nossos pais, que nos instigaram a perscrutar o Direito desde o nosso ingresso na Universidade de Brasília. A eles somos muito reconhecidos.

Na Faculdade de Direito da Universidade de Coimbra, a orientação do Doutor Rui Manuel de Figueiredo Marcos, assim como os conselhos e o estímulo que nos dispensou, foi-nos essencial, pelo que lhe agradecemos penhoradamente.

Durante a pesquisa nas bibliotecas e arquivos, pudemos usufruir da atenção e auxílio de muitas pessoas. Agradecemos, pois, ao corpo de funcionários da Biblioteca da Faculdade de Direito da Universidade de Coimbra, da Biblioteca Geral da Universidade de Coimbra, da Biblioteca da Faculdade de Letras de Coimbra – da Sala Dr. Joaquim de Carvalho e do Instituto de História da Expansão Ultramarina da mesma Faculdade – da Biblioteca Nacional de Lisboa, especialmente da área dos reservados, do Arquivo Nacional da Torre do Tombo, do Arquivo Histórico Ultramarino, da Biblioteca Pública de Évora, da Biblioteca da Universidade de Brasília, da Biblioteca Nacional do Rio de Janeiro e da Biblioteca da Câmara dos Deputados.

Para uma visão mais alargada da História do Direito o ano académico do curso de mestrado foi muito importante. Para além das aulas desta cadeira, ministradas pelo nosso orientador, não podemos esquecer as lições de Direito Romano do Professor Santos Justo e de Pensamento Jurídico do Doutor Reis Marques, a quem estamos verdadeiramente gratos.

Aos colegas do mestrado que, através do convívio, tornaram os estudos ainda mais enriquecedores, devemos também uma palavra.

Os amigos, sempre dispostos a ouvir e discutir ideias, assim como a trocar e sugerir livros, não podemos deixar de os lembrar, neste nosso rol certamente impreciso e incompleto.

E, por fim, agradeço à Joana Luisa, amiga dedicada, que tanto ajudou e colaborou ao longo de todo o curso, tanto na elaboração dos trabalhos do ano académico quanto no incentivo à composição deste estudo.

PRIMEIRA PARTE

CAPÍTULO I

1.1 O início das Navegações e a Ordem de Cristo

Coube à ínclita geração, aos filhos de D. João I e da rainha D. Filipa de Lencastre, o início da portentosa obra lusitana que daria *novos Mundos ao Mundo* e, no crepúsculo do século XV, chegaria à *quarta parte nova*, o *Mundus Novus* de Vespúcio[1].

A conquista de Ceuta, em 1415, marca o início da expansão portuguesa e pode ser, como efectivamente o foi, interpretada sob diversos prismas: um auto de cavaleiros[2], a aquisição de uma cabeça de ponte para a exploracão da África[3], ou a mais tradicional concepção do *serviço de Deus* relatada pelo Mestre Mateus de Pisano em 1460[4]. Também as interpretações de cunho materialista não falecem, e o domínio deste ponto estratégico para o comércio parece um motivo formidável para o imenso esforço[5].

O certo é que esta iniciativa portuguesa, interpretada mística, heróica ou economicamente, não foi de maneira alguma empreendida sem grande ponderação. A demorada preparação e os artifícios diplomáticos concederam tempo para examinar todos os aspectos da façanha almejada pelos

---

[1] A carta *Mundus Novus* é considerada apócrifa, mas é contemporânea do célebre aventureiro florentino e serviu-se dos seus relatos. *Cfr.* a recente edição brasileira das cartas, *Novo Mundo – As cartas que batizaram a América*, São Paulo, 2003, especialmente pp. 27-53.

[2] *Vid.* BALTASAR OSÓRIO, *Ceuta e a Capitania de D. Pedro de Meneses (1415--1437)*, Lisboa, 1933.

[3] *Vid.* GASPAR VILLAS, *Os Portugueses na Colonização*, Lisboa, 1929.

[4] *Cfr. O Livro da Guerra de Ceuta*, publicado pela Academia de Sciencias de Lisboa, s.d., pp. 7 e ss.

[5] *Cfr.* ANTÓNIO BRÁSIO, *A Acção Missionária no Período Henriquino*, Lisboa, 1958, pp. 7-8.

infantes de Portugal. O desejo de alargamento da Cristandade é provado documentalmente[6]. O intento dos infantes de serem armados cavaleiros com um feito brilhante foi, de facto, alcançado com sucesso. Não era desconhecida a grande quantidade de riquezas acumuladas, provenientes de saques, existentes em Ceuta. Os dispendiosos meios empregues na expedição militar poderiam, assim, vir a ser compensados. Enfim, foi um projecto estudado.

Esta lança em África teve eco não somente em Portugal, onde os infantes foram recebidos com festas, mas também no estrangeiro, considerado feito de Cruzada[7]. A conquista foi realmente um marco na História europeia. A partir daí as expedições pelas costas africanas vão ser cada vez mais freqüentes e, ao longo de algumas décadas, o Infante de Sagres irá organizar e executar a expansão pelo mar. O contacto com os mais diversos povos e raças será constante, e os novos e estranhos costumes destes povos serão observados atentamente[8].

A descoberta da ilha da Madeira em 1418, dos Açores em 1432, a passagem pelo lendário Cabo Bojador em 1434, a descoberta do Rio do Ouro e a passagem pelo Cabo Branco em 1436, o rio Senegal, o rio Gambia, as Ilhas de Cabo Verde e finalmente Serra Leoa em 1460, são os grandes avanços no conhecimento da costa africana que se deram durante a vida do Duque de Viseu. Era um extraordinário percurso até então desconhecido do Velho Mundo.

Neste contexto dos Descobrimentos, parece-nos que um aspecto é importante notar e procurar trazer à luz: o papel da Ordem Militar de Nosso Senhor Jesus Cristo. Sendo a continuação em Portugal da Ordem do Templo[9], instituída pelo Papa João XXII, pela bula[10] *Ad ea ex quibus*, de

---

[6] Na *Crónica da Tomada de Ceuta*, cap. X, pode ser lida a posição de D. João I acerca da entrada em África: *Antes que eu nenhuma coisa responda, quero primeiro saber se isto é serviço de Deus de se fazer, ca por mui grande honra nem proveito que se me dele possa seguir, se não achar que é serviço de Deus não entendo de o fazer, porque somente aquela coisa é boa e honesta na qual Deus é inteiramente servido.*

[7] *Vid.* ELAINE SANCEAU, *D. Henrique, o Navegador*, Porto, 1988, pp. 95-96.

[8] *Idem*, pp. 299 e ss.

[9] Acerca dos templários em Portugal desde a sua fundação(1124) até a sua extinção(1314), *vid.* J. M. CAPELO, *Portugal templário, Relação e sucessão dos seus Mestres*, Lisboa, 2003.

[10] A palavra bula significa o selo de metal aposto a um documento pontifício. Por extensão indica o próprio documento. Normalmente de chumbo, também podiam ser de prata ou ouro. O arquivo vaticano conserva 78 exemplares de bulas de ouro.

14 de Março de 1319, no reinado de D. Dinis, será D. Henrique o seu grande impulsionador.

O seu primeiro grão-mestre foi D. Gil Martins. Em 1321, a Ordem de Cristo, cuja casa principal era sediada em Castro Marim, possuía mais de cento e sessenta comendadorias e a totalidade dos milicianos era de ex-templários portugueses e franceses. Em 1356 a sede regressará a Tomar, onde desde os tempos de D. Afonso Henriques se iniciara a construção de um Castelo para servir à Ordem dos Cavaleiros do Templo[11].

Ao herdarem os bens dos religiosos do Templo os freires de Cristo tornaram-se logo uma fonte de poder e influência em Portugal. Os bens de natureza eclesiástica tinham, então, as suas devidas finalidades, designadas pelos canones e breves apostólicos. Durante a primeira centúria de vida, a Ordem organizou-se e buscou restabelecer as suas actividades primordiais. Sucederam-se sete mestres[12] até que, após a Tomada de Ceuta, surgiu a ideia de colocar ao serviço da Coroa as rendas para a manutenção das conquistas a favor da *Respublica Christiana*.

Com efeito, foi durante a administração do Infante de Sagres que a Ordem alcançou grande desenvolvimento e assim desempenhou importante papel nas diversas actividades da obra henriquina. E foi de administração que se tratou. Como refere António Brásio

> *As designações que os historiadores, com uma unanimidade tão incrível como lamentável, se comprazem em dar ao Infante D. Henrique, de Mestre e até de Grão-Mestre da Ordem de Cristo, estão em absoluta contradição com a terminologia canónica, que não é uma simples e banal questiúncula de palavras, porque em direito, como na exacta linguagem teológica ou filosófica, a terminologia não foi escolhida e determinada a capricho... os Mestres e Grão-Mestres das Ordens Militares eram membros professos da respectiva Ordem, prelados que tinham o governo e a administração interna e constitucional da Religião, na sua orgánica e estrutura canónicas. Ora embora o Infante tenha pedido e obtido licença pontifícia para*

---

[11] Ainda se pode ler no dito Castelo, inscrito em latim, o seguinte texto incompleto: *Na era de 1160, reinando Afonso ilustríssimo Rei de Portugal, D. Gualdim, Mestre dos cavaleiros portugueses do Templo, com seus freires começou, no primeiro dia de Março, a edificar este castelo chamado Tomar, o Rei ofertoua d...*, in TITO LIVIO FERREIRA, *A Ordem de Cristo e o Brasil*, São Paulo, 1980, p. 24.

[12] Foram mestres, desde a criação da Ordem ao tempo de D. Dinis: D. Gil Martins, D. João Lourenco, D. Martim Gonçalves Leitão, D. Estevão Gonçalves Leitão, D. Rodrigo Anes, D. Nuno Rodrigues, D. Lopo Dias de Sousa.

professar como cavaleiro e ser, consequentemente, membro da Ordem no sentido canónico do termo, certo é que nunca realizou o seu intento... Daqui resulta, com meridiana clareza, que nunca o nobre Infante foi Mestre nem Grão-Mestre da referida milícia[13].

Agora, é deveras importante ter bem presente a posição e o papel desempenhado pelo Infante, ao longo dos cerca de quarenta anos em que se relacionou com a Ordem e os seus membros, e dirigiu toda a organização das expedições pela costa africana e pelo Atlântico.

Pela carta régia de 18 de Fevereiro de 1416, D. Henrique foi nomeado por seu pai governador dos negócios de Ceuta. D. João I havia atribuído os direitos e proventos do Mestrado de Santiago, do Arcebispado de Lisboa e outros Bispados, e mesmo a dízima da Câmara Apostólica, à manutenção desta praça.

Parece verosímil ser desta época a intenção de vincular e aproximar as Ordens Militares à Coroa de Portugal através de suas rendas utilizadas nos empreendimentos reais. Obter para os infantes a administração apostólica era, certamente, a mais eficaz das medidas para alcançar este desidério. A bula de 8 de Outubro de 1418 concedia a D. João, filho do rei, a administração da Ordem de Santiago da Espada.

Com uma carta datada de 20 de Maio de 1420 (data provavelmente fictícia pois a resposta pontifícia tem a mesma data, sendo esse o costume da Cúria Romana, ou seja, datar as súplicas identicamente às respostas) o rei pede ao papa que conceda a regência e o governo da Ordem de Cristo, devido à morte do mestre D. Lopo Dias, e no desejo de fazer regressar à antiga pureza e finalidade a Milícia de Cristo[14].

O Infante de Sagres foi nomeado pelo papa Martinho V, pela bula *In apostolice dignitatis specula*, administrador geral da Ordem[15] da Milícia de Jesus Cristo nos reinos de Portugal e Algarve. Tinha a partir de então D. Henrique a administração plena, o governo das pessoas, dos direitos e

---

[13] *Cfr.* ANTÓNIO BRÁSIO, *op. cit.*, p. 60.

[14] Eis o belo trecho da súplica do rei da Boa Memória: *Supplicat sanctitati vestre quatenus dictum magistratum, iam vacantem per obitum Lopi Didaci, extra romanam curiam defuncti, dignemini carissimo eius filio infanti Henrico terciogenito concedere regendum et gubernandum, ut, contra eosdem saracenos, pro augmento christiane religionis et in alios suos usus, fructus expendere ualeat. In Monumenta Henricina*, Lisboa, 1961, vol. II, p. 366.

[15] *Idem*, p. 367.

dos bens pertencentes à Ordem[16]. Podia dispor de tudo em favor da prossecução dos fins primários e institucionais da Ordem, sendo-lhe apenas rigorosamente proibido alienar bens imóveis e os mais preciosos móveis da Milícia.

Será, em grande parte, dos proventos, rendas, frutos e rendimentos da Ordem que se nutrirá a expansão ultramarina. O combate aos moiros e outros infiéis, e a propagação da fé entre os povos aonde as caravelas portuguesas chegaram, eram os objectivos renovados da Ordem Militar fundada no tempo de D. Dinis.

A bula que nomeara o Infante administrador da Ordem em 1420, dava-lhe todo o poder, sendo-lhe devida obediência, reverência e sujeição, como sói acontecer na vida regular. O governo das Ordens militares era normalmente exercido por um dignitário, podendo variar o título segundo a competência. A escolha era feita pelos freires por meio de uma eleição ou poderia provir de um acto de uma entidade superior. Foi exactamente o que se deu no caso da escolha feita por Martinho V. Assim, na mesma Ordem, ocorreu a variabilidade no meio de escolha[17], tendo sido a eleição o meio imediatamente anterior.

Apesar de não ser professo e, logo, não poder ter sido mestre ou grão-mestre, como tantas e tantas vezes foi repetido, o Infante exerceu, de facto, as atribuições destas dignidades. Os seus poderes eram de verdadeiro mestre, *prout veri magistri ipsius ordinis quj fuerunt pro tempore*. Mas não decorria dos estatutos esse exercício, isto sim de um privilégio outorgado pelo pontífice romano. Constituído temporariamente administrador geral através da bula citada, no mesmo ano, contudo, torna-se perpétua ou vitalícia a atribuição. Portanto a bula *Eximie devocionis affectus*, de 24 de Novembro de 1420, nomeia definitivamente D. Henrique administrador da Ordem de Cristo[18].

Com poderes plenos o Infante exercitava a função de padroeiro nas terras da Ordem. Tendo em conta também que os direitos em relação às

---

[16] O papa enviou também duas Letras, *Cum nos hodie*, aos freires do Convento da Ordem nos reinos de Portugal e do Algarve e vassalos da dita Ordem, comunicando a nomeação de D. Henrique e ordenando que lhe recebessem e prestassem obediência e reverência(*obedientiam et reverentiam debitam et devotam*). Cfr. *Monumenta Henricina*, vol. II, pp. 369-370.

[17] *Vid*. RUY DE ALBUQUERQUE e MARTIM DE ALBUQUERQUE, *História do Direito Português*, Lisboa, 1999, pp. 733-736.

[18] *Cfr. Monumenta Henricina*, cit., p. 388.

terras, castelos, igrejas e todo o património que lhe pertencia constituíam meios materiais que criavam naturalmente uma zona de acção própria e de grande influência; temos aqui direitos de propriedade que, pode dizer-se, são concorrentes com os civis. Lembremos que as Ordens militares chegaram a conceder forais[19]. De não menos importância foi a carta do rei D. João I concedendo ao filho e à Ordem o direito de dar de sesmarias

> *teemos por bem e damoslhe poder e lugar que el ou aqueles a que el dello der carrego posam dar de sesmaria quaesquer terras e herdades que el achar nas suas terras e na terra da dicta hordem que nom som lauradas e aproveytadas, polla gisa e condiçom que na hordenaçom que nos sobresto teemos feyta he conteudo...*[20]

Cremos ainda ser muito útil, para uma visão mais alargada, citar a carta de D. Duarte, rei de Portugal e irmão do Infante de Sagres, datada de 26 de Setembro de 1433, na qual é doada à Ordem de Cristo, por requerimento de D. Henrique, *todo ho spiritual das nossas jlhas da Madeira e do Porto Sancto e da jlha Deserta, que agora novamente o dicto jffante, per nossa autoridade, pobra, assy e pella guisa que o ha em Tomar*[21].

O poder *in spiritualibus et temporalibus* que teve D. Henrique é uma pista para a compreensão acerca do padroado e a jurisdição espiritual nas terras descobertas pelas suas expedições, e seus proventos e rendas. O exercício do padroado ia se alargando à medida do avanço das descobertas, com a sua colonização e evangelização.

As rendas foram então empregues tanto na conservação de Ceuta quanto na preparação e prossecução da empresa de busca do caminho para o oriente e o alargamento da fé pelos povos com que se mantinham contactos. Era o programa consignado pelo papa ao entregar o governo da Ordem de Cristo ao *seu Dilecto filio nobili viro Henrico*.

---

[19] Vid. RUY DE ALBUQUERQUE e MARTIM DE ALBUQUERQUE, *op. cit.*, pp. 760-768.
[20] Carta datada de Tentúgal, 30 de Outubro de 1422. *In Monumenta Henricina*, vol. III, p. 43. As condições referidas estarão previstas nas Ordenações do rei D. Afonso V, livro 1, tít. 23, §§ 16 e 34.
[21] *Cfr. Monumenta Henricina*, vol. III, p. 269, DOC. 82. O Infante considerou-se donatário, visto que na sua carta testamentária de 18 de Setembro de 1460 doa à Ordem a espiritualidade das ilhas.

1.2 O Padroado e a Jurisdição Espiritual

A célebre luta pelas investiduras, encetada entre a Igreja e o Império na Idade Média, foi o auge de uma reacção movida ao longo dos séculos contra o provimento laico dos benefícios eclesiásticos. Em Gregório VII, no século XI, encontramos o grande impugnador de qualquer investidura de origem secular, seja ela gratuita, seja por dinheiro. O papa que irá reformar a Igreja em conjunto e iniciar o percurso que culminará com a hegemonia de Roma no século XIII[22], agiu com intransigência. Já Alexandre III, na segunda metade do século XII, grande canonista, professor em Bolonha, separou os direitos de propriedade do direito de padroado. Mantendo o domínio dos senhores, acabou por retirar-lhes o provimento dos titulares dos cargos eclesiásticos. Apenas consentiu na faculdade de proposição, pelos senhores, dos candidatos aos benefícios eclesiásticos. Passava a ser um *ius honorificum,* uma prerrogativa simplesmente honorífica[23].

Na Península Ibérica, o padroado remonta aos tempos da Reconquista. Na edificação de uma igreja ou de um mosteiro por laicos, ou também por contribuição em reconstruções de antigos templos de culto moçárabe parcialmente destruídos durante os combates; estes mesmos laicos recebiam, como uma espécie de compensação pelo esforço, a faculdade de obter vantagens materiais.

As prerrogativas de que beneficiavam os padroeiros eram a *aposentadoria* e a *comedoria,* que consistiam na hospedagem e alimentação gratuitas na igreja ou mosteiro por eles criados; o direito de *cavalaria,* podendo o beneficiário cobrar subsídio para as despesas de um filho que era armado cavaleiro; também lhes competia os direitos de *casamento* e *resgate*, respectivamente no matrimónio das filhas e em caso de necessidade para livrar do cativeiro quer o próprio padroeiro, quer os descendentes.

A *apresentação* foi o único direito remanescente segundo a disciplina alexandrina; e este era o direito de apresentar pessoa idónea para ser provida na igreja ou no governo do mosteiro.

---

[22] A hegemonia de Roma é atestada, no séc. XIII, pelo facto de, no espaço de apenas uma semana, o papa Inocêncio IV ter deposto o imperador Frederico II e o rei D. Sancho II de Portugal, dando mostras de um poder soberano sobre a Cristandade. Sobre o caso português *vid.* EDWARD PETERS, Rex inutilis: Sancho II of Portugal and Thirteenth--Century deposition theory, in *Studia Gratiana*, Bolonha, 1967.
[23] Cfr. RUY DE ALBUQUERQUE e MARTIM DE ALBUQUERQUE, op. cit., pp. 723-728.

Pela sucessão, o direito de padroado multiplicou-se, através da descendência, por diversos titulares, chegando o mosteiro de Rio Tinto, por exemplo, no princípio do século XIV, a ter mais de 500 padroeiros, podendo imaginar-se o ónus que recaía sobre a instituição religiosa ao cumprir os seus deveres[24].

O direito de padroado não foi exercido exclusivamente pela nobreza. Também muitas instituições eclesiásticas o possuíram, *v.g.*, as ordens militares. O exercício do padroado pela Ordem de Cristo interessa-nos aqui especialmente[25].

No final do século XIV nota-se a decadência da instituição do padroado, talvez pela grande miséria que assolou o Velho Mundo como consequência da peste negra. Mas o direito de *apresentação* ressurgirá devido à expansão ultramarina.

O direito de padroado nos territórios ultramarinos foi fundamentado por diversos documentos pontifícios. O poder e a autoridade internacional do papa eram, então, incontestáveis.

Os documentos que deram origem ao direito de padroado nos tempos modernos foram escritos no entardecer do Império Romano do Oriente[26]. O primeiro deles confiava ao administrador da Ordem de Cristo a escolha do bispo que regeria espiritualmente as ilhas pertencentes à Ordem, desde que já não pertencessem a qualquer diocese. Esta bula, a *Etsi suscepti*, marca o início das concessões, a cada passo mais importantes, que Roma emanará. Nela, o papa outorgou uma dispensa ao Infante, permitindo-lhe conservar as ilhas que lhe tinham sido doadas pessoalmente e autorizando a sua profissão na Ordem, e também concedendo autorização especial para manter os seus bens separadamente dos da Ordem. Na verdade, como sabemos, o Infante jamais professou.

---

[24] Para tentar obviar os abusos decorrentes, em 1261, D. Afonso III publicou lei fixando o número de pessoas que comporiam o séquito passível da *aposentadoria*.

[25] Também o exerceram os monarcas, clérigos, párocos e o povo. O patronato colectivo fazia chamar os membros *filli ecclesiae*, origem dos nossos fregueses, e que aplicado ao território gerou a palavra freguesia. Este padroado colectivo foi substituído pelo do rei ao longo do processo de senhorialização no século XIII.

[26] *O ambiente da Europa cristã, ao início do século XV, era de terror ante o avanço descomunal dos turcos, que ameaçava todo o continente. Esforçavam-se os papas seguidamente, mas em vão, por organizar nova cruzada que salvasse o Ocidente. É neste momento que os feitos portugueses repercutem no ambiente da Santa Sé, como um primeiro sintoma de reação cristã.* Cfr. BUARQUE DE HOLANDA, Sérgio, *História geral da Civilização Brasileira*, São Paulo, 1960, vol. II, p. 52.

Diversas são as concessões feitas à Ordem pela *Etsi suscepti*, mas são apenas referentes a ilhas que jamais tivessem pertencido a dioceses:

> *Et in insulis ex eiusque propriis actis et etiam praeteritis, de quibus hominum memoria sit, temporibus, episcopos non habuerint, ab aliis catholicis episcopis gratiam et communionem Apostolicae sedis habentibus, ad id per ipsum Magistrum eligendis, pro tempore, spiritualia exercere possint*[27].

Pôde, desta maneira, a Ordem de Cristo, confiar a espiritualidade (termo da época equivalente a jurisdição espiritual)[28] das ilhas que não tivessem bispo nem houvesse memória de o haverem tido, a bispo escolhido por D. Henrique. Não é ainda o padroado, visto que estas ilhas seriam governadas por outros bispos, por *aliis catholicis episcopis*. Mas a jurisdição espiritual seria exercida pelo bispo escolhido pelo príncipe.

A bula *Romanus pontifex*, de 8 de Janeiro de 1455, assinada por Nicolau V, é um dos mais significativos documentos para a história dos descobrimentos, e as suas repercussões alcançarão o Brasil.

Este diploma faz uma exposição laudatória dos motivos e esforços do grande empreendimento das navegações que, sob a direcção de D. Henrique, converteu numerosos infiéis. Em seguida, concede ao rei de Portugal, D. Afonso V, a seus sucessores e ao Infante D. Henrique, os direitos de conquista, ocupação, e apropriação de todas as terras, portos, ilhas e mares de África, desde o cabo Bojador e Não até à Guiné. Também toda a costa meridional era concedida pela *auctoritas* pontifícia[29], podendo os portugueses **impor leis, tributos e castigos**, nestas plagas conquistadas. Além disso, o papa proíbe a todos os cristãos a navegação, pesca ou comércio nas terras e mares referidos, a não ser com a licença do rei ou do Infante, sob pena de excomunhão. Foi, sem sombra de dúvida, a atribuição da soberania política a Portugal das suas conquistas, fruto da expansão de quarenta anos, iniciada em Ceuta. No plano temporal não poderia ter desejado mais o Infante de Sagres.

Porém, quanto à espiritualidade, é preciso circunspecção. A *Romanus pontifex* autorizou o rei e o seu tio a fundarem igrejas e mosteiros

---

[27] Bula de 9 de Janeiro de 1443, in *Monumenta Henricina*, vol. VIII, pp. 1-4.
[28] Utilizava-se *spritualidade* ou *todo ho spritual*.
[29] Cfr. *Monumenta Henricina*, vol. XII, p. 76.

nestas terras. Também poderiam enviar para além do Bojador clérigos regulares ou seculares, com o consentimento dos prelados competentes. Os eclesiásticos seguiriam para estes sítios com os poderes para ministrarem os sacramentos. No entanto, estas atribuições não representam a concessão da jurisdição espiritual.

Apenas um ano depois[30], o novo papa, Calisto III, confirma a *Romanus Pontifex*. Esta bula, chamada *Inter Cetera*, confere a jurisdição espiritual das terras descobertas à Ordem. Esta devia ser exercida pelo prior-mor de Tomar. Este texto é capital para a compreensão das bases jurídicas do padroado, que estarão presentes nos primórdios do Brasil.

> *Et nichilominus, auctoritate et scientia predictis, perpetuo decernimus, statuimos et ordinamus quod spiritualitas et omnimoda iurisdictio ordinaria, dominium et potestas in spiritualibus duntaxat in jnsulis, villis, portubus, terris et locis, a capitibus de Boiador et de Nam usque per totam Guineam et ultra illam meridionalem plagam usque ad Jndos, **acquisitis et acquirendis**, quorum situs, numerum, qualitas, uocabula, designationes, confines et loca presentibus pro expressis haberi uolumus, ad militiam et ordinem huiusmodi perpetuis futuris temporibus spectent atque pertineant, jllaque eis ex nunc, tenore, auctoritate et scientia predictis, concedimus et elargimur, ita quod **prior maior pro tempore existens ordinis dicte militie omnia et singula beneficia ecclesiastica cum cura et sine cura, secularia et ordinum quorumcunque regularia[...] conferre et de illis prouidere necnon excommunicationis, suspensionis, priuationis et interdicti aliasque ecclesiasticas sententias, censuras et penas[...] proferre, omniaque alia et singula que locorum ordinarij in locis in quibus spiritualitatem habere censentur, de jure uel consuetudine facere, disponere et exequi possunt et consueuerunt pariformiter absque ulla differentia facere, disponere, ordinare et exequi possit et debeat[...] decernentes jnsulas, terraset loca acquisita et acquirenda huiusmodi nullius diocesis existere**[31].*

Sublinhamos a parte do texto que concede ao prior-mor da Ordem e seus sucessores a jurisdição espiritual nas regiões referidas, com direito a todos os benefícios. O prior-mor já exercitava esta jurisdição no território

---

[30] Bula de 13 de Março de 1456.
[31] *Cfr. Monumenta Henricina*, vol. XII, p. 288.

de Tomar, declarado *nullius diocesis* desde finais do século XIV. Contudo, a origem desta concessão remonta à época dos templários[32].

Esta jurisdição era exercitada canonicamente, logo, somente poderia ser exercida por clérigo, uma vez que era equiparada à jurisdição episcopal. Não caberia, portanto, ao administrador da Ordem. Desta forma, a bula *Inter Cetera* conferiu a espiritualidade ao prior-mor, nas regiões desde o cabo Bojador até às Índias.

A bula *Inter Cetera* confirmou a *Romanus Pontifex*, concedendo a soberania das terras referidas ao Infante e ao rei D. Afonso V, bem como aos seus sucessores. Cabe perguntar se esta concessão considerava o Infante pessoalmente ou como administrador. Ao examinar o texto, não se percebe referência expressa à Ordem de Cristo, a não ser na transcrição feita da *Romanus Pontifex*, o que torna algo mais difícil a interpretação.

O historiador brasileiro Varnhagen, na sua *História Geral do Brasil*, considera que o governo temporal nas terras brasileiras seria, de direito, da Ordem de Cristo. E isto o faz, em algumas partes da sua obra, a partir da interpretação das bulas supracitadas[33].

Não sabemos se o historiador teria tido acesso a documentos relativos à Ordem de Cristo durante as suas estadas em Portugal ou nas suas pesquisas no Brasil. Contudo, abundam os documentos no arquivo da Torre do Tombo que provam que os comendadores da milícia, exercendo o poder de senhorio, estavam dotados de jurisdição cível e criminal, com mero e misto império[34]. Assim, governava e administrava a justiça nas

---

[32] Ao tempo dos Templários fora concedido o direito de edificação de igrejas no território doado por D. Afonso Henriques. O papa Adriano IV tomou sob a protecção da Santa Sé estas igrejas e isentou-as da jurisdição episcopal. O documento da isenção específica dada ao vigário-geral de Tomar, data de 1389, e foi concedido pelo papa Bonifácio IX. O vigário-geral chefiava a prelazia *nullius diocesis* de Tomar. Sobre o tema pode-se ver o estudo feito por Dias Dinis, A Prelazia *Nullius Diocesis* de Tomar e o Ultramar Português até 1460, in *Anais da Academia Portuguesa da História*, Série II, vol. 20, Lisboa, 1971, pp. 235-270.

[33] *Cfr.* Varnhagen, op. cit., São Paulo, 1948, vol. I, pp. 72, 74, 300. Parece-nos intrigante, no mínimo, o facto de termos a representação da Câmara Municipal de São Paulo, nos seus primórdios, executada com o propósito de reconstituição pelo historiador e artista José Wasth Rodrigues, onde temos o edifício público encimado pela bandeira da Ordem de Cristo.

[34] Foi a partir do texto do *Digesto*, 2.1.3, que os juristas desenvolveram a taxinomia das jurisdições na Idade Média: *O império, ou é mero ou é misto. Mero império é ter poder de espada para castigar os homens facínoras, chama-se também potestade. É misto*

suas respectivas áreas[35]. Os tombos das comendas registam diversas expressões que atestam a jurisdição temporal da Ordem de Cristo[36].

Estudando detidamente o assunto, em trabalho para o IV Congresso de História Nacional, Maria Amélia de Souza Rangel faz uma crítica ao Visconde de Porto Seguro, divergindo da sua interpretação das fontes, e considerando jamais ter havido, seja de facto, seja de direito, governo temporal pela Ordem. Para a estudiosa, as concessões feitas ao Infante foram de índole pessoal e, desta maneira, a soberania atribuída ao Infante terá revertido para a coroa com o seu falecimento[37/38].

Mas, retornemos ao tempo que observávamos: os últimos anos da administração da Ordem de Cristo pelo Infante D. Henrique.

Temos, em síntese, que a espiritualidade das regiões situadas para além do Bojador até às Índias fora outorgada à Ordem governada pelo Infante. Estas regiões foram declaradas *nullius diocesis* e a jurisdição espiritual seria exercida pelo prior-mor da Ordem, vigário geral de Tomar. Originalmente tendo sido um pequeno isento, concedido aos templários no

---

império aquele poder que também tem jurisdição, o que consiste em dar a possessão de bens. A jurisdição é também a faculdade de dar juiz(tradução nossa). Dentre os juristas do medievo destaca-se Bártolo no desenvolvimento da taxinomia das jurisdições a partir deste texto. Tendo presente que uma das prerrogativas do mero e misto império também passaria pelo controlo municipal – no caso português – poder-se-ia, então, dar-se uma interferência nas eleições municipais. Os membros do governo local eram eleitos pelo sistema dos pelouros, que fôra institucionalizado por Dom João I, em 1391, pela *Ordenação do pelouro*. Alguns documentos enviam para o ouvidor da Ordem o poder de assinar e confirmar os homens bons que eram escolhidos pela comunidade. Cfr. SOUSA E SILVA, Isabel L. Morgado, A Ordem de Cristo(1417-1521), *in Militarium Ordinum Analecta*, 6, Porto, 2002, p. 207.

[35] Isto implicava na auferição de rendimentos provenientes das coimas decorrentes dos processos cíveis e também dos criminais. *Cfr.* COELHO, Maria Helena da Cruz, *O Baixo Mondego nos finais da Idade Média – Estudos de História Rural*, Coimbra, 1983, I, pp. 366-373.

[36] *Vid.* SOUSA E SILVA, Isabel L. Morgado, *op. cit.*, p. 205, onde podem ser lidas as expressões: *ha jurisdiçom da dicta villa he da ordem e tam compridamente como ha tem em Tomar acerqua do temporal*; *ha dita hordem tem na dicta villa ho spiritual e temporal e ha jurisdiçam della*.

[37] Contudo, a Ordem recebera outrora, por doação de D. Henrique, o temporal das ilhas Açorianas de S. Miguel e Santa Maria, pois as recebera de juro e herdade do rei de Portugal.

[38] *Vid.* SOUZA RANGEL, Os Reis de Portugal e a Igreja no Brasil, in *Anais do IV Congresso de História Nacional*, vol. 8, 1951, pp. 363-414.

tempo da fundação de Portugal, a jurisdição do vigário geral de Tomar irá estender-se pelas conquistas e descobrimentos ao longo do século XV. Será dele a jurisdição das terras descobertas, ou achadas, em 1500, por Pedro Álvares Cabral, tornando-se assim territorialmente vastíssima, maior que dioceses inteiras. Esta situação manter-se-á até a fundação da diocese do Funchal, em 1514.

O direito de padroado será da Ordem, assim como a administração dos dízimos[39]. Tanto o padroado quanto a referida administração serão exercidos, de facto, pelo administrador e, no futuro, pelo mestrado. O reconhecimento desses direitos está consignado em documentos posteriores.

Tendo governado a Ordem ao longo de quatro décadas, o Infante de Sagres deixava-lhe, então, o encargo da jurisdição espiritual dos territórios aonde chegassem as caravelas e os *cavaleiros dos mares*. O Brasil herdará, e isto está patente na sua legislação especial[40], diversas disposições que foram fruto da política do Infante para a Ordem de Cristo.

1.3 O Reconhecimento do Direito de Padroado

Após a morte do Infante, a 13 de Novembro de 1460, o próprio rei, D. Afonso V, foi nomeado administrador do mestrado, pela bula de 25 de Janeiro de 1461. Poucos meses depois, João Gomes de Abreu, procurador

---

[39] Este direito proveio *ipso facto* da atribuição da administração da espiritualidade, pois a percepção dos dízimos além de um direito era um dever. Note-se que D. João III, ao instituir o sistema das capitanias, aquando da realização das doações, nos forais, que dispensou os donatários da cobrança de diversos impostos, não pôde fazê-lo no que se referia aos dízimos. Afinal repousava nele o mestrado da Ordem: *... primeiramente o capitam da dita capitania e seus sobcesores darão e repartirãao todas as terras della de sesmaria a quaisquer pessoas de quallquer calidade e comdiçam que sejam contamto que sejam cristãos livremente sem foro nem direito algum* **soomente o dízimo que seraam obrigados de pagar à Ordem do Mestrado de Noso Senhor Jesu Cristo** *de todo o que nas ditas terras ouver as quaes sesmarias daram da forma e maneira que se conthem em minhas ordenações...* Foral da Capitania de São Tomé, dado a Pero de Góis, em 29 de Fevereiro de 1536, in BIGOTTE CHORÃO, Maria José Mexia, *Doações e Forais das Capitanias do Brasil*, Lisboa, 1999, p. 38.

[40] *... as quais terras dareis livremente, sem fôro; sòmente pagarão o dízimo à ordem de Nosso Senhor Jesus Cristo...* também pode-se ler no Regimento de Tomé de Sousa aquando da criação do Governo geral, em 1548, por D. João III.

régio, entregou o cargo ao papa, não tendo sequer tomado posse o rei D. Afonso. Pela bula *Repetentes animo*, o cargo foi confiado ao Duque de Viseu, D. Fernando, irmão do rei, filho adoptivo e herdeiro do Infante de Sagres.

Pela bula *Dum Regalis*, de 1 de Fevereiro de 1471, foi nomeado administrador D. Diogo, filho de D. Fernando que morrera no ano anterior. Sucedeu a D. Diogo o seu irmão, D. Manuel, nomeado através da bula *Romanus Pontifex*, de 3 de Maio de 1487.

Quando sobe ao trono, D. Manuel tem em seu poder a administração do mestrado, poder este que lhe pertencia, porém, não enquanto soberano, mas por privilégio pontifício. Mas o facto é que o mestrado se juntara à coroa e se iniciara assim o processo de integração das ordens militares na instituição régia.

Quanto ao desenvolvimento do direito de padroado durante a expansão, convém fazer algumas distinções ao longo do tempo. António Brásio notou que no norte da África, tanto o espiritual quanto o temporal pertenceram sempre ao domínio da coroa. Lembra que a fundação da diocese de Ceuta, em 1418, foi fruto de um pedido feito por D. João e D. Filipa. E que quando o Papa Sixto IV mandou erigir em diocese a cidade de Tânger e em colegiais e paróquias as igrejas de Arzila e Alcácer-Seguer, pela bula *Clara devotionis*, em 1472, criava o direito de padroado, o qual era confiado ao rei. Seria neste documento que, pela primeira vez, apareceria o termo jurídico nos diplomas pontifícios, relativamente a Portugal e ao ultramar[41].

Contudo, como viemos notando, as conquistas e descobertas lideradas pelo Infante, enquanto administrador da Ordem de Cristo, tinham a *spritualidade* confiada à Ordem. E o direito de padroado foi exercido, de facto, pelos administradores do mestrado.

O reinado de D. Manuel pode ser considerado como sendo o fastígio da época que temos analisado. A Índia foi alcançada por Vasco da Gama; Pedro Álvares Cabral descobriu as Terras de Vera Cruz; Afonso de Albuquerque, governador da Índia, conquistou Goa, Malaca e Ormuz; D. Jaime de Bragança conquistou Azamor e Tristão da Cunha[42] chefiou a célebre embaixada ao papa Leão X. Esta embaixada interessa-nos em especial no

---

[41] *Cfr.* ANTÓNIO BRÁSIO, *op. cit.*, pp. 98 e ss.
[42] *Cfr.* Banha de Andrade, António A., *História de um Fidalgo Quinhentista Português*, Lisboa, 1974.

que respeita ao reconhecimento do direito de padroado e às grandes mudanças na orgánica eclesiástica, que terão consequências para o Brasil.

A embaixada chegou a Roma em 1514. As ruas da Cidade Eterna ficaram repletas para ver passar o cortejo dos cavaleiros portugueses ricamente vestidos, que conduziam uma onça e um elefante, presentes de D. Manuel ao papa. Pode-se cogitar acerca da impressão causada e as repercussões na Itália renascentista, com o seu imaginário hipersensível. Era a apoteose das conquistas lusitanas que se dava na capital da Cristandade nas vésperas da cisão que Lutero provocaria.

Durante a estada em Roma de João de Faria, embaixador de D. Manuel, o papa, a pedido do rei, tomou a decisão que iria alterar a organização eclesiástica do ultramar e que, ao mesmo tempo, confere o padroado, oficialmente, à Ordem de Cristo. Vejamos este documento.

A bula *Pro excellenti praeminentia*[43], de 7 de junho de 1514, criou a diocese do Funchal, transferindo a jurisdição espiritual do vigário geral de Tomar para o novo bispo. De facto, desde a *Inter Cetera,* 58 anos antes, muito havia sido acrescentado à primitiva zona sujeita ao vigário geral de Tomar. A magnitude do império ultramarino português agora estendia-se desde as terras do Brasil até à remota Malaca. A estas extensas dimensões parecia corresponder melhor a qualidade de diocese.

O início do documento assevera as vantagens da criação de novas sés episcopais em geral. Em seguida refere as extensões das terras de D. Manuel que possuíam a jurisdição espiritual do vigário de Tomar. Leão X declara então que o rei desejava a extinção do vigariato e a elevação a igreja catedral, da matriz que erigira no Funchal.

No final é declarado, por autoridade apostólica, supresso e extinto o vigariato de Tomar, asseverando-se a inteira concordância de Diogo Pinheiro, vigário geral então. Pela mesma autoridade erigiu-se a igreja matriz em catedral. Nota também que a diocese compreenderá a cidade do Funchal, seu distrito e território, todas ilhas e lugares sujeitos ao vigário que, por direito, privilégio ou indulto apostólico devem ser sujeitos a ele.

Desta forma via-se profundamente alterado o estatuto espiritual do ultramar que vigorara até então. Ficava também assegurado o direito de

---

[43] Sigo de perto a exposição de SOUZA RANGEL, cit., pp. 393 e ss. A bula está parcialmente traduzida e comentada no texto. O texto completo do documento encontra--se no *Bullarium Patronatus Portugaliae Regum*, vol. I, pp. 98 e 99.

padroado, o direito de apresentar pessoa idónea à Santa Sé para a cátedra da nova sé, sempre que estivesse vacante, a D. Manuel e seus sucessores. À Ordem ficou reservado o padroado sobre as dignidades, conezias e prebendas. Estas dignidades seriam instituídas ou confirmadas pelo bispo da diocese.

Ficou extinta a vigararia *nullius diocesis* de Tomar, e os proventos do vigário e as rendas anuais do rei na Ilha da Madeira iriam constituir a mesa episcopal. Os reis acabaram por aplicar estas rendas e proventos à mesa episcopal, não como soberanos mas como governadores e perpétuos administradores apostólicos da Ordem de Cristo.

A instituição e formulação jurídica do direito de padroado tem a sua origem no entendimento entre a corte portuguesa e a romana. A este direito correspondia o dever de conservar e reparar todas as igrejas, mosteiros e lugares pios; também o sustento dos ministros de culto, desde os superiores na hierarquia até aos organistas e sacristães; a construção de igrejas, mosteiros, oratórios e lugares pios sempre que fossem precisos, sendo a decisão fruto do entendimento do bispo e do administrador da Ordem. Sobre a Ordem recaíam os encargos pecuniários, o envio do clero para a celebração do culto divino e cura das almas. O fornecimento das bulas, mitras episcopais, hóstias e galhetas também eram deveres do padroeiro[44].

1.4 A percepção e a aplicação dos dízimos

O sustentáculo material da jurisdição espiritual era proporcionado pelos recursos temporais das igrejas, ou seja, a percepção e posterior aplicação dos dízimos. A tesouraria e administração dos dízimos foi exercida pela Ordem de Cristo. Apesar de não ser elemento da espiritualidade era, como se pode entender facilmente, função de grande importância naqueles tempos.

A bula que criou a diocese do Funchal nada estipulou sobre este ponto. Normalmente esta função teria recaído nos párocos e no bispo da nova diocese. Entretanto, sendo o administrador do mestrado o próprio rei, acabou permanecendo ele o governador destes recursos. Vários factores concorriam para que se mantivesse a forma anterior. Dentre eles cabe

---

[44] *Vid.* ANTÓNIO BRÁSIO, *op. cit.*, p. 103.

destacar a centralização da arrecadação em territórios tão longínquos e o facto das iniciativas de índole económica, tais como as feitorias instaladas no início da colonização nas terras brasileiras, estarem estreitamente ligadas à coroa. Além do mais, cabe lembrar que o primeiro bispo da nova diocese era justamente o prior mor da Ordem, vigário geral de Tomar, Dom Diogo Pinheiro, que fora apresentado por D. Manuel ao papa Leão X, e que foi provido por este para a Sé do Funchal.

Podemos, pois, depreender daqui que continuou a governar quem já governava, com dignidade diversa. A administração dos dízimos continuou a ser função do mestrado. Isto teve consequências para a história brasileira, como é lógico. Era patente, devido à centralização na percepção destes impostos, a dependência económica da Igreja em relação à Ordem de Cristo[45]. E é óbvio que a união à coroa reforçava esta dependência. Lembremos que estavam nas mãos do soberano a administração dos dízimos, o padroado da Ordem sobre os benefícios infra-episcopais e o padroado régio sobre os bispados.

Vimos ao longo destas observações os fundamentos jurídicos das atribuições do rei de Portugal que estão nos primórdios da história brasileira. Estas atribuições foram desempenhadas pelos reis ao longo da história colonial brasileira.

Pelo que foi visto até aqui, podemos concluir facilmente acerca da grande interpenetração do sagrado e do secular, muito marcante na Idade Média europeia, também presente nos primeiros tempos da chamada Idade Moderna. Os estudos da organização eclesial feitos por Gama Barros ou Marcello Caetano, fazem-nos tomar em especial atenção esta estreita relação entre a Igreja e o Estado. A participação de destacados membros

---

[45] A evangelização dos povos, tantas vezes referida como, por exemplo, no Regimento de Tomé de Sousa(1548), era favorecida pelos recursos dos dízimos devidos à Ordem de Cristo. E a evangelização ultramarina foi uma das finalidades da fundação do Colégio de Jesus de Coimbra, que formou muitos missionários para o Brasil. É, a este respeito, eloquente a passagem citada por Serafim Leite, do Doutor Miguel de Torres: *El-Rei – D. João III – que esteja em glória, desejou a Companhia em suas terras, esperando por ministério dela cumprir com muitas obrigações que a coroa tem, não só como Rei, mas ainda como Prelado, por ser ele e os seus descendentes, Mestres de Cristo, Santiago e Aviz, por cuja razão é pastor espiritual em todas as Índias e terras da sua Conquista, e em muita parte do Reino. E a este fim quis fundar e dotar o Colégio de Coimbra.* Cfr. SERAFIM LEITE, As raças do Brasil perante a ordem teológica, moral e jurídica portuguesa nos séculos XVI a XVIII, in *Scientia Ivridica*, XIII, Braga, 1964, pp. 536-537.

da hierarquia eclesiástica nos assuntos temporais[46] ainda será uma constante no século XVI. Pensemos também na competência em relação aos leigos que teve a organização judiciária eclesiástica, sobretudo com a recepção das decisões do Concílio de Trento por D. Sebastião. No caso dos dízimos devidos à Ordem (falamos agora especialmente do Brasil), recolhidos pelo rei enquanto administrador desta milícia religiosa, esta interpenetração é digna de nota.

Cabe ponderar que a Ordem era responsável pela evangelização, mas cumpre distinguir de que maneira. A construção de edifícios religiosos e a instalação de clérigos era uma maneira de assegurar a prática religiosa. Esta acção, como parece claro, é condição fundamental para a evangelização.

Exemplo eloquente foi a sustentação dos Padres da Companhia de Jesus no Brasil. Tendo presente a obrigação original da Ordem de evangelizar, os reis de Portugal serviram-se dos filhos espirituais de Santo Ignácio de Loyola para realizarem o que deviam[47].

1.5 O descobrimento e a primeira colonização

As velas das embarcações portuguesas que atravessaram o Atlântico, enfunadas pelo vento, levavam cruzes. Era a antiga cruz dos Templários, com uma nova cruz, branca, no seu centro. Era a cruz da Ordem de Cristo. Isto, para o homem de hoje, significa *sponsoring*. É, certamente, um indício notável de financiamento das expedições pela Ordem. Os comandantes, não podemos deixar de lembrar, eram, notoriamente, cavaleiros da mesma Ordem. A esquadra que deu a conhecer ao mundo o Brasil não foi uma excepção.

Logo após a chegada de Pedro Álvares Cabral ao Brasil iniciou-se a cristianização destas terras, chamadas, inicialmente, de Vera

---

[46] No Brasil, ainda no seu século I, temos o bispo D. António Barreiros assumindo o governo geral em 1587. Em Portugal lembramos o governo do Arcebispo Alberto de Habsburgo, durante o período filipino.

[47] *Vid. infra* p. 44. A dotação do Colégio da Bahia é um exemplo marcante dos bons ofícios entre a Coroa e os jesuítas. Dom Sebastião invoca, na Carta Régia adiante citada, a sua qualidade de governador e perpétuo administrador da Ordem de Cristo. Como fundador do celebrado Colégio da Bahia o *Desejado* recebeu os privilégios e sufrágios espirituais que soíam ser concedidos pelos jesuítas. E tal vigorou no Colégio da Bahia até a expulsão dos padres da Companhia, ordenada durante o consulado pombalino.

Cruz[48]. O primeiro contacto religioso com os habitantes ao sul do Equador foi feito pelos franciscanos. Foram oito os frades desta ordem que estiveram presentes na descoberta do Brasil. O primeiro acto público da história do Brasil foi a celebração de uma missa por frei Henrique de Coimbra. As descrições destas cenas feitas por Caminha são bastante conhecidas, mas não nos parece supérfluo transcrever um breve trecho, onde é descrito o acto solene no Domingo de pascoela, e não se deixa de referenciar o lugar de destaque da bandeira da Ordem de Cristo:

/ao domjngo de pascoela pola manhaã detremj nou ocapitam dhir ouuir misa e preegaçam na quele jlheeo. E mandou atodolos capitaães que se cerejesem nos batees e fosem cõ ele e asy foy feito./mandou naquele jlheeo armar huu esperaue e dentro neele aleuantar altar muy bem coregido e aly com todos nos outros fez dizer misa aqual dise o padre frey amrique em voz entoa da e oficiada cõ aquela meesma voz pelos outros padres e sacerdotes que aly todos heram./aqual misa seg° meu pareçer foy ouuida per todos cõ mujto prazer e deuaçom. aly era com ocapitam **abandeira de xpos** com sayo debelem a qual esteue senpre alta aaparte do auamjelho./[49]

Depois da passagem pelo Brasil este primeiro grupo de franciscanos seguiu para a Índia. O celebrante da primeira missa chegou a ser bispo de Ceuta e administrador do arcebispado de Lisboa. Mas o Brasil não ficou sem missionários, e o rei D. Manuel, enquanto administrador da Ordem, responsável pela evangelização, enviou alguns durante o seu reinado, nos

---

[48] Os documentos mais antigos, a carta de Caminha e também a de Mestre João(o descobridor do Cruzeiro do Sul), referem-se à terra descoberta, que julgavam ser uma ilha, Vera Cruz. Depois identifica-se, por cópias de cartas do rei D. Manuel dirigidas ao rei de Castela, o nome de Santa Cruz. Capistrano de Abreu defende ter sido feita a escolha do nome devido à cruz da Ordem de Cristo, cruz que estava estampada na bandeira entregue por D. Manuel antes da partida de Belém. Em 1511, no Livro da Nau Bretoa, já identificamos o nome que finalmente vingaria: *Terra do brasill*. Assim, o nome cristão cedeu ao do primeiro produto, da primeira riqueza daquelas terras. O futuro donatário, historiador das *Décadas,* João de Barros, ainda inflamado de um zelo medieval, vitupera contra a mudança. Considerou arte diabólica a causa da alteração do *tam pio e devoto* nome de Santa Cruz no de um *páo que tinge panos*. Cfr. *História da Colonização Portuguesa do Brasil*, Porto, 1923, vol. II, pp. 317-322.

[49] Cfr. *A Carta de Pero Vaz de Caminha*, Lisboa, 1968, pp. 22. Edição da Comissão das Comemorações do V Centenário do Nascimento de Pedro Álvares Cabral.

primórdios do Brasil[50]. Já na colonização da ilha da Madeira houvera concerto e cooperação da Ordem Franciscana com a Ordem de Cristo. O clero minorita colaborara na assistência social da Ilha, ao tempo do Infante de Sagres[51].

Não podemos deixar de notar que nos primeiros anos após a chegada ao Brasil a colonização foi bastante escassa. Não houve meios suficientes para levar adiante esta tarefa. O oriente podia proporcionar maiores vantagens e Portugal já lá estava, instalando sua administração.

Foi com o filho de D. Manuel que se iniciou efectivamente o processo que iria levar a administração e o direito português até ao Brasil. No plano que nos interessa por enquanto, tentemos perceber como D. João III exerceu as funções e os direitos que as bulas pontifícias lhe haviam concedido.

O *Diário* de Pero Lopes de Souza, que relata a expedição comandada por seu irmão Martim Afonso de Souza, em 1530, informa-nos acerca da fundação das duas primeiras vilas brasileiras, São Vicente e Santo André da Borda do Campo, faz referência à distribuição das pessoas pelas ditas vilas, a nomeação de oficiais e que seu irmão *pos tudo em boa obra de justiça de que a gente tomou muita consolação com ver povoar vilas e ter leis e sacrifícios e celebrar matrimónios.*

A paróquia de São Vicente foi erigida em 1535. Mas já em 1534 podemos identificar, através de um alvará, a ordem do rei para que se proceda ao pagamento de três meses de ordenados ao vigário e aos capelães que serão enviados para a capitania de Pernambuco, ou Nova Lusitânia, como preferia o donatário Duarte Coelho. O facto é que aqui identificamos o rei, administrador da Ordem, como padroeiro, tendo apresentado o mestre Pedro Figueira, para vigário de Olinda, e tendo este passado pelo exame de idoneidade feito pelo bispo de São Tomé[52].

As relações do poder civil com o poder eclesiástico são bastante próximas. Cabe a pergunta sobre se os donatários teriam, com respeito ao padroado e ao poder *in spiritualibus*, alguma parcela do poder real.

---

[50] Sobre o assunto ver, BASÍLIO ROWER, A Ordem Franciscana no Brasil (1500- -1763), in *Anais do IV Congresso de História Nacional*, vol. 8, 1951, pp. 7 e ss.

[51] A. J. DIAS DINIS, A Prelazia *Nullius Dioecesis* de Tomar e o Ultramar Português na segunda metade do século XV, in *Boletim Cultural da Guiné Portuguesa*, n. 105, ano XXVII, p. 20.

[52] *Vid*. SOUZA RANGEL, *op. cit*., pp. 401 e ss.

Fonte importante para investigar este problema foi publicada na *História da Colonização Portuguesa do Brasil*[53] e consiste nos autos do processo eclesiástico movido contra Pero do Campo Tourinho, primeiro donatário da capitania de Porto Seguro. A este donatário couberam cinquenta léguas de costa, compreendidas entre a foz do rio Mucury e a do Poxim, estando aí localizada a enseada onde aportara a armada da Índia comandada por Pedro Álvares Cabral.

O capitão donatário foi denunciado à Inquisição em 1543 e preso em Porto Seguro, em 1546. Algemado, partiu para o reino, onde compareceu perante o Tribunal do Santo Ofício. Defendeu-se das acusações de heresia, argumentando com o facto de haver edificado oito vilas com sete igrejas. Parece não ter sido condenado e os seus descendentes herdaram a capitania. Esta foi vendida ao duque de Aveiro, que recebeu a confirmação em 1556[54].

Não tendo invocado na sua defesa qualquer tipo de direito ou poder *in spiritualibus*, parece-nos que não teria nenhuma atribuição no campo eclesiástico. Nas cartas de doação não se faz referência a tais poderes. Mas é preciso dizer que D. João III faz a doação a Tourinho *como Rey e senhor destes Reynos e asy como governador e perpetum ademystrador que som da Ordem e Cavalarya do Mestrado de Noso Senhor Jesu Cristo*[55].

1.6 O Governo geral e o padroado régio

Com o primeiro governador geral, Tomé de Sousa, vieram os primeiros jesuítas para o Brasil. A épica das suas actividades nestes tempos é tema realmente instigante. Porém, devemos seguir no trabalho de averiguar as actividades régias ligadas à administração do mestrado.

Parece que D. João III cumpria com os seus deveres relativos à catequização dos nativos. Desde o início da Missão jesuítica o Pe. Manuel da Nóbrega pedia ao rei que patrocinasse o Colégio da Bahia. Instou fortemente para que dotassem os colégios do Brasil[56]. Em 1564 D. Sebas-

---

[53] *Op. cit.*, vol. III, pp. 271-283.
[54] *Idem*, pp. 204-205.
[55] Cfr. BIGOTTE CHORÃO, *Doações e Forais das Capitanias do Brasil (1534-1536)*, cit., pp. 65-66.
[56] Diz o Pe. Serafim Leite que *os reis de Portugal, governadores e perpétuos administradores da Ordem de Cristo, recebiam os dízimos eclesiásticos das terras*

tião dotou o Colégio da Bahia, afirmando que o fazia por ser seu dever prover a catequese

> *assim por as ditas partes serem da conquista destes reinos e senhorios, como por estarem os dízimos e frutos eclesiásticos deles, por bulas dos santos padres,* **aplicados à ordem de cavalaria do dito mestrado de Nosso Senhor Jesus Cristo,** *de que eu e os reis destes reinos meus sucessores somos governadores e perpétuos administradores; e havendo também respeito a el-rei meu senhor e avô, que santa glória haja, vendo quão apropriado o Instituto dos Padres da Companhia de Jesus é para a conversão dos infiéis e gentios daquelas partes e instrução dos novamente convertidos, ter mandado alguns dos ditos padres às ditas partes do Brasil com intenção e determinação de nelas mandar fazer e fundar Colégios à custa de sua fazenda, em que se pudesse sustentar e manter um copioso número de religiosos da dita Companhia, porque quanto eles mais fossem e melhor aparelho tivessem para exercitar seu Instituto, tanto mor benefício poderão receber as gentes das ditas partes*[57]...

Foi com a instalação do Governo geral que a actividade do soberano como padroeiro se tornou patente e efectiva. Tem-se notícia de uma visitação feita pelo provedor-mor, António Cardoso, ao longo da costa até então colonizada. Nesta actividade, além de tratar dos problemas da fazenda real, procedia ao pagamento dos clérigos que deveriam ser providos de benefícios pelo rei. Nos *Documentos Históricos*[58], publicados pela Biblioteca Nacional do Rio de Janeiro, temos a ordem do provedor--mor, dada em Porto Seguro, em 15 de Janeiro de 1550, para que se efectuasse o pagamento anual ao vigário Diogo de Oliveira.

Este provedor, autoridade civil, acabou por agir no campo eclesiástico ao erigir as paróquias de Santos e de Santo Amaro. Não estava no limite das atribuições concedidas pelos documentos pontifícios que citamos. Esta acção exorbitante afigura-se fruto de desconhecimento, por

---

de Ultramar com o ónus da sua evangelização. A dotação em dízimos [dos Colégios] estava à vista, mas o ponto em que Nóbrega mais insistia era que a dotação devia ser certa e para sempre, quer proviesse dos dízimos do Brasil quer do tesouro real. Por fim, prevaleceu a modalidade dos dízimos... in Suma Histórica da Companhia de Jesus no Brasil, Lisboa, 1965, p. 176.

[57] *Vid.* Anexo A, onde a carta é transcrita na íntegra.

[58] *Op. cit.*, vol. XXV, p. 57. Outras ordens de pagamentos a sacerdotes temos às pp. 60, 66 e 67.

parte do provedor, da fundamentação jurídica e das exactas medidas do poder régio acerca dos problemas referidos. Não sendo *letrado*, o provedor talvez se tenha deixado levar por seu zelo cristão. Mas a carência de conhecimentos jurídicos não passara despercebida ao governador Tomé de Sousa, que teria sugerido ao rei D. João III a acumulação dos ofícios de provedor e ouvidor por um *letrado*[59].

Atendendo a instâncias do Pe. Manuel da Nóbrega, o rei D. João III, neste mesmo ano de 1550, fez o pedido ao pontífice romano, Júlio III, para criação do primeiro bispado do Brasil, o de São Salvador. E foi logo no início do ano seguinte, 1551, que a bula *Super Specula Militantes Ecclesia* criou a dita diocese. Nela já vem confirmado o primeiro bispo apresentado pelo rei. O território do bispado era de cinqüenta léguas de costa e vinte em direcção ao interior. Entretanto, a sua jurisdição compreendia todo o Brasil, até que outras dioceses fossem criadas.

Em 1552 diversas provisões régias apresentaram ao primeiro bispo, Pedro Fernandes Sardinha, para que fossem confirmados, os candidatos às dignidades, conezias e os outros benefícios.

Documento importante sobre a temática do padroado é a Carta Régia de 4 de Dezembro de 1551, na qual é determinado o pagamento do ordenado do bispo, assim como das dignidades, capelanias e dos moços de coro da nova catedral[60]. Nele é feito um histórico do problema da organização eclesiástica nas terras do ultramar.

Segue-se uma procuração do rei ao seu provedor-mor no Brasil, para que apresentasse ao bispo os candidatos aos benefícios. No texto da procuração refere-se ao direito de padroado e apresentação de que é titular nas terras brasileiras

> ... *seria grande trabalho e opressão, e despeza aos clérigos, que houverem de ser providos das dignidades, conezias e benefícios da sé desta cidade, e das outras terras do Brasil, assim as agora novamente criadas, como as que ao diante vagarem, que são todas de* **meu padroado e apresentação**, *haverem de vir ao reino e me pedir, que os apresente aos ditos benefícios e lhe mande passar deles minhas cartas de apresentação, e tornarem ao dito Brasil, para o dito bispo, por virtude das ditas cartas haver de confirmar e prover dos tais benefícios*...[61]

---

[59] *Cfr.* SOUZA RANGEL, *op. cit.*, pp. 406-407.
[60] *Idem* p. 408. O documento foi publicado nos *Documentos Históricos*, cit., vol. XXXV, pp. 117-127.
[61] Apud M. A. de SOUZA RANGEL, *op. cit.*, p. 409.

Neste mesmo documento o rei determina que, durante cinco anos, todos os candidatos apresentados já tenham tido, anteriormente, a aprovação do bispo, o que na prática quer dizer que o padroado dos benefícios infra-episcopais, de direito da Ordem de Cristo, foram concedidos por cinco anos ao bispo.

Houve querelas e desentendimentos entre o bispo e o segundo governador geral, Duarte da Costa[62], querelas estas que transtornaram a vida da cidade nascente e deram origem a partidos contrários. O governador chegou a cogitar da renúncia ao cargo em carta ao rei. Mas o que nos interessa é que ao longo da controvérsia jamais foi invocado qualquer tipo de poder no campo eclesiástico por parte do detentor do poder civil. Os actos do bispo eram muito criticados mas não havia criação de dificuldades para a execução[63] destes.

No fim de algum tempo, o primeiro bispo do Brasil embarcou rumo a Lisboa. Não se conhece documento que indique ter o rei chamado o prelado para a corte. Mas, se houve, não implicaria em jurisdição *in spiritualibus* do rei português.

A viagem de D. Pedro Fernandes Sardinha acabou por ficar tristemente célebre, sendo o primeiro bispo das novas terras devorado pelos índios, após o naufrágio do barco que o conduzia.

---

[62] Estas desinteligências podem ser acompanhadas pela série de cartas publicadas na *História da Colonização Portuguesa no Brasil*, cit., vol. III, pp. 368-369 e 373-376. Nestas cartas as divergências de temperamentos se afirmam e também os grandes poderes conferidos ao bispo são descritos. Algumas penas impostas pelo prelado dão conta da força coercitiva da Igreja nestes primórdios brasileiros. *Cfr.* p. 375.

[63] Isto virá a ser bastante diferente após o período colonial, quando as intervenções do poder civil serão sempre maiores, chegando até à célebre Questão Religiosa e a prisão de dois bispos pelo governo imperial.

CAPÍTULO II

2.1 Os poderes reais

No início da segunda metade do século XVI, já durante os primeiros anos do governo-geral do Brasil, poderíamos assim resumir os poderes do rei D. João III, relativos ao espiritual nas terras brasileiras:

A administração dos dízimos devidos à Ordem de Cristo era sua atribuição e esses recursos eram aplicados no provimento eclesiástico.

O seu direito de padroado foi exercitado, como vimos, na apresentação do primeiro bispo do Brasil.

Também o padroado infra-episcopal foi exercido, como administrador do mestrado, na apresentação ao bispo, D. Pedro Fernandes Sardinha, dos candidatos aos benefícios eclesiásticos.

A jurisdição eclesiástica jamais lhe pertencera, tendo pertencido, cronologicamente, primeiro ao vigário de Tomar, depois ao bispo do Funchal e, finalmente, ao bispo de Salvador.

Mas não podemos ignorar que, devido aos poderes que legitimamente possuía, o rei poderia influenciar fortemente, de maneira indirecta, as cúpulas da hierarquia eclesiástica, seja em Roma, seja na cátedra episcopal. Assim, o poder de influência oriundo do prestígio da acumulação da função régia e da administração do mestrado poderia criar um ambiente que facilitava as confusões. O absolutismo já grassava na Europa. A sua doutrina fervia no Velho Mundo. O conflito multissecular entre o poder espiritual e temporal encontrava no soberano de Portugal, por tudo que vimos, um aspecto *sui generis*.

Entretanto, ainda havia muito das ideias políticas medievais que transitavam nos meios cultos. Em Portugal destacamos Jerónimo Osório e a sua forte reacção a Maquiavel[64]. Além disso a herança do pensamento cristão medieval tinha o apoio dos actos pontifícios a favor da expansão ultramarina. Estes constituíram *o pilar fulcral da fundamentação teológica e jurídica da Expansão portuguesa*[65].

No campo do Direito, e estreitamente relacionado com esta problemática, cabe falar do Tribunal da Mesa da Consciência e Ordens, criado pelo rei Piedoso. A própria criação deste Tribunal remete para doutrinas medievais acerca da limitação dos poderes do soberano.

2.2 A Era de D. João III

O fervilhar das ideias oriundas do movimento humanista, que se manifesta no mundo jurídico com o nascimento do *mos gallicus*, que introduz o método histórico-filológico na interpretação do direito herdado de Roma, encontrava-se no seu ápice durante o reinado de D. João III. Em Portugal travava-se um combate digno de nota. Os humanistas andavam pela corte e tiveram que se bater com os fervorosos adeptos do método bartolista. Não podemos esquecer que as opiniões de Bártolo eram fonte subsidiária do Direito português, consagradas nas Ordenações Manuelinas[66], e que o bartolismo sobreviveu em Portugal até o século XVIII.

---

[64] A refutação às idéias de Maquiavel, expressas nos *Discursos Sobre a Primeira Década de Tito Lívio* e *O Príncipe*, reverbera no Livro III do *Tratado da Nobreza Cristã*, publicado em 1542. *Vid.* a recente edição de 1995, traduzida e anotada por A. GUIMARÃES PINTO, onde se pode cotejar o texto do bispo de Silves com excertos do florentino.

[65] *Cfr.* A. de VASCONCELOS SALDANHA, Sobre o *officium missionandi* e a fundamentação jurídica da expansão ultramarina, in *Actas do Congresso Missionação Portuguesa e Encontro de Culturas*, vol. II, pp. 553-561. Citação à p. 557. Ampla exposição do assunto em SOUSA COSTA, A Expansão Portuguesa à luz do Direito, in *Revista da Universidade de Coimbra*, XX, 1962.

[66] D. João I, em carta régia de 18 de Abril de 1426, refere que ...*quissemos que as conclussões de bartallo, que de sobellas leix do codigo ffez, que estas sejam autenticadas*. As Ordenações Manuelinas, Livro II, tít.V, § 1, mandam serem guardadas *a opiniom de Bartolo*. Posteriormente, com as Ordenações Filipinas, a matéria referente às fontes subsidiárias encontrava-se no Livro III, tít. LXIV. No Brasil, as Ordenações Filipinas tiveram vigência, grosso modo, até 1916, data de entrada em vigor do nosso primeiro Código Civil, substituído pelo actual, de 2003. Porém Orlando Gomes, nas suas *Raízes Históricas e Sociológicas do Código Civil Brasileiro*, adverte que só sobreviveram na parte que estava consignado no Livro IV, referente ao Direito Civil. As opiniões de

O programa humanista foi sintetizado por André de Rezende, em 1534, na abertura solene das aulas na Universidade de Lisboa, em presença do rei D. João III. Foi proferindo a *Oratio pro Rostris* que o humanista português apresentou o projecto de renovação cultural pelo estudo dos clássicos. Nesse discurso as artes liberais são louvadas por serem o meio de se alcançar a imortalidade. O novo Homem nascerá através da consciência de uma nova era na história da humanidade, pela busca da perfeição literária, pelo domínio do latim e do grego e por uma nova pedagogia que se contrapõe à escolástica (através da análise directa das fontes).

O humanista André de Rezende confrontou abertamente o seu tempo com a época anterior, que qualificou de época de trevas. Citou Cícero como modelo para a apreciação do direito, modelo caro aos humanistas, sobretudo aos não juristas como André de Rezende.

A polémica entre juristas e literatos era velha de um século. Ela rebentara no famigerado episódio envolvendo Lorenzo Valla e os mestres de direito de Pavía. Em Portugal este conflito marcaria a vida de D. João III, que se mostrara interessado em descortinar os segredos da filosofia grega estudando Platão e Aristóteles. No dia acertado para o início das prelecções, os juristas conseguiram dissuadir o soberano e acabaram por

---

Bártolo, como fonte de direito subsidiário, não passaram pelo duro critério da Lei de 18 de Agosto de 1769, chamada *Lei da Boa Razão*. Tanto o direito romano quanto a *Glosa de Acúrsio*, e também as opiniões de Bártolo, deveriam conformar-se com a *boa razão*(invocada à exaustão na dita Lei). Esta provinha das leis das *Nações civilizadas da Europa*, jamais do direito elaborado pelos *gentios* – leia-se romanos. No texto da Lei temos que tanto Acúrsio quanto Bártolo eram ineptos em História Romana e ignoravam a filologia e o latim clássico(falado pelos *gentios* supracitados). Desta maneira era-lhes impossível conhecer a essência das leis que glosavam e comentavam. Não deixaram, os dois legistas medievais, de serem acusados de desconhecerem as regras fundamentais do Direito Natural. Assim, o legislador mandou que *as glosas e opiniões dos sobreditos Accursio e Bartholo não possão mais ser allegadas em juízo nem seguidas na practica dos julgados...* Comenta Espinosa Gomes da Silva, que Bártolo fora recebido nas *Ordenações Afonsinas* por ser *communalmente mais conforme aa razom*; volvidos alguns séculos é expurgado por não se conformar às *boas razões*. Eis a razão a servir a dois senhores. Cfr. NUNO ESPINOSA GOMES DA SILVA, *História do Direito Português*, Lisboa, 2000, pp. 392--397. A verdade é que se rompeu com o bartolismo, optando-se pela *recta ratio*. Mas houve um resíduo mitigado da *Bartoli opinio* que se manteve justificada pela *ratio naturalis* e pelo *usus modernus*. Um Assento de 9 de Abril de 1772 configurou esta *supervivência atenuada*. Sobre o tema vid. RUI MANUEL DE FIGUEIREDO MARCOS, A Legislação Pombalina, in *Boletim da Faculdade de Direito de Coimbra*, vol. XXXIII, pp. 254-262.

convencê-lo a dedicar-se a Bártolo, Baldo e Acúrsio. Parece que o mestre preterido teria sido o próprio André de Rezende[67]. Este episódio foi descrito por André de Rezende num poema dedicado ao célebre humanista português, Damião de Góis, amigo de Erasmo, poema cujo título é *De Vita aulica*.

Após a transferência definitiva da Universidade para Coimbra por D. João III, em 1537, deu-se, nos primeiros tempos, uma verdadeira reforma do ensino. Era o desejo de uma Universidade nos moldes renascentistas[68] que impulsionava estas reformas. As faculdades mais importantes eram as de leis e cánones. Poucos dos professores de Lisboa foram transferidos para Coimbra. O único legista que beneficiou desta verdadeira distinção foi Gonçalo Vaz Pinto, sendo-lhe confiada a prestigiosa cátedra de *prima*. De Salamanca veio o *Doutor Navarro*, Martín de Azpilcueta, reputado canonista, por intervenção do imperador Carlos V.

O ensino seguia a tradição escolástica, tanto na faculdade de leis quanto na de cánones. Eram lidas passagens do *Corpus Iuris Civilis* ou do *Corpus Iuris Canonici*, seguidas de comentários, e também eram apresentados argumentos *pro* e *contra*[69]. Eram refutados os erros e, confrontados textos, concluía-se pela interpretação mais razoável.

Logo após a transferência da Universidade parece ter havido alguma penetração das ideias humanistas que, através da crítica das fontes, procuravam rejeitar a força da autoridade. Mas foi breve, em Portugal, este avanço do novo método e prevaleceu a corrente bartolista.

Para o nosso estudo é importante notar que no século XVI, em Portugal, seja pela adopção do direito supletivo romano-canónico nas Ordenações, seja no ensino do direito em Coimbra, o chamado *ius commune* teve grande penetração[70].

---

[67] *Vid.* GONÇALVES CEREJEIRA, *O Renascimento em Portugal-Clenardo e a sociedade portuguesa*, Coimbra, 1975, pp. 12-20 e 23-26; NUNO ESPINOSA GOMES DA SILVA, *Humanismo e Direito em Portugal no século XVI*, Lisboa, 1964, pp. 199 e ss.

[68] *Cfr.* SILVA DIAS, *Correntes de Sentimento Religioso em Portugal – (Séculos XVI a XVIII)*, Coimbra, 1960, tomo I, pp. 438-442. Onde se pode ler acerca da reacção contra-reformista.

[69] A palavra brocarda nasce da curruptela dos *pro* e *contra*. Era uma gíria dos estudantes.

[70] *Cfr.* MÁRIO JÚLIO DE ALMEIDA COSTA, Droit Portugais et ius commune, *in Rivista Internazionale di Diritto Commune*, Roma, 1999. Sobre a repercussão do direito comum no Brasil até meados do século XX *vid.* ENRICO TULLIO LIEBMAN, Istituti del

Aspectos do Direito no Brasil Quinhentista: ... 51

Temos de ter em conta que o ressurgimento do direito romano, iniciado nos finais do século XI, desenvolvendo-se em Bolonha e penetrando muitos países da Cristandade, tinha reverberações em vários campos. Cabe referir o desenvolvimento de um direito de estado, pois tratava-se de um direito civil e político que vigorara anteriormente à instituição da Igreja, direito que certamente tinha justificação para renascer e ser recebido pelos reinos cristãos. Kantorowicz notou que o próprio Cristo se submetera ao direito romano na sua passagem pela Terra e esse argumento era forte para os medievais.

O ressurgimento do direito romano é, nos tempos que nos interessam, representado por duas posições: o *mos gallicus* e o *mos italicus*. Este, desconsiderando o historicismo na interpretação das leis romanas, mas preocupado com a sua adaptação aos tempos que corriam. Aquele, como dissemos, utilizando-se do método histórico-filológico e buscando o espírito que reinara outrora na época clássica, época de ouro da jurisprudência romana. De qualquer forma era o rei que garantia a aplicação a lei[71].

Em Portugal o período do reinado de D. João III, entre 1521 e 1557, viu essas tendências encontrarem-se e criarem uma tensão no mundo jurídico. Aliás o próprio reinado tem sido discutido pela historiografia e considerado sob vários ângulos, com divergência de opiniões[72]. Há

Diritto Comune nel Processo Civile Brasiliano, in *Rivista Italiana per le Scienze Giuridiche*, Milano, 1948, vol. II, pp.154-181. Ao referir-se aos países da América latina, especialmente ao Brasil, o autor afirma que nestes países *il volto originario del Diritto Comune europeo si è conservato più genuino fin nei tempi moderni. Dentro a questi ordinamenti giuridici troviamo, molte volte quasi intatti, numerosi istituti del nostro diritto intermedio che da noi sono da tempo scomparsi o hanno del tutto mutato aspetto*.

[71] A bibliografia acerca do humanismo jurídico é vasta. Uma visão de conjunto é dada por RODRÍGUEZ PUERTO, *La Modernidad Discutida – Iurisprudentia frente a iusnaturalismo en el siglo XVI*, Cádiz, 1998; também a obra cássica de D. MAFFEI, *Gli inizi dell'umanesimo giuridico*, Milano, 1956; e G. ASTUTI, *Mos italicus e Mos gallicus nei Dialoghi «De Iuris Interpretibus» di Alberico Gentili*, Bolonha, 1937; e o artigo de F. CARPINTERO, Mos italicus, Mos gallicus y el Humanismo racionalista, in *Ius Commune*, 1976, vol. VI, com ampla bibliografia. Também interessaria conhecer a influência do humanismo sobre o direito canónico, tendo em vista a sua relevância ainda persistente neste tempo. Não encontrei um trabalho específico para Portugal. Um artigo que desperta a curiosidade sobre o tema foi escrito por MICHEL REULOS, *Le Décret de Gratien chez les humanistes, les Gallicans et les Réformés du XVIème siècle*. Não me foi possível descobrir a revista onde foi publicado.

[72] Desde Alexandre Herculano e Antero de Quental, passando pelo Visconde de Santarém e Alfredo Pimenta, muito se discutiu na busca da percepção deste período.

tendências opostas que se verificam. Se, por um lado, o apoio ao ideário da Contra-Reforma é manifestado pelo impulso da recém-criada Companhia de Jesus(com grande repercussão no além-mar), por outro lado não podemos deixar de notar uma abertura à cultura humanista[73], com grande eco na sociedade portuguesa. A introdução do Tribunal do Santo Ofício, em 1536, e o abandono das praças marroquinas de Azamor, Safim, Alcácer Ceguer e Arzila, marcam esta perspectiva de acções aparentemente contrastantes.

2.3 A Mesa da Consciência e Ordens

Um reflexo institucional do período do reinado de D. João III que começa a ser estudado com mais atenção, foi a criação da Mesa da Consciência, em Dezembro de 1532[74]. O Professor Martim de Albuquerque assevera tratar-se, essa criação, de *tentativa de controlo judiciário do poder pela teologia e pela ética*.

O Tribunal fôra criado pelo rei para decidir sobre os casos que *tocavam à obrigação da sua consciência*. Chamado Mesa da Consciência aquando da sua criação, passou a denominar-se Mesa da Consciência e Ordens em 1551, pela jurisdição que passou a exercer sobre as três Ordens Militares – Cristo, Avis e Santiago – incorporadas à Coroa neste mesmo ano.

---

[73] Damião de Góis, que irá revolucionar concepções da História, com o acentuar do naturalismo na interpretação, é um exemplo de proa, sendo, aliás, esta grande revolução neste campo bastante difundida por toda Europa. Sobre este tema, e também sobre a revolução nos métodos jurídicos, ver essencialmente JULIAN FRANKLIN, *Jean Bodin and the Sixteenth-Century Revolution in the Methodology of Law and History*, New York, 1963. O humanista Clenardo é considerado como um dos principais introdutores do humanismo em Portugal. Sobre ele, a obra do Cardeal Cerejeira, *O Renascimento em Portugal-Clenardo e a sociedade portuguesa*, permanece como trabalho de referência.

[74] Martim de Albuquerque citava o historiador brasileiro José Câmara há duas décadas: *Os historiadores e jurisconsultos pouco têm dissertado a seu respeito*[a Mesa de Consciência]. *Os contemporâneos de sua fundação, por uma espécie de embriaguês pelas drogas do oriente, quase nenhum roteiro nos dão acerca da sua existência, pois naqueles dias somente as conquistas e os carregamentos de pimenta pareciam seduzir os escritores da época...* in *Estudos de Cultura Portuguesa*, vol. I, Lisboa, 1984, p. 186. Desde então algo já foi escrito, e é notável a publicação pela Torre do Tombo, do inventário dos fundos documentais da *Mesa da Consciência e Ordens*, em 1997, trabalho de Maria do Carmo Jasmins Dias Farinha e Anabela Azevedo Jara. Com esta importante obra fica aberto o campo para a investigação do notável tribunal criado por D. João III.

Em 1550 morre D. Jorge de Lancastre, e o papa Júlio III concede a D. João III, somente por sua vida, a administração dos mestrados de Santiago da Espada e de São Bento de Avis, para serem geridos em simultâneo com o da Ordem de Cristo. No ano seguinte, através da embaixada de Baltasar de Faria, o papa concedeu a D. João III e todos os seus sucessores, através da bula *Praeclara charissimi*, a administração dos mestrados de Santiago e Avis.

O soberano, e agora administrador das três importantes Ordens, considerou que os negócios relativos a estas mesmas Ordens deveriam ser resolvidos após acurado exame. Por isso confiou também ao Tribunal estes assuntos, que deveriam ser decididos em primeira e última instância. Os casos relativos às Ordens Militares não deviam competir aos tribunais de justiça e fazenda, pensava o monarca.

Quanto às duas Ordens mais recentemente incorporadas à Coroa, devemos dizer que interessam menos ao nosso propósito. Já o que diz respeito à jurisdição da Mesa da Consciência sobre a Ordem de Cristo desperta-nos a curiosidade, devido à sua competência no ultramar e, por conseguinte, o seu alcance no Brasil.

Diz-nos José Anastásio de Figueiredo, na sua *Synopsis Chronologica*, que existe um regimento do Tribunal de 24 de Novembro de 1558, mas que certamente não é o primitivo[75]. Este regimento foi publicado por Charles-Martial de Witte[76] que na sua apresentação faz uma referência ao primitivo regimento, que seria de 1532.

Dois novos regimentos foram dados ao Tribunal durante o período dos Filipes. O trabalho de elaboração, feito a partir do regimento de 1558, foi iniciado ainda no reinado de Felipe I, mas somente vigorou no reinado de seu filho Felipe II. Estes regimentos são de 12 e 23 de Agosto de 1608[77].

A Mesa da Consciência e Ordens foi estabelecida no Brasil duzentos anos depois destes regimentos, pelo alvará de 22 de Abril de 1808[78], e

---

[75] *Op. cit.*, tomo II, p. 30.

[76] CHARLES-MARTIAL DE WITTE, Le regimento de la Mesa da Consciência du 24 novembre de 1558, in *Revista Portuguesa de História*, tomo IX, Lisboa, 1960, pp. 277--284.

[77] Ambos foram primeiramente publicados na *Colecção Cronológica da Legislação Portuguesa*, de J. J. de ANDRADE E SILVA, vol. I, pp. 228-245. Publicados mais recentemente por MARTIM DE ALBUQUERQUE, in *Estudos de Cultura Portuguesa*, cit., I, pp. 215-248. Doravante as citações serão feitas à partir dessa última publicação.

[78] O alvará justifica a instalação *por depender da sua decisão a ordem e tranqüilidade pública e o interesse particular dos meus fiéis vassalos, que muito desejo*

extinta pela Lei de 22 de Setembro de 1828[79]. Em Portugal foi extinta trezentos anos após a sua criação, por Decreto de 16 de Agosto de 1833, promulgado por D. Pedro IV de Portugal, primeiro imperador do Brasil.

2.3.1 A Composição do Tribunal

A primeira composição do Tribunal tinha os bispos de Lamego e de Angra, D. Fernando de Vasconcelos e D. Rodrigo Gomes Pinheiro, o mestre Afonso do Prado, lente de Teologia da Universidade de Coimbra, João Monteiro, desembargador do Paço e o prior de Monsanto, juiz-geral da Ordem de Cristo na Relação e D. António Rodrigues[80].

Através desta formação originária podemos observar que o Tribunal era essencialmente composto por prelados, teólogos e juristas.

A composição, determinada pelo regimento de 12 de Agosto de 1608 era a de um presidente, três deputados e escrivão da Mesa. Também previa escrivães das três Ordens militares. Segundo o regimento que aparece onze dias depois, a nova composição será, para além do presidente previsto anteriormente, de cinco deputados, teólogos e juristas.

> *Hauera neste tribunal hum Presidente de tal prudencia, letras authoridade e qualidades que bem o possa reger e gouernar. Hauera maes sinco deputados theologos e juristas, que serão parte ecclesiasticos, e parte caualeiros professos podendo ser das tres ordens militares...*[81]

Aqui temos expressamente determinada a formação dos deputados que já era notada desde a criação do Tribunal. O regimento de 1558 que temos à mão é omisso no que respeita à composição.

---

promover e adiantar. Assim foi criado um tribunal que se denominou Mesa do Desembargo do Paço e da Consciência e Ordens.

[79] Diz o texto da lei: *D. Pedro, por graça de Deos, etc. Fazemos saber a todos os nossos subditos que a Assembléa Geral decretou, e nós queremos a Lei seguinte: Art. 1º- Ficão extinctos os Tribunais das Mesas do Desembargo do Paço e da Consciência e Ordens.* Publicado por CANDIDO MENDES DE ALMEIDA, *Direito Civil Ecclesiastico Brasileiro Antigo e Moderno*, Rio de Janeiro, 1866. tomo I, parte III, p. 1199.

[80] Manuel Coelho Veloso supõe não ter havido presidente neste Tribunal até 1544, argumentando com a presença real. A Rainha Dona Catarina teria presidido muitas sessões. Também diz ter sido ministro do Tribunal um irmão do rei. Vid. MANUEL COELHO VELOSO, *Notícia Histórica da Meza da Consciência e Ordens*, 1732, Biblioteca Nacional de Lisboa, Cód. 10887, fól. 8.

[81] Número 1 do regimento *op. cit.*, p. 219.

A consequência desta formação era efectivamente a limitação do poder pela ética, como nos adverte Martim de Albuquerque[82], aduzindo o testemunho de Diogo Couto, expresso no seu *Soldado Prático*. Afirma Diogo Couto que, devido à existência da Mesa da Consciência, *que he suprema aos Viso-Reys, e Governadores, estavão elles alguma cousa freados...*

O regimento de 1558 permite avaliar a influência exercida pela Mesa sobre a pessoa real. Nele o Tribunal é encarregado de

Qualquer cousa que vos pareça que toque a minha consciencia e em que eu por meu descargo deva entender e prover me fareis disso lembrança cada vez que se offerecer caso pera isso pera milhor descargo meu ou alguma que se faça que vos pareça que eu são encarregado parase aver de emendar e ver em qualquer maneira que milhor for[83].

Ao longo do século XVI quase a unanimidade dos presidentes da Mesa da Consciência foram prelados, exceptuando-se D. António de Noronha, conde de Linhares[84].

Os deputados, teólogos ou juristas, teriam que ser licenciados pela Universidade de Coimbra. Além disso era necessário haverem cursado nada menos que doze anos na respectiva faculdade. Os exames para a admissão eram rigorosíssimos, visto que antes de receberem a carta de ofício deviam ler lição de um tema sorteado na véspera. Nesta lição ainda havia lugar para interrogatório. A seguir

o Presidente dara juramento aos deputados, e mais pessoas, para que com seus vottos não aprouem dos que lerem, senão os que tiuerem as letras e suficiensia e mais partes que se requerem, e conuem ao despacho das cousas que se tratão em **tribunal de tam grande authoridade**[85].

Apenas os desembargadores não passavam por todas estas provas. Também compunha a Mesa um escrivão próprio e mais três das ordens

---

[82] *Op. cit.*, p. 187.

[83] CHARLES-MARTIAL DE WITTE, Le regiment de la Mesa da Coonsciência du 24 novembre de 1558, in *Revista Portuguesa de História*, tomo IX, Lisboa, 1960, pp. 277--284. Citação à p. 281.

[84] *Vid.* inventário da *Mesa da Consciência e Ordens*, elaborado por Maria do Carmo Jasmins Dias Farinha e Anabela Azevedo Jara, Lisboa, 1997, pp. XXVI-XXVII.

[85] Regimento de 1608, cit., p. 220.

militares. Tanto estes como os deputados deveriam ter limpeza de sangue e de costumes, assim também as suas mulheres.

A organização do Tribunal permitia que, em casos de dúvidas, casos que se apresentassem controvertidos, poderiam vir a fazer parte dele, e intervir, os chanceleres das ordens militares e o próprio confessor do rei.

> 56- *Antigo costume foi desta Mesa offerecendo sse alguas duuidas graues em materia de conciençia mandaren sse ajuntar nella com o Presidente e deputados theologos e juristas pera a determinarem e do que se auerigoaua se fazia assento por todos os que se achauão prezentes em hum liuro que para isso auia com declaração dos fundamentos por que se Resoluião. Ey por bem e mando que daqui em diante se tenha a mesma ordem pello proueito que de assi se fazer se segue pera menos trabalho e melhor expediente dos negocios e serão chamados os dittos theologos e juristas por orden do Presidente(dando me primeiro disso conta) ou do meu viso rey em minha ausençia por hu moço de camara que lhes dara recado de minha parte, com declaração do lugar, tempo e horas em que se deuem ajuntar. E sendo chamado o meu confessor se lhe dara primeiro o ditto Recado*[86]...

Através desses elementos referentes à composição temos alguma ideia da influência da Mesa da Consciência e Ordens. A formação teológica e jurídica dos deputados deveria ser sólida. A rigidez do exame de admissão e das qualidades exigidas aos candidatos salta aos olhos.

Sobre o controle da licitude moral e religiosa dos actos governativos pela Mesa da Consciência e Ordens, fala-nos o Dr. João Salgado de Araújo que os

> *Señores Reyes de Portugal traen un Tribunal consigo de ministros Theologos, y Juristas, personas de gran talento, y Religion, en donde se tratavan las materias que tocavam a la Real consciencia, y eran en ellas tan superintendentes, que el Principe no tenia mano para retirarse de su parecer y voto, porque la Religion que amavan, y de que eran colunas fuertes, obligavales a ello*[87].

---

[86] *Idem*, p. 233.
[87] *Apud* MARTIM DE ALBUQUERQUE, *op. cit.*, I, p. 189.

Essa limitação do poder pela religião é uma reminiscência medieval[88] que a Mesa da Consciência, no plano jurídico, espelha de forma notável.

---

[88] A autoridade medieval é investida para fazer justiça e defender o direito. Nos *Assentos da Corte de Jerusalém* temos a clara expressão disto: *la dame ni ne sire n`en est seignor se non dou droit... mais bien sachiés qu`il n`est mie seignor de faire tort*. Esta concepção da autoridade define bem severamente os limites da actuação do superior. Não há lugar para arbitrariedade ou capricho dos senhores ou reis. Ao analisarmos a história medieval, no campo social, podemos facilmente vislumbrar a diferença entre os sistemas da barbárie e os da sociedade civilizada, no que respeita à organização jurídico-política. Estas últimas desenvolvem esta organização com base no direito e na justiça, enquanto aquela tem necessidade de um líder dotado de excepcional carisma. A organização jurídica típica da consciência ética medieval é concebida a partir das leis que regem a sociedade: divina, natural e humana. Estas estão dispostas hierarquicamente, e é a sua coordenação que investe a autoridade. O jurista inglês Bracton exprime este princípio na sua célebre frase: *Non est enim rex, ubi dominatur voluntas et non lex*. Claro está que esta vinculação à lei tem de ser entendida amplamente, na medida em que as manifestações concretas temporais, costumes e leis não escritas, são o cerne do mundo jurídico nestes tempos. Ainda no ano de 1953 temos uma esplêndida reminiscência histórica destes princípios. Trata-se da cerimónia de coroação da rainha da Inglaterra, Elisabete II. São diversas as passagens que atestam isto. Cito apenas um breve trecho do juramento. O Arcebispo de Canterbury, de pé defronte à rainha, pergunta: *Will you solemnly promise and swear to govern the Peoples of United Kingdom of Great Britain and Northern Ireland, Canada, Australia, New Zealand, the Union of South Africa, Pakistan and Ceylon, and of your Possessions and other Territories to any of them belonging or pertaining, according to their respective **laws and customs**?* A rainha responde: *I solemnly promise so to do*. Em seguida o Arcebispo pergunta: *Will you to your power cause **Law and Justice, in Mercy, to be executed in all your judgements**?* A rainha responde: *I will*. Finalmente o Arcebispo pergunta: *Will you to do the utmost of your power maintain the **Laws of God and the true profession of the Gospel**?* Ao longo de toda a cerimónia o tônus é este, ou seja, plenamente de acordo com a mentalidade medieval. Somente em breves passagens a referência à religião protestante dá uma nota de modernidade. *Cfr. The Coronation of Her Majesty Queen Elizabeth II, 2 June 1953*, London, 1953. A citação está à p. 31. Sobre as teorias jurídico-políticas na Idade Média ver a fundamental obra dos irmãos CARLYLE, *A History of Mediaeval Political Theory in the West*, 4 vols., London, 1915. Especialmente, no que foi aqui tratado, vol. III, pp. 30 e ss. A citação de BRACTON encontra-se no seu *De legibus et consuetudinibus Angliae*, Vaduz, 1964, cap. I, 8, 5. (fol. 5b). Na doutrina portuguesa fica bem expresso por ANTONIO VANGUERVE CABRAL, in *Prática Criminal*, Coimbra, 1730, p. 289. Cito: *porque o principal ofício do Rei é administrar justiça a seus vassalos, como se vê do livro 3°, Reg. Cap. 10, n. 9, nas palavras seguintes:**Constituit te Regem, ut faceres judicium, & justitiam**. E como o Rei não póde abranger a toda a administração da Justiça, como escreve Tacito, lib. 3, Annal, foi necessário aos Reis criarem ministros retos, que os ajudassem a administrá-la*. Sobre a hierarquia das Leis ver TOMÁS DE AQUINO, *Tratado da Lei*, Porto, s.i.d., pp. 13-84.

2.3.2 O absolutismo

A exegese acerca da utilização da Mesa da Consciência como instrumento do absolutismo régio é recorrente e tem a sua fundamentação essencial nas reclamações dos núncios em Portugal[89]. Aliás foi a partir do reinado de D. João III que tornaram-se permanentes os núncios[90], e o empenho da Santa Sé para que tivesse existência efectiva esta nunciatura pode dever algo à criação da Mesa. Entende-se perfeitamente a grande cautela destes prelados, afinal a Cristandade acabara de sofrer um colossal golpe com a Reforma.

Na Inglaterra, por exemplo, no mesmo ano da criação da Mesa da Consciência, Henrique VIII dava a definição de igreja estatal. Contra esta definição o chanceler Tomás Morus posicionou-se firmemente e, por isso, foi condenado à morte. Em 1534 o parlamento inglês iria votar o *Acto de Supremacia*, que declarava o rei chefe da igreja inglesa.

Dentro deste contexto, os juristas da Santa Sé deveriam considerar o novo Tribunal exorbitante, suspeito de galicanismo, tendente a invadir a jurisdição eclesiástica e comprometer a *auctoritas* pontifícia em Portugal[91].

A época era propícia ao desenvolvimento de diversas tendências, e o direito de estado fortalecia-se indubitavelmente. Mas não podemos ignorar que na Península Ibérica o ritmo seria diferente e, em Portugal, a época Joanina[92] daria lugar às regências e ao reinado de D. Sebastião, no qual o

---

[89] *Cfr.* MARTIM DE ALBUQUERQUE, op. cit., pp. 186-187.

[90] *Vid*. CHARLES-MARTIAL DE WITTE, *La correspondenza des premiers nonces au Portugal, 1532-1533*, Lisboa, Academia Portuguesa de História, 1980, II.

[91] AZEVEDO CRUZ, A Mesa da Consciência e Ordens, o Padroado e as perspectivas de Missionação, in *Actas do Congresso Internacional de História*, vol. III, p. 627 e ss., Braga, 1993.

[92] Temos, contudo, a mesma posição do Professor Martim de Albuquerque, que afirma: *Delimitado pela teologia e pela ética, o poder ficaria no Renascimento português também circunscrito pelo direito. O monarca não tinha poder absoluto e correlativamente devia actuar segundo a lei divina e a lei natural...* in Estudos de Cultura Portuguesa, cit., pp. 193 e ss.; e, sobre o tema, com maior amplitude, do mesmo autor, *O Poder Político no Renascimento Português*, Lisboa, 1968. Nesta última obra, pode-se ler que D. João III procurando dar exemplo, não apenas se negava a despachar contra as Ordenações ou deferir algo que pudesse *perverter a ordem do Direito*, como agraciava os juízes que julgavam contra ele, lavrando a sentença lestamente. Este facto é testemunhado pelo frei Amador Arrais e confirmado por Diogo Couto. *Cfr*., p. 275.

Concílio de Trento será recebido em Portugal, caso único em reino da Cristandade[93].

No século XIX, Francisco Manuel Trigoso de Aragão Morato preparou um relatório que acompanhava um projecto de decreto para a extinção da Mesa da Consciência[94], nele buscou reunir argumentação para alcançar o seu intento. Qualifica de tenebrosa a origem do Tribunal por ser desconhecido o diploma pelo qual D. João III teria cometido o negócio das Ordens ao dito Tribunal, e tampouco a Bula que o autorizava. Argumenta ser o regimento mais antigo conhecido o de 1558, portanto do ano seguinte à morte daquele soberano[95]. Para Trigoso era grande serviço à Igreja portuguesa promover eficazmente a extinção da Mesa[96], pois eram constantes as invasões na jurisdição eclesiástica. Aproveita-se de um folheto que o marquês do Funchal mandara imprimir em Londres, em 1821, intitulado: *Instrucções dadas ao Núncio de S.S. que passava a Portugal no Reinado do Snr. Rei D. João III*[97]. O relatório referido só vingaria passada mais de uma década, vivendo então Portugal sob um regime liberal.

A extinção da Mesa da Consciência e Ordens no Brasil também seria inspirada pelo pensamento liberal. O processo foi cercado de intensa propaganda contra todas as instituições que o absolutismo legara ao Império. O Projecto proposto por Bernardo Pereira de Vasconcelos, em 23 de Junho de 1827, na sessão da câmara dos deputados, constava de oito artigos. Justificava dizendo ser

Declarado inimigo de Tribunais permanentes que vivem sempre debaixo do império das fórmulas e para quem o século XIX é como o XIV. Embora se

---

[93] MARCELLO CAETANO, Recepção e Execução dos Decretos do Concílio de Trento em Portugal, in *Revista da Faculdade de Direito da Universidade de Lisboa*, vol. XIX, pp. 7-88.

[94] O texto deste relatório foi publicado por PAULO MERÊA, no *Boletim da Faculdade de Direito de Coimbra*, vol. XX, 1944, pp. 268-290.

[95] Sobre este problema é interessante a afirmação de AZEVEDO CRUZ: *só na menoridade de D. Sebastião vão ser formulados os documentos sobre a competência judicial da Mesa da Consciência e Ordens, qualidades dos julgadores e instâncias do juízo*. Cfr. *As Regências na menoridade de D. Sebastião – Elementos para uma História estrutural*, Lisboa, 1992, vol. II, p. 13.

[96] PAULO MERÊA, cit., p. 269.

[97] Estas instruções foram dadas em Roma ao núncio Luís Lippomano e estão publicadas no *Corpo Diplomático Português*, tomo V, pp. 139-140.

*queiram justificar estes estabelecimentos nas **monarquias absolutas**, estas não precisam de luzes, e nem tais tribunais lhas podiam ministrar, o de que tais governos têm necessidade é de força e resolução para oprimir sempre continuamente. Se nem nas monarquias absolutas os reputo necessários, como poderei olhar para tais tribunais no império do Brasil*[98]*?*

A problemática acerca do Tribunal ser instrumento efectivo de regalismo é bastante interessante, mas saber até que ponto foi accionado com este intuito ao longo da sua existência e a evolução deste processo, parece-nos fugir ao âmbito do nosso estudo. Contudo, cabe recordar que a Universidade de Coimbra, após a reforma pombalina, foi foco de difusão das luzes no mundo português, e que as relações entre o temporal e o espiritual, defendidas pelas concepções febronianas, favoreciam o serviço do espiritual em favor do civil. No Brasil tal será cristalino no padroado. A Assembleia brasileira fora formada em Coimbra(e mesmo os sacerdotes que dela faziam parte) e, sem contestação, certa feita, o deputado Carvalho e Melo afirmou: *a jurisdição eclesiástica não é própria da Igreja, mas permissão dos soberanos; que o eclesiástico é súdito como qualquer outro; que a Igreja está no Estado*[99].

* * *

Como dissemos acima, aquando da criação da Mesa da Consciência, o que se dá é um encontro de tendências diversas, provenientes do mundo medieval e do desenvolvimento do humanismo, com a sua nova concepção do mundo.

Inegável é que Portugal desempenhara um papel bastante relevante durante todo este período, marcara profundamente a história universal, e as suas instituições não podem ser analisadas independentemente das circunstâncias históricas e seus devidos matizes, que naturalmente delas se depreendem.

Vejamos quais serão os reflexos, no Brasil nascente, da actuação deste Tribunal, a partir das atribuições da Mesa da Consciência e Ordens.

---

[98] Apud PEREIRA DAS NEVES, *E Receberá Mercê: A Mesa da Consciência e Ordens e o Clero Secular no Brasil 1808-1828*, Rio de Janeiro, 1997, p. 122.
[99] *Idem* p.126.

2.3.3 A Competência do Tribunal

Na *História Genealógica da Casa Real Portuguesa*, D. António Caetano de Sousa indica um breve de Pio IV, de 6 de Fevereiro de 1563, que se refere às Ordens Militares, no qual concede à Mesa da Consciência a jurisdição nas causas cíveis e criminais, relativas às mesmas Ordens, seus cavaleiros e freires. Estas causas deveriam ser julgadas pelos *Ministros Deputados pelos Reys naquelle Tribunal, derogando tudo o mais que houvesse em contrario*[100]. O papa Pio V confirmou esta disposição em 12 de Abril de 1567.

Vimos que estabeleceram-se relações profundas e fortes dos reis de Portugal com o ultramar, com base na honra e no dever de evangelização da Ordem de Cristo, que era cumprido pelo soberano enquanto governador e administrador do mestrado.

Num parecer da Mesa da Consciência temos definida e delimitada a acção do monarca. Trata-se de um documento que discorre acerca da jurisdição no ultramar, datado de 1565. Diz que *El Rey como Rey he padroeyro dos Arcebispados e Bispados da India, Ilhas e Brasil, mas como Mestre tem a apresentação das dignidades e Benefficios da India, Ilhas e Brasil*[101].

O regimento de 1558 reservava um dia por semana para os assuntos da Ordem de Cristo – que tivera a regra, os estatutos e definições revistos por D. João III – questões nas quais deveriam ter o maior empenho os membros da Mesa.

Competia à Mesa tratar da provisão das dignidades, conezias, vigairarias e outros quaisquer benefícios das Ilhas e terras e partes do Brasil. Também seriam ouvidos no Tribunal os capelães que fossem para o Brasil; e, do próprio texto ficamos sabendo o que ordenava El Rei:

> *Asi mesmo ey por bem que vejais as cousas spirituaes que os prelados das ilhas e das partes da India e do Brasil me escreverem de que comprir reposta assi no que tocar á conversão dos infieis como a ampliação do culto divino e bem de seus cargos das quaes me dareis conta antes de se fazerem as taes repostas*[102].

---

[100] *Op. cit.*, tomo III, livro IV, pp. 355 e ss.
[101] O códice encontra-se na Biblioteca da Universidade de Coimbra, núm. 490, fls. 153-154.
[102] *Cfr.* DE WITTE, *Le regimento*, cit., p. 283.

Dentro da heterogeneidade de atribuições da Mesa, desde as respeitantes à vigilância das instituições religiosas até às questões relativas à Igreja no reino e nas conquistas, temos as relacionadas com as Ordens Militares, que acabamos de ver. Sobre a competência do Tribunal tratam também os breves de Pio IV, de 1 de Setembro de 1561, de 6 de Fevereiro (citado acima) e 5 de Outubro de 1563, e o breve de Pio V, de 12 de Outubro de 1567[103]. Neles, em suma, o rei obteve o direito de nomear, dentre os deputados da Mesa da Consciência, o conservador das Ordens, que iria conhecer as causas das mesmas. Também é concedido o chamado breve das *três instâncias*[104], no qual fica confirmado que as causas seriam julgadas em primeira instância pelos juízes gerais das ordens, podendo subir para a Mesa e ainda sendo passíveis de recurso por súplica ao rei[105], como administrador das Ordens. É o previsto no alvará de 10 de Novembro de 1562, como temos notícia através de Manoel Coelho Velloso:

> ...*vendo e considerando [...] que as cauzas contensiozas, deste e mais Juizos das ordens se determinavão em hua só instância, sem appelação, Aggravo, ou Suplica, e seria facil perecer a justiça das partes detriminou por Alvara de 1º de Novembro de 1562, que todas as cauzas que respeitasem as ordens, pessoas dellas se tratasem em primeira instância perante os Juizes Geraes dellas, e que estes as determinasem, como fose justiça dando aggravo por petição ou no auto do proseço para a Meza e a final apelação para ella, donde sem apelação nem aggravo se detriminarião as cauzas e se por via de suplica poderião as partes recorrer a S. Magestade como Mestre para lhe mandar rever o feito pelas pessoas que fosse servido*[106].

Os horários de funcionamento do Tribunal são estipulados meticulosamente pelo regimento de 1608. Exercitava a sua função todos

---

[103] *Cfr.* AZEVEDO CRUZ, op. cit., pp. 30 e ss.

[104] Este breve foi reproduzido juntamente com o regimento de 1608: A.N.T.T., Gaveta 23, M. 11, nº 17.

[105] Existe na Biblioteca da Universidade de Coimbra a cópia do Estatuto de D. Sebastião sobre as instâncias, e também uma cópia do Regimento das três instâncias feito pelo rei e confirmado pelo breve de Pio IV citado. Encontram-se no cód. 479. Foram publicados no apêndice documental do trabalho de Maria do Rosário Cruz, *As Regências*, cit, vol. II, pp. 377-378, onde pode ser consultado com proveito.

[106] *Cfr.* MANUEL COELHO VELOSO, *Notícia Histórica da Meza da Consciência e Ordens*, 1732, Biblioteca Nacional de Lisboa, Cód. 10887, p. 424.

os dias, salvo Domingo e dias santos, devendo os membros da Mesa entrar pela manhã no despacho, às oito horas, de Outubro a Março, e às sete de Abril a Setembro. Era obrigação estar em despacho durante três horas pelo relógio de areia que deveria estar sobre a mesa.

Todos os dias tinham a sua pauta detalhada. Às segundas eram despachados os negócios relativos às ordens. Quarta-feira era dia de tratar

> *os negócios e papeis da Prouedoria dos defuntos que morreram fora do Reino e dos ministros della e as contas que se tomão aos thezoureiros geral* [sic] *delles e aos particulares das Ilhas, Brasil e de Guiné que arecadão suas fazendas em que auera a mesma aduertençia que na sobredita da rendição*[107].

Aos sábados despachavam-se *os feitos de que conhecem por appellação ou aggrauo*. Às terças e quintas viam-se as petições de qualquer matéria ainda que estivessem previstas para dia certo. Às sextas-feiras eram tratados os assuntos referentes à Universidade de Coimbra, a qual era visitada pela Mesa.

O regimento estabelecido por Filipe II também é explícito acerca da competência relativa às três ordens

> *A este Tribunal pertence conforme as dittas Bullas todos os negoçios das tres ordees militares de Nosso Senhor Jesus Christo Santiago de Espada e S. Bento de Auis, e das pessoas do Abito dellas e seus ministros, benefiçios, e tudo o que conuem a seu bom estado e gouerno no spiritual e temporal, assi dentro nestes reinos como fora delles, nas Indias orientais e estado do Brazil e nas partes ultramarinas do senhorio desta coroa*[108].

Para cumprir condignamente as suas altas funções, era ordenado que na *casa de despacho* estivessem todos os regimentos, provisões, alvarás e mais documentos para sanar qualquer dúvida que porventura surgisse no âmbito das suas atribuições. Estando também no despacho todos estatutos, regras e definições, capítulos gerais e particulares de todas as ordens com declaração de todos os bispados e suas edificações, das terras das ordens e das dignidades e também das conezias e outros benefícios das sés catedrais dos referidos bispados. Do mesmo modo estarão os ordenados dos

---

[107] MARTIM DE ALBUQUERQUE, *op. cit.*, p. 221.
[108] *Idem, ibidem*, p. 223.

beneficiados. Importava estarem igualmente todos os documentos referentes a todas as igrejas do padroado, referentes à administração das ordens, no reino e fora dele. Prevê também o regimento que

> *Estarão outro sy na dita Casa de despacho os textos do direito canonico e civil e das ordenações do Reino e o liuro de todos os mottus propios dos Papas, e os estatutos da Universidade de Coimbra, e todas as prouisoes assi dos Reis meus antecessores como minhas, porque a dita Mesa da Consiençia e Ordens está cometido o conhesimento das couzas da Universidade*[109].

As petições que pudessem ser acolhidas e levadas a termo em outro qualquer juízo deveriam ser recusadas, visto que era desejo do rei que *o tempo do despacho se não ocupe com petições que por via ordinária podem ter remédio*. Estava especificado que não se deveria aceitar petições que peçam perdão por

> *blasfemar contra Deus, ou de seus sanctos, de moeda falsa, falcidade testemunho falço matar ou ferir com besta arcabus ou espingarda, ou tirar com besta arcabus ou espingarda posto que mate nem fira, dar peçonha, ainda que morte se não sigua, morte cometida atricoadamente, quebrantar prizoes por força por fogo acintemente forçar molher fazer ou dar feitiços, entrar em mosteiro de freiras sem necessidade e sem licença do superior que a pode dar, fazer danno ou qualquer mal por dinheiros passadores de gado salteadores do caminho, ferimento de preposito em Igreja ou em procissão aonde for ou estiver o Santissimo Sacramento, ferimento de qualquer juiz ou pancadas posto que pedaneo ou vintaneiro, seia sendo nobre seu officio ferir ou espancar algua pessoa tomada as mãos, e furto que passe de marco de prata. Não se tomará outrossim peticão do abito das ordees... de estar amancebado com algua moller que tivesse das portas adentro, ou das portas afora, nem de adulterio com leuada da molher fora de caza de seu marido, nem de ferida dada pello rosto com tenção de a dar nem da culpa da a mandar dar, se com effeito se deu nem de inçesto em qualquer grao que seia*[110].

---

[109] *Idem* pp. 226 e 228.
[110] *Idem* pp. 230 e 231.

Em casos diversos podia ser emitido parecer de perdão, passível de pena pecuniária. Mas este perdão era prerrogativa régia:

> *E declaro que os perdoes dos casos crimes dos freires, caualleiros, e comendadores das tres ordees millitares por serem da jurisdição ecleseastica pertençem a my como Gouernador e perpetuo administrador das dittas ordees, e não pertençem as minhas iustiças seculares que eu ponho nestes meus Reinos como Rei e senhor*[111].

2.3.4 Os resgates dos cativos

A partir da fixação de praças portuguesas em África, fruto da expansão, o problema dos cativos naturalmente alargou-se. Desde a época da Reconquista Cristã[112] que se registavam cativeiros mas, evidentemente, após a fundação do reino e a fixação das fronteiras com a conquista do Algarve, deram-se menos casos.

O avanço que se seguiu à tomada de Ceuta e todos os combates que se deram desde então proporcionaram um aumento considerável de cativos cristãos *nos cárceres de Berberia*[113].

O Rei D. Afonso V, o Africano, alargou a conquista e com ela a sequência de títulos que ostentavam os soberanos lusitanos, acrescentando o de Algarves de além-mar[114]. Talvez sentindo-se responsável pelas desventuras dos que caíam em mãos dos inimigos, o monarca tenha resol-

---

[111] *Idem* p. 231.

[112] Durante a dinastia dos Borgonha instalaram-se em Portugal as Ordens dos Mercedários e, principalmente a dos Trinitários. Estes exerceram o papel principal na arrecadação de esmolas e na execução dos resgates junto aos muçulmanos. *O resgate constituía uma preocupação que fazia parte da vivência dos homens medievais, sendo ao mesmo tempo alvo da atenção dos pensadores e legisladores que tentavam resolver o problema do ponto de vista monetário e, simultaneamente, influenciar as populações para o encararem como virtude e* **serviço de Deus**. In ALBERTO, Edite, *Instituições de resgate de cativos em Portugal*, Lisboa, 1994, p. 29. É deste trabalho que me sirvo no essencial deste tópico.

[113] Caso paradigmático foi o cativeiro do Infante D. Fernando, o Infante Santo, após o desastre de Tânger. O cativeiro foi celebrizado por Calderón de la Barca na sua peça *El Príncipe Constante*. A preocupação com o resgate dos cativos pode ser também comprovada no Testamento do Infante de Sagres que previa as rendas *pera tirar cativos*.

[114] Dom Manuel, por sua vez, em 1500, iria acrescentar ao título de *Rei de Portugal e dos Algarves, daquem, e dalem, Mar em Africa, senhor da Guiné,* o título de *senhor da conquista, navegaçam, e comercio de Ethiopia, Arabia, Persia, e da India.*

vido centralizar a arrecadação das esmolas para os resgates dos cativos. Assim criou o Tribunal da Redenção dos Cativos. Este funcionava com administração e funcionários próprios; esta hierarquia era controlada por um provedor.

Ofício não pertencente à administração central da provedoria dos cativos, contudo dependente desta, foi o de mamposteiro[115]. Estes eram os responsáveis directos pela angariação de bens para os resgates. Pelo Regimento de 1454 os mamposteiros deveriam ser nomeados pelo esmoler-mor do reino para, em cada bispado, procederem o recolhimento do dinheiro destinado aos resgates. Suas funções eram, então, pedir esmolas, sob autorização oficial. Os mamposteiros-mores, no entanto, são nomeados pelo rei e escolhidos dentre os funcionários da Casa Real.

Desde então a Ordem da Santíssima Trindade, que fora responsável pelas arrecadações, deixou de efectuá-las, permanecendo apenas responsável pelos resgates[116].

Tudo o que outrora estivera sob a alçada do Tribunal da Redenção dos Cativos[117], criado por D. Afonso V, passou a competir, no tempo de D. João III[118], à Mesa da Consciência e Ordens.

O Regimento da Mesa da Consciência de 1558 consigna que o presidente e os deputados deverão *entender nas cousas dos cativos*. E ainda:

Vereis os petitorios e licenças das rendiçois dos cativos; Tomareis assento na composição antre a ordem da Trindade e a rendição dos cativos; Fareis tirar a limpo as graças e indulgencias dos cativos de que se não achão

---

[115] Data do reinado de Dom Fernando o documento mais antigo referindo o ofício de mamposteiro.

[116] Contudo, com D. Afonso V surge o cargo de alfaqueque mor. Este deveria coordenar o trabalho dos alfaqueques, que executavam, munidos de um salvo conduto ou um seguro, *in loco* os resgates. A palavra, como é óbvio, deriva do árabe, *al-fakkak*, o que resgata cativos. O ofício vem determinado nas *Ordenações Afonsinas*, Livro V, tít. 49. A primeira nomeação efectiva foi feita em 1455.

[117] O termo Tribunal da Redenção dos Cativos é utilizado por Edite Alberto na sua dissertação de mestrado, acima citada. A instituição do dito Tribunal data de 1454, a seguir a uma consulta régia aos prelados de Portugal. O Regimento da rendição dos cativos foi dado em Évora a 22 de Abril de 1454. Este, conservado no Arquivo Distrital de Évora, foi publicado no apêndice documental do referido trabalho.

[118] Dom João III passou a nomear, para além dos escrivães, os próprios mamposteiros.

bullas originaes authenticas; Vereis de principio o negocio e a bulla dos resgates para se tomar nisso alguma assento[119].

E o Regimento de 1608 ordena expressamente que as cartas de ofícios de procuradores de cativos e as provisões para a arrecadação e execução da fazenda dos cativos, assim como as cartas de informação sobre os negócios da provedoria-mor da rendição dos cativos, passadas pela Mesa, sejam cumpridas e guardadas inteiramente como se pelo próprio rei fossem assinadas[120].

Seriam despachados os negócios da provedoria-mor dos cativos e resgates às segundas-feiras, estando presentes os escrivães com a devida documentação. O contador da rendição analisará as contas aos mamposteiros[121]. Pertenciam ao Tribunal da Mesa da Consciência a fiscalização dos ofícios de tesoureiro dos cativos e seus escrivães e dos mamposteiros-mores e seus escrivães, devendo-se conhecer o número de mamposteiros-mores existentes no reino e fora dele, assim como o número de mamposteiros-menores que há nas ermidas de romagem e outras demais igrejas de cada bispado.

A ordem da Santíssima Trindade, no reinado de D. Sebastião passara a exercer novamente o resgate dos cativos em África, contudo ficava ressalvado que os resgates só poderiam ser realizados com a prévia licença régia.

No Regimento de 1608 notamos que o rei fora informado de certos resgates, concertados pelos religiosos trinitários e também os oficiais de cativos que residiam em África, a preços mais elevados dos que haviam sido estipulados pelos monarcas anteriores. Tal se verificava

...por escritos dos ditos Relligiosos que da dita quantia passam se requere e manda fazer o pagamento no despacho da dita Mesa, do que se segue grande periuiso aos cativos em geral, e muita quebra na fazenda da rendição[122].

---

[119] DE WITTE, op. cit., p. 283.
[120] MARTIM DE ALBUQUERQUE, op. cit., pp. 217-218.
[121] *Idem, ibidem*, p. 221. E também podemos ler à p. 246 que: *Tera outrosy o ditto Presidente muito cuidado de mandar tomar contas a todos os thezoureiros, mamposteiros e a quaes quer outros reçebedores de dinheiro cuia administração pertençe a ditta Mesa e fazellas acabar e, executar o que fizerem deuendo conforme ao que esta ordenado e declarado no Regimento dos Deputados...*
[122] *Idem, ibidem*, p. 227.

Ordenou-se então ao presidente e aos deputados o maior cuidado em analisar o Regimento dos religiosos e dos oficiais, e as provisões acerca dos resgates, devendo ser reformados e aperfeiçoados para melhor servir o fim almejado.

* * *

Na sua *Pratica Criminal*[123], Manoel Lopes Ferreira, ao estudar e comentar os autos conclusos, adverte para a maneira como o escrivão deve prepará-los para que o magistrado delibere a sua sentença. Diz que deve ser trasladado nos próprios autos o capítulo dezoito do Regimento dos mamposteiros mores, para que o juiz ou o colectivo, nas condenações pecuniárias, apliquem a metade das condenações impostas para a redenção dos cativos. Cita, então, a lei de Dom Pedro II, de 27 de Setembro de 1669, e a de Dom João IV, de 19 de Outubro de 1641, que a tal ordenam. Lembra que eram cominadas penas aos juízes relapsos, que deveriam pagar de suas próprias fazendas. O ilustre jurista transcreve as duas leis e o Regimento, na sua íntegra[124].

A primeira lei foi registada no Tribunal da Relação da Bahia; e a segunda, de Dom João IV, mandava expressamente à Mesa da Consciência e Ordens que fizesse observar que os ministros aplicassem a lei nas suas sentenças, também advertindo que, em caso de não cumprirem o estipulado, pagariam de suas próprias fazendas, podendo os mamposteiros mores executarem os juízes da Mesa com todas as custas e despesas.

O Regimento publicado foi assinado pela rainha D. Catarina. Devia ser trasladado e entregue a todos os mamposteiros mores, assinado pelo presidente e deputados da Mesa da Consciência.

---

[123] MANOEL LOPES FERREIRA, *Pratica Criminal*, 4 tomos, Lisboa, MDCCXLI.

[124] *Idem, ibidem*, tomo I, pp. 250-271. As *Ordenações Filipinas*, Livro 5, tít. 137, tratam da imposição de metade das penas para a rendição dos cativos. Também, sobre o tema, veja-se o manuscrito intitulado *Apontamentos de alguas couzas necessarias pera bem dos cativos*, in *Papéis vários relativos à Mesa da Consciência e Ordens – 1608-1755*, Biblioteca Nacional de Lisboa, PBA-645, fóls. 81-82, onde podemos ler: *Na forma do Regimento dos maompsteiros mores, e Ordenações do Reyno tem feito Sua Magestade muito aos captivos da a metade de todas as penas, e condenações que se tiverem e que em cazo que os iulgadores as appliquem a outras partes, comtudo a metade seia sempre que se entenda para os ditos captivos, e para elles os Mamposteiros mores as executem em esta conformidade cobrarão sempre os ditos Mamposteiros mores aa metade das penas, condenações das posturas, e formas feitas pellos Almotacéis e mais officiaes das cameras.*

No que importa para o Brasil, gostaríamos de destacar que estava previsto poder haver o ofício de mamposteiro mor nestas terras : *Tanto que o Mamposteiro Mór dos Cativos for posto em qualquer Arcebispado, Bispado, e Ilhas, e na India, e no Brasil por minha carta por mim assinada*[125]...

Tinham os mamposteiros poder de juízo e alçada dos juízes ordinários[126].

Para além do previsto no capítulo 18 do regimento acima citado, também era feita a doação régia para a redenção dos cativos da metade das penas em que *encorrem as mancebas dos Clerigos, e barregeiros, e barregeiras que forem accusados pelos do povo*, recebendo os mamposteiros mores dos cativos.

Já o Regimento de Tomé de Sousa estabelecia esta pena aos que infringissem a proibição de avançar para o interior sem autorização do governador ou do provedor-mor da fazenda real. Esta licença só poderia ser conferida a quem pudesse ir

... a bom recado e que de sua ida e tratos se não seguirá prejuízo algum, nem isso mesmo irão de huas capitanias para outras por terra sem licença dos ditos capitães ou provedores posto que seja por terras que estãm de paz para evitar alguns enconvenientes que se disso seguem sob pena de ser açoutado sendo pião e sendo de moor calidade pagará vinte cruzados a metade para os cautivos e a outra metade para quem o accusar[127].

* * *

---

[125] MANOEL LOPES FERREIRA, *op. cit.*, I, p. 253. Durante o governo de Mem de Sá foi instituído no Brasil o mamposteiro, que era oficial civil escolhido em cada capitania e tinha como encargo preservar a liberdade dos índios. A criação desse cargo demonstra o interesse do governo em garantir, no âmbito secular, um cuidado especial com o problema do cativeiro dos índios. Os mamposteiros averiguavam os cativeiros ilegais nas suas capitanias. *Cfr.* Biblioteca Nacional de Lisboa, *Colecção Pombalina* 741.

[126] *Idem, ibidem*, p. 257. Pelo alvará de 12 de Janeiro de 1590, se determinou que os mamposteiros mores, nos lugares das suas mampostarias, seriam juízes privativos de todas suas causas e dependências, tanto crimes como cíveis. ... *e terão aquelle poder, e alçada, que tem aquelles Juizes Ordinarios, que o forem das Terras e Lugares que passarem de duzentos vizinhos, dando appellação, e aggravo como for direito, e no caso couber*. A extinção dos mamposteiros se deu pela lei de 4 de Dezembro de 1775.

[127] *Raízes da Formação Administrativa do Brasil*, Rio de Janeiro, 1972 organizado por Marcos Carneiro de Mendonça, I, p. 43. Doravante citado como *RFAB*.

No capítulo 11 do Regimento dos mamposteiros estipula-se o dever de inquirição dos mamposteiros mores *das capelas dos Arcebispados, Bispados e Ilhas, India, e Brasil, Comarcas, Villas, e Cidade, e Lugares* de que forem encarregados. Deviam instar aos prelados que *sempre aos Domingos, e festas encomendem em especial os cativos, e esmolas da Redenção*[128].

Ainda cabe destacar o que estava previsto no Regimento dos mamposteiros pequenos, ou seja, o incentivo que era aconselhável ser dado pelos oficiais da administração que deviam dar *todo justo favor e a ajuda para se pedirem as esmolas dos Cativos*.

A consonância do poder espiritual e do temporal manifesta-se neste excerto:

> ...e encõmendo muito aos Arcebispos, Bispos, e Prelados que mandem aos Priores, Vigarios, Curas, Reitores, e Capellaens das Igrejas, e Capellas, e Ermidas, e aos Pregadores, que em suas estaçoens, e pregaçoens encomendem as ditas esmolas da Redenção dos Cativos, e tenhão disto muito cuidado, e lembrança, e mando aos ditos Mamposteiros Móres que lhe mostrem este Capitulo, e lhe lembrem da minha parte que todos, e cada hum delles, o cumpram com diligencia, e como de todos elles confio que o fação[129].

Ao final do documento publicado por Manoel Lopes Ferreira, ainda temos dois Alvarás de Dom João III, de 1524 e 1525, em favor da Redenção dos Cativos[130].

* * *

Sobre o resgate dos cativos no Brasil, aquilo que podemos afirmar é a existência de dezenas de documentos no Arquivo Histórico Ultramarino, no Palácio da Ega em Lisboa. Seria de todo o interesse uma pesquisa minuciosa do material aí existente, assim como em arquivos dispersos pelo Brasil.

---

[128] MANOEL LOPES FERREIRA, *op. cit.*, I, p. 259.

[129] *Idem, ibidem*, p. 265. Cabe transcrever a passagem de Edite Alberto, *op. cit.*, *as entidades que empreendiam as remissões se revestiram de carácter fundamentalmente religioso ou administrativo*.

[130] Tratam das penas pecuniárias que devem reverter para os cativos. Mesmo nas penas que recebessem o perdão régio não se deveria guardar *o tal perdão na parte que aos Cativos tocar*. Cfr. *Idem, ibidem*, pp. 265-266.

O problema brasileiro apresenta-se, entretanto, de maneira diferente. Os resgates tomarão, como veremos mais adiante, o significado de compra de escravos. Seria interessante questionar se não houve casos de resgates de índios já convertidos ao catolicismo, em mãos de gentios pagãos. A documentação jesuítica leva-nos a alimentar esta desconfiança. Seria preciso, repetimos, maior e mais detida investigação.

Entretanto, percorrendo alguns dos documentos do AHU, acabamos por encontrar algumas Consultas ao Conselho Ultramarino, à época de Dom João IV, que possuem interesse para a matéria.

Um deles era uma Consulta do próprio Conselho ao Rei, acerca de Bento Manuel Parente, senhor de engenho no Maranhão, cativo em Tetuão, que pedia que se lhe pagasse o resgate[131].

Também merece ser referido um Auto de petição de religiosos carmelitas do Maranhão, dirigidos ao Rei Dom João IV, acerca das arrobas de tabaco que haviam sido enviadas para o resgate de padres cativos[132].

E, por fim, chamou-nos a atenção uma outra Consulta do Conselho Ultramarino ao príncipe Regente Dom Pedro, sobre uma petição do provincial de Santo António dos Capuchos, também no Maranhão, na qual se solicitava esmola para o resgate de dois religiosos que, vindo para as Missões do Maranhão e do Grão-Pará, caíram nas mãos dos mouros e se encontravam cativos em Argel. Argumenta que, sendo muito pobre a província não seria viável o resgate sem ajuda. Ao Conselho pareceu que deveria ser remetido o pedido para a Mesa da Consciência e Ordens, e que os religiosos fossem particularmente recomendados[133].

2.3.5 *As matérias da consciência*

O Tribunal criado por D. João III, que deveria decidir os casos que tocavam à sua consciência foi, sem dúvida, uma criação original, especialmente por tratar de forma patente as questões de foro íntimo do soberano relativas ao governo. Esta originalidade, contudo, pode ter as suas raízes na mentalidade da sociedade medieval, na qual o soberano era a fonte da lei civil, mas estava submetido à lei natural e divina. A esta deviam conformar-se todas as leis humanas. O homem medieval vivia numa

---

[131] AHU, Capitania do Maranhão, Cx.3, doc. 296.
[132] *Idem*, Cx.1, doc. 132.
[133] *Idem*, Cx. 5, doc. 555.

pluralidade normativa, e o direito foi concebido em função da justiça. Esta fundamentava a vida social.

Claro está que o direito não podia ser concebido simplesmente dentro de um esquema humano para os medievais. O legislador actua essencialmente interpretando a ordem natural e a vontade divina. Ele é o mediador e o porta-voz da vontade divina[134]. Se houver conflito entre a lei humana e a divina, não resta dúvida sobre qual deverá ser obedecida: *deve-se obedecer antes a Deus que aos homens*(Act. 5, 29). Nas *Etimologias* de Santo Isidoro de Sevilha está recolhido um antigo provérbio, que serviu para a reflexão dos reis medievais: *Rex eris si recte facis, si non facis non eris*(livro IX, cap. III). Para aqueles soberanos o princípio fundamental da autoridade é o da justiça[135].

A interpretação da passagem de Marcos (12,17): *Dai a César o que é de César e a Deus o que é de Deus*; era feita em conjunto com a dos *Actos dos apóstolos*, acima referida. Como corolário tinham que o Estado não poderia contradizer a lei divina, sob pena de estar justificada a recusa do povo a obedecer-lhe.

Durante todo o período medieval houve um factor de agregação das variadas circunstâncias europeias. Houve uma unidade essencial que, no campo do direito, resultou na tentativa do direito comum[136].

O fim da Idade Média[137] caracteriza-se pelo degenerescer desta unidade. E o direito comum não foi excepção. Contudo, apesar de degenerescente, a Idade Média sobreviveu em muitas das suas instituições, e muitas outras vicejaram inspiradas no que restava daqueles princípios.

---

[134] *Cfr*. MASSIMO TERNI, *La Pianta della Sovranità. Teologhia e Politica tra Medioevo ed età Moderna*, Roma, 1995, p. 49 e ss.

[135] Sobre o tema *vid*. ROBERTO DE MATTEI, *A Soberania Necessária*, Porto, 2001, pp. 32 e ss.; RUY DE ALBUQUERQUE e MARTIM DE ALBUQUERQUE, *História do Direito Português 1141-1415*, Lisboa, 1999, vol. I, pp. 97 e ss. e 117 e ss., ambos os trabalhos apresentam ampla bibliografia.

[136] Cfr. A. MANUEL HESPANHA, *Panorama Histórico da Cultura Jurídica Europeia*, Lisboa. 1998, pp. 66 e ss. João de Barros, na sua primeira *Década da Ásia*, quando a justificar o domínio dos portugueses sobre os mares distantes do Oriente, se refere ao direito que rege a comunidade cristã, o direito comum. Diz o cronista: ... *o povo cristão... como por fé e baptismo está metido no grémio da Igreja Romana, assim no governo de sua polícia se rege pelo direito romano... aceitam estas leis enquanto são justas e conformes à razão, que è madre do direito*. Citado por Marcello Caetano, na introdução à tradução da obra do Frei SERAFIM DE FREITAS, *Do Justo Império Asiático dos Portugueses*, Lisboa, 1983, p. 15.

Portugal, no século XVI, é um lugar privilegiado, aonde a observação histórica se torna fascinante. Tendo avançado as suas possessões a Oriente e a Ocidente, era um reino onde podemos examinar as fortes tendências medievais se encontrarem com o mundo renascentista. Temos, por exemplo, um humanista como Damião de Góis, ou um jurista como António Gouveia[138], tão ao gosto do renascimento, e um rei como D. Sebastião, talvez o último soberano medieval, com seus ideais de cruzada. Rei cantado pelo épico Camões, ele mesmo fruto do seu tempo, compondo com grandiloqüência a gesta portuguesa cristã, e servindo-se do paganismo, nas suas metáforas, que vinha sendo revivescido.

O Tribunal da Mesa da Consciência e Ordens tem neste país o ambiente propício para nascer e se desenvolver, dentro dos contrastes do tempo e perfeitamente de acordo com as circunstâncias que o envolveram.

O regimento de 1558 tem bem marcados os desejos de D. João III aquando da criação da Mesa, ou seja, um cuidado especial dos negócios que poderiam ser mais delicados, envolvendo matéria religiosa. O rei português, para além do poder régio, tinha de exercitar sua função de administrador das Ordens, o que abrangia diversos aspectos religiosos que tocavam efectivamente a sua consciência. Ordenava o regimento:

> *Vereis as ordenaçoens pera se saber aquellas em que aja cargo de conciencia não se desfazerem e se haver provisão do papa assi como for necessario para se usar dellas e porquanto el-Rey meu Senhor e avô, que santa gloria aja, tinha começado a entender nesta materia dos escrupulos que se nella vos offerecerem(?), me fareis lembrança para se verem e decidirem pelas pessoas que eu pera isso ordenar como me parecer*[139].

E, mais adiante:

> *De qualquer cousa que vos pareça que toque a minha consciencia e em que eu por meu descargo deva entender e prover me fareis disso lembrança*

---

[137] Acerca da decadência da Idade Média ver o precioso resumo de PLINIO CORRÊA DE OLIVEIRA, in *Revolução e Contra-Revolução*, São Paulo, 1998, pp. 26 e ss.

[138] É certo ter sido Gouveia considerado um estrangeiro, mas foi, de facto, um português a divulgar o humanismo jurídico pelas universidades francesas. *Vid*. VERÍSSIMO SERRÃO, António Gouveia e a prioridade do método cujaciano, in *Boletim da Faculdade de Direito da Universidade de Coimbra*, 37, 1952; e, do mesmo autor, *António Gouveia e o seu tempo*(1510-1566), Coimbra, 1966.

[139] DE WITTE, *Le Regimento*, cit., p. 281.

cada vez que se offerecer caso pera isso pera milhor descargo meu ou alguma que se faça que vos pareça que eu são encarregado para se aver de emendar e ver em qualquer maneira que milhor for[140].

O período Filipino conservou o Tribunal e acabou dando-lhe novos regimentos, como já foi abordado. Filipe I mandou

> ver o Regimento antigo[de 1558] *da dita Mesa e as Bullas appostolicas, e as prouisões que em differentes tempos depois passarão e de tudo mandou fazer este Regimento e conformando me eu com a tenção com que se deu princípio a tam sancta obra digna de memoria, deseiando muito de a proseguir e perpetuar, ordeno e mando que o Presidente e deputados que hoie são, e ao diante forem, usem deste Regimento, e não de outro algum feito antes delle*[141].

Este novo Regimento, comportando 118 artigos, bastante mais minucioso, mantinha o espírito do anterior no que trata do tema que nos interessa neste ponto. Prevê no seu artigo 27 que

> *Offrecendo sse alguas[couzas] em que ao Presidente e deputados pareça que importa a minha consiençia faserem me alguas lembranças elles mas farão com toda a deligençia por escrito assinadas por elles com as resões do cazo, e fundamento do pareçer de todos, se forem conformes, ou de cada hum em particular posto que eu lho não mande de nouo nem pergunte comoo fizera, e farey chegando estas couzas a minha notiçia que por ser sobre materias do mesmo Tribunal fica esta obrigação propia delle, e do nome que tem.*

Ordenava o rei que fizessem o mesmo em qualquer caso, ainda que não previsto no regimento, tendo sido particularmente cometido à Mesa por provisões assinadas pelo soberano. E, ainda mais

> *em todas as[couzas] que lhe pareçer[*ao Tribunal*] que tocão a minha consiençia em que eu por descargo della deuo mandar entender e prouer como espero farão inteiramente, conforme a confiança que delles faço e das lembranças que me fizerem quando se lhes offereçer me auerei delles por*

---

[140] *Idem, ibidem.*
[141] Martim de Albuquerque, *op. cit.*, p. 219.

bem seruido, e as consultarão primeiro com a pessoa que estiuer no governo do Reino pera mas enuiar com seu pareçer, assi lho encarrego e emcomendo muito[142].

O regimento de 1608, que será utilizado até a sua extinção no século XIX, fala do antigo costume da Mesa de convocar, em caso de dúvidas graves em matéria de consciência, teólogos e juristas, para, juntamente com o presidente e os deputados, determinarem o caso e, após averiguação, fazer-se assento, por todos os presentes *em hum liuro que para isso auia com declaração dos fundamentos por que se Resoluião*. Este costume foi confirmado. O confessor do rei poderia ser chamado e, neste caso, receberia o recado com precedência sobre os juristas e teólogos.

2.3.6 *Acerca do confessor*

A figura do confessor nestes tempos ocupa um lugar de relevo na resolução de casos de dúvidas graves em matéria de consciência[143]. Por isso fica justificada uma pequena incursão no campo de actividade do confessor régio[144]/[145].

---

[142] *Idem* p. 226.

[143] As relações entre os casos de consciência e o direito deram azo a discussões filosóficas que percorrem a história. A tendência dos pensadores para encontrar uma distinção fundamental, entre a teologia moral e o direito, depende das respectivas concepções assumidas. As leis civis justas e legítimas obrigam em consciência e esta é uma afinidade patente entre as duas ciências. Mas o fim último do direito é o *bonum sociale temporale*, e o da teologia moral o *bonum sociale aeternum*. Esta considera os direitos do homem não somente como membro de uma sociedade civil, natural, mas também de uma sociedade sobrenatural, que se prolonga para além desta vida. Logo, aonde não tem jurisdição o magistrado civil, tem o magistrado da teologia, ou seja, o confessor. Cfr. *Enciclopedia Cattolica*, Vaticano, 1960, XI, pp. 1966-1970.

[144] O jurisconsulto holandês Van Der Vlugt afirmou que, nos séculos XVI e XVII, *toda a literatura sobre direitos e deveres em matéria internacional[direito das gentes], na medida em que exerceu profunda influência sobre os contemporâneos e as gerações seguintes, foi inspirada por manuais destinados aos confessores*. Assim, fica evidente a importância de uma achega acerca dos confessores dos reis de Portugal. Cfr. SERAFIM FREITAS, *Do Justo Império Asiático dos Portugueses*, cit., p. 26.

[145] Para se ter uma idéia da influência que poderia ter o confessor basta esta passagem do célebre livro do Doutor Navarro, *Manual de Confessores & Penitentes*, no capítulo XXV, acerca de algumas *preguntas particulares, de alguns estados*. E

As funções do confessor são consideradas tão importantes, na óptica eclesiástica, que Santo Afonso Maria de Ligório, também jurista, considera que a saúde ou a ruína do povo cristão dependem essencialmente da forma pela qual sejam cumpridas as obrigações do confessor: *Ex illorum bono aut mala regimine potissimum populi pernicies aut salva pendet* (*Praxis*, núm. 1).

O direito canónico e a teologia chamam confessor ao sacerdote que, com aprovação do ordinário, investido de jurisdição(pois a penitência se exercita sob forma de juízo), pode ouvir confissão aos fiéis, ou seja, é o ministro do sacramento da penitência. O padre confessor é considerado doutor, médico e juiz no desempenho da sua incumbência. Como juiz tem de conhecer e aplicar os princípios da moral cristã e os princípios da jurisprudência espiritual para conceder ou recusar equitativamente a absolvição[146]. Como doutor deve instruir e como médico conhecer as enfermidades e os remédios oportunos. Tudo isto exige o conhecimento da teologia moral, não sendo suficiente o bom senso e o juízo natural para solucionar os casos, sendo essencial estar bem ciente das leis positivas concernentes aos diversos estados, máxime no caso que nos interessa, que

---

*primeyramente dos **Reys**, & Senhores, que nesta vida não tem superiores, quanto ao temporal.* Uma das perguntas: *Se dispensou nas leys divinas, ou naturaes, sem justa causa: ou nas suas com damno notavel, ou escandalo da parte, ou da republica: ou perdoou os delitos, que a ley divina, ou natural mãda castigar, vendo, ou dever, que dava occasião pera outros semelhantes, ou sospendeo demandas, ou pagar sem rezão. Dissemos(sem justa causa) porque fazelo com ella, & sem escadalo notavel de sua republica, licito lhe he. Ainda que com grande tento ho ha de fazer, porque fazendo outra cousa, he fazer justiça segundo seu saber, & particular parecer. He côfundir ho regimento de sua republica. He desatinar aos bõs & doutos letrados, que aconselham ho conteudo em suas leys pubricas, & vem fazerse ho contrayro, & o que estaa em apetites priuados. He pospor o que se ordenou por muytos, & por muytos respeytos, ao que cõ poucos, & por poucos respeytos parece milhor. He finalmente propor ho parecer auido depois de ocorrer ho caso, & estar a vontade algum tanto afeyçoada, & ho juizo escuro ao que de longe, sem afeyçam, com grande claridade se ordenou contra a doutrina de Aristoteles, & S. Tho. E ainda he dar occasiam a que os lijungeyros lhes digam. O que talho de justiça nunca ouvido, né visto. O que equidade maravilhosa, sem os avisar, que os mais arrenegam della, & dizem que nam ha justiça, se nam que laa vam leys, onde querem reys.* Cfr., op. cit., p. 489, da edição feita em Coimbra em 1560. A íntegra das perguntas se encontra às páginas 487-493.

[146] Sobre o tema da absolvição teremos ocasião de analisar um dos primeiros escritos jurídicos da História do Brasil, em torno da questão do cativeiro dos índios, onde surge como problema deveras relevante.Ver *infra* cap. III *in fine*.

inclui problemas relativos à razão de estado. Isto, extremamente resumido, é o que deve ter em alto grau o confessor régio[147].

Em Portugal, a partir de D. João III, como é sabido, foi grande a influência dos jesuítas[148]. O rei Piedoso foi o primeiro monarca a acolher a recém-fundada Companhia de Jesus. O próprio fundador, Inácio de Loyola, se refere de maneira encomiástica ao soberano português: *Sua Divina Majestade quis que V.A., entre os príncipes cristãos, fosse o primeiro e o principal instrumento de Sua Providência, para começar a promover as coisas da Companhia, que é toda de V.A.*[149]

O rei pediu um confessor jesuíta em 1552. Pediu aos padres Mirão e Gonçalves da Câmara para serem os seus confessores. Estes consideraram estar contrário ao espírito da Companhia o exercício deste cargo. Mas o fundador, em 1553, responde-lhes que deveriam aceitá-lo, por vários motivos, dentre eles a gratidão para com o rei. Também considerava que o bem feito à cabeça repercutiria nos membros, assim, seria bem universal e grande serviço[150]. Foi assim que os jesuítas começaram a exercer o cargo de confessores régios em Portugal.

A rainha D. Catarina, em 1555, após a morte do seu confessor, Francisco de Vila Franca, ermita espanhol de Santo Agostinho, pediu ao espanhol Miguel Torres, provincial da Companhia, que fosse o seu confessor. Também foi, Torres, confessor do cardeal D. Henrique. O cardeal-infante também teve como confessor o jesuíta Leão Henriques.

E, neste tempo, desde 1550, já era confessor do infante D. João, pai de D. Sebastião, o padre Luís Gonçalves da Câmara, que viria a ser preceptor e confessor do príncipe, futuro rei, por instâncias do cardeal

---

[147] Vid. *Enciclopedia da la Religion Catolica*, Barcelona, 1951, tomo II, pp. 987 e segs.; e *Enciclopedia Cattolica*, Vaticano, 1950, IV, pp. 252 e ss.

[148] A influência dos jesuítas, e o apoio que o monarca deu à Companhia de Jesus nos seus primeiros tempos, iria repercutir profundamente na história brasileira, através da missão que acompanharia o primeiro governador geral do Brasil, Tomé de Sousa, em 1549. No campo do direito não foi menor esta repercussão. Sendo, como veremos pormenorizadamente mais adiante, as primeiras páginas de argumentação jurídica escritas(no Brasil) pelo Pe. Manuel da Nóbrega. Chefe desta primeira missão, recebera o grau de Bacharel em Cánones pela Universidade de Coimbra em 1541, sendo discípulo do célebre Doutor Navarro, Martín de Azpilcueta.

[149] *Apud* ANTÓNIO LOPES, A Gratidão de Inácio de Loyola para com D. João III, in *Brotéria*, 134, pp. 177-188.

[150] *Idem* p. 186.

D. Henrique[151]. O cardeal insistiu que se escolhesse um jesuíta português, ao contrário do que desejava a rainha, então regente, que propendia por um dominicano espanhol.

Para o nosso estudo interessa saber algo acerca dos confessores dos reis da época Filipina. Em Espanha predominaram os dominicanos nesta função desde a Idade Média até o fim da dinastia dos Áustrias. Os jesuítas tomam posição de relevo com a subida dos Bourbons, a partir do século XVIII.

O rei Filipe I de Portugal teve três confessores: frei Bartolomeu de Carranza, frei Diego de Chaves e nos dois últimos anos de vida frei Gaspar de Córdoba. Este também o foi de Filipe II. Também exerceram o cargo de confessores deste rei, frei António de Cáceres, frei Pedro Fernandes, frei Diogo Mardones, padre Jerónimo Javierre, que chegou a ser geral da ordem e, finalmente, frei Luís de Aliaga.

O último rei da dinastia em Portugal, Filipe III, teve como confessor frei José González, em seguida António de Sotomayor. Depois foi a vez de um português, João de Santo Tomás e, por fim, Juan Martínez[152].

Além do artigo 56 supracitado, figura no artigo 3, dentro da minuciosa hierarquia do Tribunal da Mesa da Consciência, o confessor régio, com precedência sobre o chanceler das ordens militares.

> *E quando o Chancarel das ordens militares for a dita mesa com...... a não auerem de passar alguas prouisões e papeis pella chancelaria, Hey por bem se assente a mão direita do deputado mais antigo. E bem assy o meu confessor quando por meu mandado for chamado a dita mesa como adiante hira declarado no capitulo 56 e concorrendo ambos preçedera o meu confessor.*

---

[151] Vid. ANTÓNIO LOPES, D. João III e Inácio de Loiola, in *Brotéria*, 134, pp. 64--85. As primeiras Congregações Gerais dos jesuítas devem ter informações que interessam acerca dos confessores régios. O autor fala da segunda, de 1565, no seu decreto 40. Também cita a quinta nos decretos 47 e 79 e nos cánones 12 e 13 que introduzem rigorosa censura para todos os jesuítas envolvidos com negócios relacionados com a razão de estado. E, finalmente, cita a sexta Congregação geral, em 1606, que aprova de forma solene a *Instrução aos Confessores dos Príncipes*. Cfr. p. 186-187.

[152] Cfr. *Diccionário de História Eclesiastica de España*, Madrid, 1972, tomo I, pp. 600-601. O último confessor de Filipe III, muito provavelmente, já pertence ao período posterior à Restauração da Independência de Portugal com o advento da dinastia de Bragança em 1640. A partir daí voltam a exercer a função de confessores régios os jesuítas, e permanecerão nesta condição até o reinado de D. José.

2.4 O espiritual e o temporal no ultramar português

A época a que nos dedicamos reveste inúmeros aspectos extremamente interessantes, sob todas as perspectivas. As transformações, durante épocas de transição, abrem panoramas de observação vastos e ricos. Um destes aspectos, que importa ressaltar, é o intenso reflexo das doutrinas nas atitudes e realidades concretas da vida. É uma época decididamente doutrinária.

No campo do pensamento jurídico, podemos dizer que todo o debate entre o *mos italicus* e o *mos gallicus* marca o início de uma nova época para as concepções do direito natural. Quando Jacques Cujas, o mestre por excelência do método filológico-histórico, representante maior do *mos gallicus*, comenta o primeiro título do primeiro livro do *Digesto*, o *De iustitia et iure*, no qual Ulpiano definira o direito natural como *aquilo que a natureza ensinou a todos os seres animados*, acolhe a identificação da natureza com Deus(como fizera Acúrsio). Porém, para os medievais, não há uma carga filosófica nesta interpretação. Para Cujas era diferente. A sua exegese reconduzia o texto ao estoicismo, aos tempos da época clássica romana, ao tempo de Ulpiano. E o resultado é o panteísmo. Afinal, o clima cultural do renascimento era panteísta[153].

O século XVII terá, na esteira destas transformações doutrinárias, uma cristalização na doutrina de Grócio[154] e depois, por consequência, na fundação da primeira cadeira de direito natural, por Puffendorf, na Alemanha.

É certo que as contendas no norte europeu eram bastante mais acirradas, mas as novas tendências estavam disseminadas por toda a Europa, variando apenas a intensidade e a capacidade de expansão. E o debate de ideias não seria desconhecido no próprio domínio ultramarino português, obrigando a um esgrimir de argumentos jurídicos para fundamentar, por exemplo, o *justo Império Asiático dos Portugueses*[155].

---

[153] *Vid*. HÉLÈNE VÉDRINE, *As Filosofias do Renascimento*, Lisboa, 1974, caps. I e II.

[154] Hugo Grócio (1583-1645) tomou grau de Doutor em direito aos 15 anos, pela Universidade de Orléans, celebrada por ser o grande centro do humanismo jurídico, onde Alciato, um dos mestres do *mos gallicus*, ensinou.

[155] O debate entre Grócio e Fr. Serafim de Freitas é um reflexo posterior, mas encadeado no processo histórico que viemos observando. Os factos e as ideias se originam de maneira alternada, mas perfeitamente inseridos na diacronia histórica. A obra de

Em Portugal, foi de crucial importância o beneplácito pontifício para a expansão. O poder temporal de Roma foi sempre polémico, mas a teoria dos dois gládios[156] deixou as suas marcas na história. Encontramos eco deste poder na catilinária assacada por Francisco Manoel de Mello ao *sábio herege*, Grócio. Na sua *Epanáfora Trágica* vitupera contra a obra do holandês sobre a *liberdade dos mares, contra o poder das Chaves de S. Pedro e justificação dos títulos reais, que aos nossos Reis pertencem por investidura pontefícia*[157]. Vale lembrar que os holandeses também haviam de invadir o Brasil por esta época.

A Mesa da Consciência e Ordens foi lugar privilegiado, onde as doutrinas se faziam ouvir e transformavam efectivamente a realidade. Dentre os muitos documentos produzidos por este tribunal, parece-nos oportuno recordar uma determinação da Mesa, solicitada pelo rei

---

Grócio, o *Mare liberum*, foi incluído no *Index Librorum Prohibitorum*, em 1612; a refutação de Frei Serafim de Freitas, *Do iusto imperio Lusitanorum Asiatico*, *após* passar pelos exames e censuras exigidas na época, e receber as devidas licenças, foi publicado em 1625. Em Grócio já nos apercebemos das teorias modernas; com eloquência afirma o direito de toda a humanidade a fruir do planeta livremente. Serafim Freitas, por sua parte, reafirma a supremacia do pontífice. Um representa a repercussão da Reforma religiosa no direito, contestando a doutrina medieval, enquanto o outro faz a sua apologia, replicando Grócio nos seus argumentos, exaltando Roma. O holandês dirige a sua tese *ad principes populosque liberos orbis christiani*, o lusitano *ad principes orbis christiani supremos*. São dois mundos de uma civilização recentemente dividida pela doutrina. O direito natural e a moral são desvinculados por Grócio. Ele prescinde do fundamento último da moral, Deus(na célebre passagem do *De iure belli ac pacis-Proleg. 11, 'etramsi daremus non esse Deum'*). Frei Serafim de Freitas representa o epígono das doutrinas hierocráticas. Era escolástica *versus* humanismo, teocentrismo *versus* antropocentrismo.

[156] A grande fonte para a teoria dos dois gládios foi a passagem de São Lucas(22,38): *At illi dixerunt: Domine ecce duo gladii hic. At ille dixit eis: Satis est.* [Disseram-lhe eles: «Senhor, aqui estão duas espadas.» Ele respondeu-lhes: «Basta!»]. O século XIII viu o apogeu da doutrina que concentrava em Roma os poderes espirituais e temporais. O papa é o magistrado supremo, julga e pode depôr os soberanos. Sobre o tema *vid.* STICKLER, Il potere coattivo dalla Chiesa nella Riforma Gregoriana secondo Anselmo da Lucca, in *Studi Gregoriani*, II, 1947, pp. 235 e ss.; e, do mesmo autor, Il gladius negli Atti dei Concili e dei RR. Pontefici sino a Graciano e Bernardo di Clairvaux, in *Salesianum*, XIII, 1951, pp. 414 e ss.; ARQUILLIÈRE, Origines de la Théorie des deux glaives, in *Studi Gregoriani*, I, 1947, pp. 501 e ss.; GIACON, Le Due Spade, in *Rivista Int. di Filosofia del Diritto*, XXXVI, 1959, pp. 682 e ss.

[157] Citado por A. VASCONCELOS SALDANHA, Sobre o *officium missionandi* e a fundamentação jurídica da expansão portuguesa, in *Actas do Congresso Missionação Portuguesa e Encontro de Culturas*, vol. II, Braga, 1993, p. 558.

D. Sebastião, na qual os laços entre o temporal e o espiritual na expansão portuguesa são radicalmente afirmados. A determinação é do ano de 1568 e estava presente o próprio vice-rei, D. Luís de Ataíde, na reunião da Mesa da Consciência. Anuncia enfaticamente a determinação do tribunal que

> *a primeira e principal obrigação que el-Rei nosso Senhor e seus sucessores têm nas partes da Índia é ao negócio da conversão e competente provimento das coisas eclesiásticas, e que assim é conforme ao direito divino natural e positivo e à condição com que pelas Bulas apostólicas se concedeu o comércio das ditas partes aos Reis de Portugal e se defendeu aos outros Príncipes Cristãos, para que fizessem nelas promulgar o Santo Evangelho e ajudassem o dito negócio da conversão. E que importava muito cumprir-se com a dita obrigação inteiramente, ainda que para este efeito se fizessem grandes despesas e se gastasse tudo o que a Índia rende, pois somente o excrecente, depois de cumpridas devidamente as ditas obrigações, se pode com boa consciência arrecadar para a fazenda de Sua Alteza, que sem isto faltaria o título do dito comércio, nem poderia sustentar e prosseguir justamente*[158].

Não parece haver dicotomia entre o espiritual e o temporal no ultramar português, enquanto Estado ultramarino. Há, isto sim, uma hierarquização dos fins almejados. É a sequência de uma tradição documentada, que temos vislumbrado desde o início da navegações.

Os problemas de consciência que se apresentavam naturalmente ao rei, devido às novas situações que inevitavelmente ocorriam nestes tempos especialmente caracterizados pelas transformações que foram o motivo primeiro da criação do Tribunal, geraram o costume da convocação de teólogos e juristas para a sua resolução. Estes manifestavam as suas opiniões fundamentadas a respeito do problema, e havia livro próprio onde se inscreviam os assentos.

Claro está que juntamente às responsabilidades governamentais, impulsionadas sempre por uma intenção política, os soberanos portugueses aliavam as *responsabilidades pela dimensão humana e religiosa*[159]

---

[158] *Idem* p. 560. O autor nos faz saber que este documento também foi publicado na obra *Oriente Conquistado*, de Francisco de Sousa, p. 846.

[159] *Cfr.* AZEVEDO CRUZ, A Mesa da Consciencia e Ordens, o Padroado e as perspectivas da Missionação, in *Actas do Congresso Missionação Portuguesa e Encontro de Culturas*, vol. II, Braga, 1993, p. 639.

da expansão, propondo-se fazê-la acompanhar da evangelização das terras descobertas, como bem asseverou Maria do Rosário Cruz.

Esta postura assumida pelos reis de Portugal transparece nas decisões da Mesa da Consciência, e os debates havidos neste Tribunal fazem crer que a expansão foi levada a cabo com plena atenção e preocupação às inevitáveis consequências do encontro de culturas díspares. Estando cônscios, não reduziram estes acontecimentos a meros interesses económicos. Há grande quantidade de documentos coetâneos que desmentiriam cabalmente ser a ganância o móvel primeiro dos empreendimentos. A Mesa da Consciência teve diversas intervenções moralizadoras que demonstram isto. Não se pode negar, contudo, que houvesse encontro de diversas tendências no interior do Tribunal, e que isto acabasse por dar ensejo a decisões contestáveis. É outro problema.

Além disto, também é difícil negar que, dentre os homens que levaram a cabo a gesta portuguesa não houvesse dissenção acerca dos fins. Se, por algum acaso, jamais houvesse, os juízes e os tribunais seriam supérfluos. A problemática, por exemplo, do cativeiro dos índios era da competência da Mesa da Consciência.

Temos notícia de duas proposições da Mesa da Consciência contidas na monitória da junta da Bahia que perguntavam acerca da possibilidade de um pai poder vender o filho em caso de grande necessidade; e se uma pessoa se pode vender a si mesma sendo maior de vinte anos. A consulta teve aprovação por parte do padre Quirício Caxa, sendo, porém, rejeitada pelo padre Manuel da Nóbrega.

A aprovação dada pelo teólogo do Colégio da Bahia, mestre de Casos de Consciência, e os argumentos contrários expostos pelo padre Manuel da Nóbrega, são um documento precioso de cultura jurídica no século I do Brasil. Documento que trata de problema inerente ao dito encontro de culturas, e ao estatuto das pessoas, na medida em que discorre acerca da liberdade dos índios. O Caso de Consciência, que mais adiante veremos, é do ano de 1567, e segundo Serafim Leite, *marca a entrada da cultura jurídica no Brasil*[160].

---

[160] SERAFIM LEITE, Nóbrega o «Doutíssimo» ou a entrada da Literatura Jurídica no Brasil, in *Novas Páginas de História do Brasil*, Lisboa, 1961, pp. 215-223. Este pequeno tratado de Nóbrega só foi conhecido no século XX, e foi publicado pela primeira vez no *Jornal do Commercio*, no Rio de Janeiro, em 20 de Novembro de 1938, intitulando-se, então, *Primeiro documento importante jurídico-moral escrito no Brasil*. O texto de onde foi extraído está na Biblioteca de Évora, Códice CXVI/I-33, ff. I45r-I52v.

* * *

Parece-nos fundamental assinalar este aspecto: para além das naus, repletas de homens, que transportavam seus planos pessoais, com as esperanças mais diversas; para além das culturas[161], como a cana-de--açúcar, ou as árvores ornamentais, como a palmeira imperial; para além dos animais que foram introduzidos no Brasil através destas viagens; para além de tantas outras coisas, é preciso destacar que aquelas embarcações traziam um Direito, que seria transplantado para o Brasil, após a sua lenta e longa formação ao longo da Idade Média. Vinham os costumes, os textos de lei e magistrados de Portugal. Vinham sujeitos de direito que iriam organizar-se e ter relações com os aborígenes, também eles, por sua vez, sujeitos de direito. Este encontro é um fenómeno que marca a génese do Direito brasileiro.

---

[161] *Para a colónia opulenta, os conquistadores pobres haviam trazido as primeiras alfaias de ouro e as primeiras baixelas de prata; os animais domésticos, primeiros escravos dos homens* [segundo informa Gabriel Soares de Sousa, as primeiras vacas e éguas chegadas à Bahia procederam de Cabo Verde; as ovelhas e cabras, de Cabo Verde e de Portugal]; *as plantas da cana de açúcar, as sementes de pão e da horta, a videira, a laranjeira, a figueira, a romanzeira, a tamareira, o limoeiro, a cidreira, o coqueiro da Índia, o gengibre de S. Tomé, o arroz de Cabo Verde*. Cfr. *História da Colonização Portuguesa no Brasil*, vol. III, Introdução, p. LVIII. Vid. ainda J. E. MENDES FERRÃO, *A Aventura das Plantas e os Descobrimentos Portugueses*, Lisboa, 1992.

CAPÍTULO III

3.1 Duas manifestações de cultura jurídica no Brasil

Ao contrário do que ocorria no Oriente, onde também aportaram os portugueses, no Brasil, os aborígenes, por descuido chamados índios, desconheciam a leitura e a escrita. Desta forma era preciso iniciar o exercício das ciências, servindo-se de todos os meios propícios. O que a época permitiu foi a instrução que os jesuítas ofereceram a partir da sua primeira missão, vinda com o primeiro governador geral, Tomé de Sousa. Os Colégios fundados em São Paulo e na Bahia foram as instituições primaveris da cultura no Brasil.

Mas a cultura jurídica no Brasil começou a manifestar-se logo quando da chegada da primeira missão jesuítica enviada pelo rei D. João III[162]. Tratou-se de um caso de tentativa de regularização da situação de índios catecúmenos, no que diz respeito à sua vida conjugal. Temos o problema documentado por uma carta dirigida ao Doutor Navarro pelo Pe. Manuel da Nóbrega[163]. Escrita a dez de agosto de 1549, trata a epístola de diversos

---

[162] *Cfr.* SERAFIM LEITE, Nóbrega o «Doutíssimo» ou a entrada da Literatura Jurídica no Brasil, in *Novas Páginas de História do Brasil, op. cit.*, p. 117.

[163] Manuel da Nóbrega recebera o grau de bacharel em Cánones pela Universidade de Coimbra em 1541 pelas mãos do Doutor Navarro. Este foi seu mestre, primeiro em Salamanca e depois em Coimbra. Em 1550 o Doutor Navarro escreve: *O Doutíssimo Padre Manuel da Nóbrega, a quem não há muito conferimos os graus universitários, ilustre por sua ciência, virtude e linhagem. Cfr.* SERAFIM LEITE, *História da Companhia de Jesus no Brasil*, II, Lisboa-Rio de Janeiro, 1938, p. 462. *Vid.* também CHARLES SAINTE--FOY, *Padre Manuel da Nóbrega – primeiro apóstolo do Brasil*, São Paulo, 2000. À página 6 pode-se ler: *O Doutor Azpilcueta Navarro, seu mestre, chegara a dizer que em toda a Universidade*[Coimbra] *não conhecia estudante mais talentoso do que ele...*

aspectos da vida no Brasil e dos costumes dos índios. Sobre o problema em foco diz:

> *Los principales destas aldeas bautizaremos presto, porque no está en más que en buscar una muger de que esperen que le guardará lealtad, porque su costumbre hasta agora fué no estimar el adulterio, y tomar una y dexar otra ad beneplacitum, y por esto me parece que no tiene en estos gentiles lugar el Capítulo «Gaudemus», De Divortiis con lo que allí se nota, scilicet, que ayan de tomar por muger la primera que avian tenido, porque nunca las tomavan para las tener siempre, lo qual no tienen los otros infieles de África e otras partes, que las toman para siempre, y a lo menos es contrato, lo qual en éstos no ay, porque es más tenerlas por mancebas que por mugeres*[164].

Como se depreende do excerto da carta, Nóbrega procura fazer as distinções necessárias, comparando o caso brasileiro com o que ocorria em África. Conclui da inexistência de contrato no caso brasileiro por indeterminação de pessoa, ou seja, por não haver intenção de ter para sempre por esposa a mulher escolhida[165]. Logo, parecia a Nóbrega, não se aplicaria ao Brasil a doutrina contida no capítulo «*Gaudemus*» De Divortiis[166]. Nóbrega tem a preocupação de manifestar a sua opinião ao

---

[164] *Monumenta Brasiliae*, I, p. 141.

[165] *Cfr*. Biblioteca Pública de Évora, cód. CXVI/1-33, f. 131-134, onde podemos ler uma informação sobre os casamentos dos índios escrita pelo padre Francisco Pinto. Nela ficamos sabendo que os índios mancebos se juntam com as índias moças e *a cada vez que elle ou ella querem se apartão outra vez e tomam outros*. Afirma que possuem estabilidade na relação apenas após procriarem e já *homens feitos, de boa idade porque até então não tem consentimento firme, como he neçessario pera o casamento.E este he seu custume, e alguns destes mancebos agora quando se convertem não querem de nenhuma maneira casar com aquella moça que tomaram por enamorada, porque não se pode chamar doutra maneira, dizendo que não tinham por molher senão por amiga, &c que se irão por y alem, que não hão de fazer vida com ella... Estes como se tem por honrados não costumão tomar huma soo molher senão quantas podem, por onde quando tomão huma, ja tem uontade de tomar logo outra e quantas poder, por onde não tem consentimento com aquela primeira que tomão, pois tem uontade de muitas iuntas*. Publicado na *Historia da Companhia de Jesus*, cit., II, pp. 623-624.

[166] Trata do assunto o Doutor NAVARRO no *Manual de Confessores & Penitentes*, cit., p. 390, onde diz que *Se convertido aa fee, se casou com outra, querendo viver com elle a infiel sem injuria do Criador, & sem ho querer perverter, nem trazer a peccado mortal: ou se nam quis deixar a segunda, ou terceyra molher com quem sendo infiel tinha casado*. E à página 376 afirma que *ainda depois de consumado se aparta o que se contrae*

seu mestre de Coimbra, tanto mais por ter o Doutor Navarro tratado do assunto no seu *Manuale Confessariorum et Paenitentium*.

A solução encontrada para o problema foi a instituição do lar monogâmico nas aldeias[167], havendo união entre os índios seja na lei da natureza seja na lei da graça, respectivamente se não baptizados ou se cristãos. Foi uma solução contra a poligamia mais ou menos disceminada entre os índios que não viviam nas aldeias formadas pelos jesuítas.

Também conexo ao problema do direito matrimonial[168], acerca dos impedimentos de consanguinidade, actuou com pertinácia Manuel da Nóbrega. Era costume dos índios o casamento entre tios e sobrinhas, o que dificultava o casamento cristão. Graças às instâncias de Nóbrega, o papa Pio V concedeu o breve *Cum gratiarum omnium*[169], de 1567, dispensando os neófitos de todo o direito positivo referente ao problema em questão.

---

antre infieis, se hum delles se cõverte à sancta fee catholica, & outro permanece em sua infidelidade. Na edição latina da obra o assunto é tratado da seguinte forma: *Dissolvitur quoque matrimonium contractum inter infidelis etiam post consummationem, Si altera eorum pars ad fidem catholicam convertatur, altera vero noluerit ei cohabitare citra contumeliam Creatoris, & conatum pervertendi, vel inducendi eam in morrale, nam(ut dictum est) non est inter eos sacramentum, sed contractus tantum.* Cfr. *Enchiridion Sive Manvale Confessariorvm et Poenitentivm*, Parisiis, MDCXI, p. 665.

[167] Já no ano da referida carta de Nóbrega vigorava o privilégio outorgado a *favor da fé*, consignado na constituição apostólica *Altitudo*, do papa Paulo III, em Junho de 1537. Consiste na especificação do privilégio paulino para as novas terras descobertas, terras onde se praticava a poligamia, ou seja, a autorização para a dissolução de matrimónio legítimo, que favorece o cônjuge que se converte, e que foi contraído anteriormente, com o fim de permitir a união com baptizado. É chamado privilégio paulino por derivar de uma passagem da epístola I de São Paulo aos Coríntios. A constituição *Altitudo* estabelece que o marido convertido deve conservar a primeira mulher depois da sua conversão, porém não se recordando, pode escolher entre as outras a que deseje, e contrair matrimónio com ela. Uma constituição posterior foi a *Romani Pontificis*, de Pio V, com data de 20 de Agosto de 1571, que dispõe que o marido convertido pode conservar a mulher com que ele se converta.

[168] Sobre o problema específico dos casamentos dos índios brasileiros há uma série de pareceres no cód. CXVI/ 1-33, da Biblioteca Pública de Évora. Dentre eles destacamos os dos jesuítas Fernão Peres, Gaspar Gonçalves e Luis de Molina, escritos em latim, fol. 100 e ss. Em português podemos ler o parecer de José de Anchieta e do Pe. Francisco Pinto. Ainda é bom lembrar que na América espanhola também podemos perceber que a Igreja concedeu uma escala jurídica distinta aos índios neófitos.

[169] Cfr. *Monumenta Brasiliae*, IV, pp. 430 e ss. Doravante abreviaremos para *MB*.

*Quare Sanctus Pater eos dispensat ab omnibus impedimentis positivis sacramenti matrimonii in Aethiopia, Perside, India, Molucis, China, Iaponia, **Brasilia**, aliisque regionibus continentis et insularum Oceani.*

* * *

Tendo por objecto a liberdade dos índios, Manuel da Nóbrega, no ano de 1567, ano que passou entre São Vicente e o Rio de Janeiro, escreveu o primeiro documento de fôlego, com ampla argumentação jurídica[170], da história do Brasil.

A questão da liberdade dos índios estava adstrita à Mesa da Consciência. Não resta dúvida que o cativeiro daquela raça, até há pouco desconhecida, tocava a consciência dos soberanos.

O segundo bispo do Brasil, D. Pedro Leitão, considerava que se podia resgatar[171] todo o género de escravos, do que discordava Nóbrega. Preocupado com as consequências que podiam advir da posição do bispo, apresentou a sua dúvida ao Doutor Navarro, de quem não possuímos

---

[170] Temos notícia de que já escrevera um *Tratado contra a antropofagia e contra os cristãos, seculares e eclesiásticos, que a fomentam e consentem*, infelizmente, até hoje desconhecido. Nóbrega escrevera-o na aldeia de São Paulo da Bahia, que fundara e onde viveu algum tempo. Em carta datada de 5 de Julho de 1559 relata o facto: *Alembra-me que o ano passado disputei em Direito esta opinião e amostrei a sua falsidade por todas as razões que soube...* a opinião favorável considerava que do ponto de vista estratégico ficariam em paz os portugueses enquanto os índios guerreassem entre si e se devorassem. *MB*, III, p. 77.

[171] Informa-nos Serafim Leite que *o costume, nas suas guerras, de os índios cativarem os contrários e depois os matarem e comerem, ministrou um motivo **justo** para a escravidão. Em vez de os matarem, vendiam-nos. Quem os comprava, **resgatava-os**. O termo **resgate** aplicou-se em breve a outras compras e aos próprios objectos que se davam em troca:* **resgates**(podiam ser: as ferramentas que se davam em troca, os ornatos, ou mesmo o dinheiro). *O Direito admitia esta forma de escravidão, como também a que provinha das chamadas **guerras justas**, que foram a primeira fonte de escravidão no mundo antigo. Cfr. As raças do Brasil perante a ordem teológica, moral e jurídica portuguesa nos séculos XVI a XVIII, in Scientia Ivridica*, XIII, Braga, 1964, p. 543. *Vid.* também PERDIGÃO MALHEIRO, *A Escravidão no Brasil*, São Paulo, 1944. No volume II, à p. 15, pode-se ler, relativamente ao envio de escravos para Portugal, permitido pelo Infante D. Henrique, depois da Descoberta da costa ocidental da África: *o **resgate** foi pois o título ou fundamento originário para a escravidão dos negros, a quem se entendia assim prestar um serviço imenso*. Era o intuito de resgatá-los de uma morte certa ou do cativeiro à mão dos seus inimigos que justificava moralmente o acto.

qualquer posição documentada acerca do assunto nesta época. Entre diversas informações chegadas a Portugal sobre o delicado assunto, o rei D. Sebastião, através do cardeal Dom Henrique, então regente, ordenou em 1566, que o problema fosse examinado na Bahia por uma junta[172] formada pelo governador Mem de Sá, o bispo D. Pedro Leitão, os ouvidores Brás Fragoso e Fernão da Silva, e três padres da Companhia de Jesus, a saber: o visitador Inácio de Azevedo, o provincial Luís da Grã e Manuel da Nóbrega.

Eis o extracto da carta do rei, dirigida ao governador geral, que nos dá conta do problema:

> *Eu sam informado que geralmente nessas partes se fazem cativeiros injustos, e correm os resgates com título de extrema necessidade, fazendo-se os vendedores pais dos que vendem, que são as cousas com que as tais vendas podião ser lícitas, conforme ao assento que se tomou, não avendo as mais das vezes as ditas cousas, antes polo contrario intercedendo força, manhas, enganos com que os induzem facilmente a se venderem por ser gente barbara e ignorante.*
>
> *E por este negocio dos resgates e cativeiros injustos ser de tanta importancia, e ao que convem prover com brevidade, vos encomendo muito que com o Bispo e o Pe. Provincial da Companhia e com o Pe. Ignacio d'Azevedo e Manuel da Nobrega e o Ouvidor Geral, que laa está, e o que ora vay[já lá estava Brás Fragoso e chegaria Fernão da Silva], consulteis e pratiqueis este caso e o modo que se pode e deve ter pera atalhar aos tais resgates e cativeiros. E me escrevais miudamente como correm, e as desordens que nelles há e o remedio que pode aver pera tais injustos cativeiros se evitarem, de maneira que aja gente com que se grangeem as fazendas e se cultive a terra; pera, com a dita informação, se tomar determinação no dito caso e ordenar o modo que nisso se deve ter, que será como parecer mais serviço de N. S. e meu. E em quanto não for recado meu,*

---

[172] Esta junta irá decretar, em 30 de Julho, diversas medidas destinadas a garantir a segurança dos nativos que viviam nos aldeiamentos dos jesuítas. Dentre elas destacam--se a colocação sob a alçada do ouvidor geral a resolução dos conflitos entre os missionários e os colonos, acerca dos fugitivos que buscavam refúgio nas citadas aldeias; a libertação dos que haviam sido escravizados injustamente; a criação do procurador dos Índios, que seria funcionário régio, devendo zelar pela defesa dos gentios e também instituir um meirinho índio em cada aldeia; ainda previa a possibilidade de os colonos se servirem do trabalho dos índios, sob fiscalização dos jesuítas, com o pagamento do devido salário. Cfr. GEORG THOMAS, *Política Indigenista dos Portugueses no Brasil 1500-1640*, trad. portuguesa, São Paulo, 1981, pp. 95-99.

que será com ayuda de Nosso Senhor brevemente, se fará acerca disso o que por todos for assentado[173].

Sendo claramente um problema que tocava a consciência do rei[174], seguiu para o Tribunal da Mesa da Consciência. Esta emanou duas proposições que deveriam ser apreciadas pela junta da Bahia:

1ª Se um pai pode vender o filho em caso de grande necessidade;
2ª Se alguém se pode vender a si mesmo sendo maior de 20 anos.

O teólogo desta junta, sediada na Bahia, foi o Professor do Colégio da Bahia, Quirício Caxa, que considerou as proposições em perfeita regra.

---

[173] Texto proveniente da Biblioteca Pública de Évora, CXVI/1-33, f. 56 e ss. Publicado in *Monumenta Brasiliae*, IV, pp. 357-360.

[174] A grande importância concedida às questões de consciência no século XVI tem um caminho histórico. Desde sempre os homens observam, julgam e actuam – segundo a hierarquia tomista. Em todos os ambientes, irremediavelmente, seja em conversas, conferências, escritos ou outras manifestações, o homem aplica às circunstâncias da vida os seus conhecimentos de regras morais. Existe pois uma casuística conatural ao homem. Para além desta, de sentido comum, surgiu, na Idade Média, uma casuística científica, onde se aplica a Teologia moral a casos concretos. Assim se determinam certas obrigações morais. Regra geral desta casuística é subordinar o dever menos excelente e extenso ao dever mais excelente e extenso, isto devido à preferência que é preciso dar ao bem, e a exclusão que, da mesma forma, se deve dar ao interesse pessoal. Máxime, havemos de convir, a aplicação deste princípio a um soberano. É no século XIII que a casuística começa a ganhar importância dentro da Teologia. A obra de Raimundo de Peñaforte, *Summa de poenitantia et matrimonio*, de 1235, marca este movimento. Nesta época as matérias da casuística se uniram ao estudo do Direito e à Teologia, através do método escolástico, que originou os *quodlibeta, quaestiones disputatae* e *opuscula*. Santo Tomás de Aquino, especialmente na segunda parte da *Suma Teológica*, e São Boaventura trataram destes problemas. O século XVI teve um grande florescimento de tratados de casuística, em forma de comentários ao texto tomista. A casuística servia-se do método sintético--indutivo, buscando soluções práticas para os vários casos apresentados. Por analogias resolvia casos semelhantes. Assim, os cursos de Teologia moral passaram a chamar-se «casos de consciência». Em Portugal destacaram-se, na casuística, o Doutor Navarro (muito consultado por Manuel da Nóbrega), Manuel de Sá e Sebastião de Abreu. O Colégio fundado pelo Cardeal Dom Henrique, em 1551, que está na origem da Universidade de Évora, e entregue aos jesuítas, teve desde o seu início, uma cadeira de casos de consciência. Sobre o assunto *vid. Enciclopedia Cattolica*, Vaticano, 1949, III, pp. 981--982; e, tomo XI, pp. 1966-1970; *Enciclopédia Luso-Brasileira*, vol. IV, p. 1463-1464; *Enciclopedia de la Religion Católica*, Barcelona, 1952, II, pp. 543-546. Todas as referências indicam bibliografia específica e abundante.

Manuel da Nóbrega estava no sul do Brasil e não pôde estar presente aquando da reunião da junta. Mas acabou por dar o seu parecer, que apenas foi descoberto e publicado na primeira metade do século XX.

Esta *Reposta* ou *Caso de Consciência*[175] foi escrita no ano de 1567, muito provavelmente no Rio de Janeiro, que fôra fundado pouco tempo antes, fundação para a qual em muito concorreu Manuel da Nóbrega. Ele soube por Ignácio de Azevedo que El-Rei ordenava expressamente que fosse ouvido acerca das proposições emanadas da Mesa da Consciência. De mais a mais, nas Missões, quando se apresentavam problemas de consciência, era natural que fossem ouvidos os jesuítas que, desde D. João III, haviam sido encarregados da evangelização no Império português[176].

Este parecer de Manuel da Nóbrega insere-se no grande debate, que durou séculos, sobre o estatuto dos índios. Pretendemos estudar mais adiante, com algum espaço, este tema no que toca especificamente o índio do Brasil. Por enquanto faremos alguns reparos sobre este importante documento dos primórdios da História do Direito no Brasil.

Ao tomar conhecimento da aprovação dada pelo mestre em Casos de Consciência, o Pe. Quirício Caxa, às proposições emanadas pela Mesa em Lisboa, Manuel da Nóbrega redigiu um *Apontamento*. Este perdeu-se. Caxa terá respondido com um arrazoado, ao qual Nóbrega, por sua vez, deu resposta. Nesta *Reposta*[177] Nóbrega transcreveu o arrazoado de Caxa. Desta forma o debate se apresenta mais claro.

Uma primeira observação que podemos fazer sobre o parecer é a da profusão de autores citados: são dezessete autores de grande nomeada,

---

[175] Como o chama SERAFIM LEITE, *in* As raças do Brasil perante a ordem teológica, moral e jurídica portuguesa nos séculos XVI a XVIII, cit., p. 544.

[176] Encontramos, contudo, uma referência a um pedido do Provincial Geral, em 1575, feito ao Cardeal D. Henrique, para que fossem dispensados os da Companhia na Índia de estarem na Mesa da Consciência. *Cfr. Monumenta Brasiliae*, IV, p. 390, nota 3 *in fine*. A mesma nota afirma que a liberdade dos índios, enquanto assunto de consciência próprio das missões ultramarinas, era referente à Ordem de Cristo. Resta lembrar que o ensino da Teologia Moral, ou Casos de Consciência, foi iniciado pelo próprio Nóbrega, na Capitania de São Vicente, em 1556. O texto do Doutor Navarro foi utilizado nestes primórdios. Em 1586, foi imposto pelo visitador Cristóvão de Gouveia, como livro texto, para além de Azpilcueta, o cardeal Caetano. *Cfr. MB*, II, pp. 282-284; e SERAFIM LEITE, *História da Companhia de Jesus no Brasil*, cit., I, p. 79.

[177] O texto completo da *Reposta* de Nóbrega vai transcrito no Anexo B. Faremos, entretanto, algumas citações de excertos, frisando aspectos de interesse para o nosso estudo.

autores que percorrem o universo jurídico e teológico de cerca de três séculos, desde o século XIII até os contemporâneos de Nóbrega e Caxa[178].

Também o *Corpus Iuris Civilis* foi citado por Nóbrega que, ademais, dá preferência à citação de juristas na sua argumentação, enquanto Quirício Caxa se serve principalmente de teólogos.

O texto faz-nos concluir que tanto no nordeste, na Bahia, aonde escreveu Caxa, quanto no sul, São Vicente e Rio de Janeiro, aonde esteve Nóbrega esse ano, já o Brasil estava servido de bibliografia jurídica suficiente e actualíssima. Nóbrega, por exemplo, deve ter-se servido de uma edição de 1554 da obra de direito canónico e civil de Covarrubias[179], tido como o Bártolo espanhol, que fora seu contemporâneo em Salamanca.

Todos os grandes autores citados, desde Santo Tomás de Aquino pelos teólogos até Acúrsio e Alciato, pelo lado dos juristas, formam uma constelação de Professores das maiores Universidades europeias tais como Paris, Bolonha, Salamanca, Oxford e Pádua que, através de Coimbra, chegavam ao Novo Mundo nesta verdadeira *disputatio*[180].

Podemos com isto concluir que a cultura jurídica no Brasil nesta década de sessenta do nosso primeiro século, já podia usufruir de toda a evolução da ciência do Direito proveniente da Europa.

Os argumentos apresentados pelos dois jesuítas juristas seguem todo o esquema medieval de interpretação da lei do imperador Justiniano, colocando-os perfeitamente nas fileiras dos praticantes do *mos italicus*, além do constante apoio sobre o direito canónico. É o direito comum que se manifesta na aurora da cultura jurídica brasileira.

---

[178] São citados os seguintes autores do século XVI: Cardeal Caetano (1468-1533), Domingo Soto (1495-1560), André Alciato (1492-1550), Francisco Silvestre(1528), o Doutor Navarro (1586) e seu discípulo Covarrubias (1577). Pode-se inferir que o debate estava actualíssimo em relação à doutrina, apesar de ter sido travado em terras longínquas e incultas.

[179] *Variarum ex pontificio, regio et caesareo jure Resolutionum Libri 4*.

[180] Desde a sua chegada ao Brasil, o Pe. Manuel da Nóbrega encontrou situações desconhecidas que o obrigavam a consultar seus superiores em Portugal. Numa consulta ao Pe. Simão Rodrigues, de meados de 1552, acerca de diversos temas como: se poderiam aceitar certos costumes dos índios, a nudez dos índios que pediam o baptismo e sobre se era lícito mover guerra contra o gentio e cativá-lo por não guardarem a lei da natureza. Pede então que estas dúvidas sejam postas *em disputa no Colégio de Coimbra*, e que lhe fossem enviados os pareceres dos letrados da Universidade, *porque assi como pera quá, como pera a India e outras partes de infieis será proveitoso saber-se...* Cfr. *Cartas do Brasil e mais Escritos (Opera Omnia)*, Coimbra, 1955, p. 146.

Quirício Caxa inicia a sua argumentação citando a *Lei 2ª, capítulo De patribus*[181]. Em seguida serve-se de Bartolomeu Saliceto para justificar o alargamento de **extrema** para **grande** necessidade. Assim, é concebível que o príncipe alargue também o direito comum. Diz ainda que a Mesa da Consciência, com autoridade real, propõe este alargamento, e isto não parece ir contra o direito natural. Estas observações referem-se, como está claro, à primeira proposição.

Nóbrega trata então do *quid iuris*, transcreve a lei[182] e diz:

Na qual lei não achará dizez extrema necessidade, mas somente grande pobreza e necessidade de comer, e todavia todos commumente a entendem falar da extrema necessidade, porque qualquer outra que não seja extrema não basta, segundo a mente a meu parecer de todos quantos escrevem, o que podem collegir de Sotto;... e Acursio... Dinus... Alciatus... Covarrubias...[183]

Além de transcrever e interpretar a lei justinianéia, Nóbrega cita, como se vê, uma plêiade de juristas, para justificar que **grande** jamais poderia ser interpretada senão como **extrema**[184].

Em seguida Nóbrega, contra argumentando acerca do alegado por Caxa, ou seja, o alargamento do direito que *fezerão os senhores da Mesa da Consciência com autoridade real*, afirma que estes senhores apenas teriam declarado o direito comum e não feito nova lei[185]. Considera Nóbrega que

---

[181] *Codex Imperatoris Justiniani novus 4, 43* «*de patribus qui filios distraxerunt, Lex 2*». O texto foi transcrito por Nóbrega na sua *Reposta*.

[182] Código, livro IV, tit. XLIII, 2: *Si por su extrema pobreza e indigencia hubiere alguien vendido por causa de alimentos un hijo o una hija recien nacidos, siendo válida solamente en este caso la venta, tenga el comprador la facultad de obtener el servicio del mismo. Mas séale licito al mismo que lo vendió, o al que fué enajenado, o a otro cualquiera, hacer la reclamación para que vyelva a su propia condición de ingénuo, por supuesto, si u ofreciera el precio, que puede valer, o entregara otro esclavo en lugar de este.* Cuerpo de Derecho Civil Romano, 2ª parte, I, Barcelona, 1892, edição bilingue. Interessante notar que o tradutor espanhol traduz por extrema pobreza a expressão *nimiam paupertatem*, que parece ser adequado. Nóbrega, pelo texto da carta não entenderia assim na tradução para a língua portuguesa, na qual nímio significaria muito grande ou demasiado. Enfim, é um aspecto linguístico caro aos humanistas.

[183] *Monumenta Brasiliae*, IV, pp. 395 e 396.

[184] Já em 1550, em carta ao Pe. Simão Rodrigues, Nóbrega advertia que repreendia muito os que aprovavam a venda de filho pelo pai. Vid. *Cartas do Brasil e mais escritos – (Opera Omnia)*, Coimbra, 1955, p. 80.

[185] *MB*, IV, p. 399.

> ...*na rezão sobre que tudo se deve fundar, ocorre-me aver ouvido e lido que quando concorrem duas leis naturaes huma contraria, a que tem mais força prevalece. Manda a ley natural e divina não furtar, mas quando a necessidade hé extrema, a ley e obrigação natural de conservar a vida faz tudo commum, o que parece da mente de S. Thomás 2ª. 2ªc, q.66, ar.7., e esta prevalece. Bem permitte a ley natural que por hum conservar sua vida perca sua liberdade, mas que hum perca sua liberdade por outra pessoa não perder a vida, somente a ecquidade da Ley 2ª o achou na necessidade extrema do pay, e ainda se me entoja ver trabalho nos doutores pola defenderem, que não contradiga a verdadeira e recta justiça.*
> *Licito hé furtar com extrema necessidade, como tenho dito, mas como desce dahi, ainda que seja grande necessidade pecca e lhe manda o capitulo, Si quis per necessitatem De furto, dar penitencia;*

E um pouco adiante:

> *os senhores da Consciência no caso sobredito, em dizerem que o pai, constrangido de grande necessidade possa vender o filho, falam polos mesmos termos da Ley 2ª; e asi como a Lei recebe interpretação, que falla em extrema somente, a mesma recebem seus casos, **scilicet, grande**, isto é, **extrema**, e desta mesma fala Soto donde elles o tirão à letra...*

Deste corolário, Nóbrega infere não ser intenção dos *senhores da Consciência fazerem lei nova com a authoridade do Principe, que tem*[186]. Pois fazer lei nova, presumindo possível qualquer outra necessidade, sem apoio em lei, seria, para Nóbrega, lei injusta, por não ter as condições da boa lei[187]. Considera que a lei não seria proveitosa para a comunidade, mas somente favorável aos portugueses.

* * *

Acerca da segunda proposição da Mesa da Consciência, o Pe. Quirício Caxa pressupõe três coisas, ao tentar provar sua procedência: que, sendo senhor da sua liberdade, o homem pode dispôr dela em caso de extrema necessidade. Exemplifica com a passagem do *Génesis 47*,

---

[186] *Idem* p. 398.

[187] *Erit autem lex iusta et posibilis secundum naturam et secundum consuetudinem patris loco temporique conveniens, necessaria et utilis, nullo privato commodo, **sed pro communi civium utilitate conscripta***. Citado por Nóbrega, *Idem, ibidem*.

19-20, na qual Joseph comprou a liberdade dos egípcios que se encontravam em necessidade extrema; considera que a liberdade pode ser estimada em dinheiro, tendo em vista as vendas lícitas que se podem fazer dela; e, finalmente, pressupõe que não há direito divino, natural nem humano, que determine que uma pessoa não se venda a si mesma em caso de extrema necessidade. E justifica este terceiro pressuposto citando

> *Navarro no comento de usuras 14, q . 3 cap.1, n. 93, aonde claramente diz que hé licito vender-se hum a outro por escravo temporal ou perpetuo por direito natural e que não está vedado por direito divino nem humano*[188].

Dados os pressupostos, Caxa afirma que alguém se pode vender a si mesmo, tendo em vista ser senhor da sua liberdade. Além disso, esta liberdade é estimável e a venda não está vedada por qualquer direito, logo uma pessoa pode alienar e vender a sua liberdade. Cita três passagens do Antigo Testamento que justificariam a sua posição[189]. Depois cita, por ordem, Nicolas de Lyre, Santo Tomás, Navarro, Soto, Duns Scotus, Richard de Middleton e Paludano, juntando os seus textos para reforçar a sua posição, e também servindo-se do prestígio de que gozam como autoridades. A partir dos textos dos autores aludidos considera que parece nem sequer ser necessário ser maior de vinte anos para que alguém se possa vender a si mesmo.

No final acrescenta que

> *Concedera eu esta illação de boa mente se não ouvira vir assi ordenado da Mesa da Consciencia, mas porque nem hé com muita rezão, diremos que, quanto a isto, o direito humano defende que se não faça senão desta maneira*[190].

Manuel da Nóbrega, na sua *Reposta*, começa por analisar os pressupostos do mestre de Casos de Consciência. Diz que o homem livre não é sempre senhor da sua liberdade. Isto, afirma, em especial no caso da

---

[188] *Septimo, quod quamuis teneremus posse aliquem se vendere aut se alicui ad tempus aut perpetuo in seruum tradere, eo quod licitum sit, secundum ius naturale, diuinum, nom prohibitum humano tamen...Idem p. 391.*

[189] *Gên. 44, 32-33; Ex. 22, 2; Deut. 15, 12-17.*

[190] *Monumenta Brasiliae*, cit., p. 394.

Bahia, onde as vendas são feitas após a sujeição, sendo isto *huma das maiores sem-justiças que no mundo se fez*[191].

Novamente afirma que no caso de concorrerem duas leis naturais, prevalece a que possui maior vigor, exemplificando com a conservação da vida, que prevalece *por ser de mais altos quilates*, sobre a conservação da liberdade. E segue dizendo que a vida vale mais que todo o ouro, e para salvá-la se pode perder a liberdade. E que se pode perder a liberdade por guerra justa ou *por pena de culpa*, e não seria perdida por um qualquer preço. Alega também que Caxa cita, neste ponto, Santo Tomás, despropositadamente. Em suma, sobre este ponto, o principal argumento de Nóbrega é que alguém só pode alienar a sua liberdade para salvar a vida e não por qualquer preço.

Afinal acerca do terceiro pressuposto de Caxa damos a palavra a Nóbrega:

> *Diz mais que não há direito natural que tal tolha, de que me espanto; e parece fazer differença antre direito natural, aquelle a que a natureza inclina, do outro modo, quia natura non inducit contrarium, como S. Thomás, que V.R. alega, diz se entende, que por isso a tal direito não obriga. Dever-se-ya melhor declarar. S. Thomás diz que communis omnium possessio et omnium una libertas esse de iure naturali, distinctio vero possessionum et servitus non sunt inducta a natura, sed per hominum rationem ad utilitatem humanae vitae, o que parece não ajudar nada a esse proposito, antes faz contra elle, pois se prova que a liberdade hé de direito natural e que a rezão dos homens pera proveito da vida humana pode distinguir os bens temporaes e causar servidão; do qual ao menos tenhamos que, quando a rezão pera proveito da vida humana falta, não se pode perder a liberdade e perjudicar a ley natural*[192].

Além de contestar as autoridades da Escritura alegadas por Caxa, que diz não terem valor no caso, Nóbrega contesta também as autoridades dos doutores citados. E arremata

> *Ho que digo, pera que V.R. não tenha tão certas as autoridades que alega no que diz, nem a ilação, que V.R. quer tirar, que não é necessário ser de vinte annos pera se hum poder vender; mas, porque assi vem determinado*

---

[191] *Idem* p. 403.
[192] *Idem* p. 407.

da Mesa da Consciencia, diz que o direito humano deffende que se não faça senão desta maneira. No que parece dizer duas cousas, huma que foi lei a tal determinação da Consciencia; e a outra que, se esta ley não fora, ainda que fora menor de vinte annos se podera vender. Ambas estas me parecem sem fundamento, porque dizer que os senhores da Consciencia quiserão promulgar lei nova, nenhuma palavra vejo pera se isso presumir...[193]

Em seguida afirma que a liberdade é de direito natural e por isso só pode ser perdida por razão que seja proveniente de direito natural, jamais por não haver liberdade de vontade ou qualquer forma de tirania; também não se justificando em caso de não haver causa justa para tal. Assim

> *... digo que como a liberdade seja de lei natural não se pode perder senão quando a rezão fundada em ley natural o permittir, mas quando se presume não aver liberdade de vontade ou outro modo de tirania, ou não há causa justa pera se vender, não pode ser escravo e pecca peccado de injustiça, e hé obrigado a restituir; e todos aqueles, a cujas mãos vem, tem a mesma obrigação, porque como cousa furtada sempre passa com seu encargo*[194].

Percebe-se, a partir do texto, que Nóbrega considera a liberdade estar fundada no direito natural, o que é já ruptura notória com a teoria de índole contrária, proveniente do pensamento de Aristóteles[195], que possuía ainda grande autoridade.

* * *

Ao tratar da questão *quid facti* Nóbrega descreveu a situação que presenciou quando esteve em Pernambuco, logo após a sua chegada, em 1550. Diz que então viu pais venderem filhos por *pura fome*[196]. Eram os Potiguares. Considera que estaria conforme a lei comum, quer dizer,

---

[193] *Idem* p. 410.
[194] *Idem, ibidem.*
[195] *Vid. infra*, pp. 117-118.
[196] Houve, mais proximamente à data em que escreveu Nóbrega, nos anos de 1562 e 1563, dois grandes surtos epidémicos de varíola na Bahia que, supostamente, vitimaram cerca de 30.000 índios em poucos meses. Tal ocasionou, por falta de cultivo, uma crise de subsistência. Parece que esta crise levou vários índios a oferecerem-se como escravos em troca de alimento. *Cfr.* JOSEPH DE ANCHIETA, *Cartas, Informações, Fragmentos Históricos e Sermões (1554-1594)*, São Paulo, 1988, pp. 364-365.

necessidade extrema, e seriam *legitimos escravos; e da mesma maneira se em alguma outra parte, por esta extrema necessidade se venderam*[197].

Contudo, não concebe que posteriormente esta necessidade extrema se tenha dado, a não ser muito raramente. Afirma que

> *...todos os que na Baya e por toda a costa dizem vender os pais (se pai algum vendeo filho verdadeiro) des o anno de sesenta, em que esta desaventura mais reinou até este de 67, muy poucos podem ser escravos, porque hé notorio a todos poucas vezes terem fomes nem necessidade extrema pera venderem seus filhos em todo este tempo; nem me satisfas dizer que a necessidade do resgate com que fazem seus mantimentos hé grande, pois esse podem elles aver sem venderem os filhos, como sempre ouverão com servirem certo tempo, ou suas criações, ou seus mantimentos; e, por grande necessidade que tenhão, raramente chega em extrema como seria necessario pera a venda valer*[198].

Continua afirmando jamais ter visto pai verdadeiro vender filho ou filha, mas que o que se passa na verdade é que se casos há, são fruto de coacção ou outros *injustos modos que custumão de praticar as lingoas e gente desta costa*.

Por isso considera que os oficiais régios devem estar muito atentos no momento do registo dos escravos, sobretudo quando o escravo afirmar ter sido vendido por seu pai. Recomenda que se verifique se era pai verdadeiro e se foi necessidade extrema que teria movido a venda. E não deixa de dizer que *muito milhor seria ordenar-se, e mais conforme à lei natural, divina e humana, tirar-se totalmente o tal resgate do pay vender o filho*.

E, num belo trecho, aconselha o rei a impedir que este costume, de pai vender filho, se instale no Brasil.

> *E pois S.A. pretende converter o Brasil de seus errores e fazê-lo politico nos custumes, não vejo rezão pera se dever introduzir antre elles custume que nunca elles, sendo tão barbaros como são, a ley natural do amor que tem aos filhos lhe permittio praticar, senão depois que a perversa cubiça entrou na terra*[199] [200].

---

[197] *Monumenta Brasiliae*, cit., p. 401.
[198] *Idem* p. 403.
[199] *Idem* p. 402.
[200] Uma carta de Nóbrega ao governador Tomé de Sousa, de 5 de Julho de 1559, refere a introdução de tal costume. *Cfr. Monumenta Brasiliae*, III, p. 79.

In contigentia facti Manuel da Nóbrega acaba por tirar uma série de corolários. Primeiro, que todos os que se venderam ou consentiram em serem vendidos, na Bahia e na capitania do Espírito Santo, desde 1560, não podem ser escravos. Relata, então, a acção do governador Mem de Sá, que sujeitou os índios da comarca da Bahia com moderação, e lhes deu ordenamento. Lembra a origem das desavenças com os índios da Bahia, os Caetés, autores da morte da tripulação de um barco naufragado em Junho de 1556, que transportava o primeiro bispo do Brasil, D. Pedro Fernandes Sardinha, que acabou por ser vítima de antropofagia. Nóbrega pondera que a sentença contra os Caetés(declaração de guerra justa) era absolutamente legal, entretanto acabou por ocorrer alargamento da guerra a outros que não eram culpados do ocorrido[201].

O segundo corolário diz que não podem ser escravos os que se venderam ou venderam seus filhos, na Bahia, se a fome foi fruto das *sem-razões* dos cristãos.

O terceiro corolário afirma que não podem ser escravos os índios que fugiram para o mato, também em virtude dos excessos cometidos pelos cristãos.

O quarto corolário assevera a impossibilidade de se cativarem os índios que fugiram das igrejas e não quiseram ser doutrinados, preferindo manter os seus costumes, nem tampouco podem ser escravizados os que se vendem a si mesmos por considerarem que os seus donos os deixaram

---

[201] A guerra contra os Caetés foi declarada por Mem de Sá em 1562. Esta tribo vivia ao norte da Bahia, junto ao rio São Francisco. Além de ter sido extremamente hostil aos portugueses, foram os responsáveis pela morte do primeiro bispo do Brasil. Foram proclamados fora da lei e passíveis de cativeiro através da guerra justa. Contudo os próprios aldeamentos dos jesuítas foram atacados, visto que muitos Caetés haviam sido arrebanhados para estas Aldeias, estando concentrados ao norte da cidade, como a Aldeia do Bom Jesus. Foi, então, pedido ao governador que mandasse proceder à distinção entre os índios pagãos, que viviam a maior distância, dos que viviam como cristãos nos aldeamentos. Os abusos dos colonos, que lançaram mão da proclamação do governador e atacaram os próprios aldeamentos, tiveram efeito catastrófico para as Aldeias, que rapidamente se despovoaram. Vítimas de pânico, estes índios nada mais podiam fazer senão fugir para as florestas. Os aldeamentos de Santo António, Bom Jesus, São Pedro e Santo André possuíam, até então, cerca de 12.000 índios. Com os ataques a população foi rapidamente reduzida para mil índios. Mem de Sá acabou por revogar a sentença contra os Caetés, percebendo o desastre ocasionado pela interpretação abusiva da condenação. Sobre o tema a fonte indispensável é ANCHIETA, *Primeiros Aldeamentos da Baía*, Rio de Janeiro, 1946.

viver sem doutrina. Também a malícia dos que atraíam índios com as suas escravas é fulminada pelo jesuíta:

> ... e o mesmo digo dos que se vendem movidos do vicio carnal e peccados que com as escravas dos christãos cometem, as quaes servem de anzol pera prender e cativar os pobres indios[202].

O quinto e último corolário deste parecer diz que erram os confessores[203] que dão absolvição aos que possuem tais escravos, se estes não lhes derem liberdade e pagarem os seus serviços. E não devem ser absolvidos ainda que não sejam os culpados do cativeiro injusto, *pois diz Soto e também os senhores da Consciencia e todo o Direito, que sempre vai o mal avido com seu encarrego.*

---

[202] *MB*, p. 415. Eis o texto: *Não podem ser escravos os que fugirão das igrejas ainda depois de christãos, por fugirem assi por medo vendo que nem os Padres a muitos podião valer, e por fugirem à sujeição da doctrina e quererem viver livres em seus custumes passados. Nem outrosi podem ser escravos os que por fugirem à tal sojeição da doctrina se fazem escravos dos christãos, por verem que taes escravos os deixão seus senhores viver em seus custumes passados; nem outrosi os que se fazem escravos dizendo que os escravos são temerosos e tem medo o gentio deles por serem com seus senhores juntamente executores da tirania e sem-rezão passada e presente, porque as taes resões e todas as semelhantes não são justas pera hum perder sua liberdade...*

[203] Por uma posição extremada os padres Miguel Garcia e Gonçalo Leite, professores, respectivamente, de teologia e filosofia, foram mandados de volta à Europa. Recusaram-se, terminantemente, a confessar quem tivesse escravos, por considerarem todos injustamente cativos, inclusive o cativeiro dos negros. E também assim o fez o próprio Nóbrega, ao final do seu provincialato: *somente as mulheres e a gente pobre, que não alcanção escravos, são confessados de nós.* Talvez por esta atitude tenha sido enviado a São Vicente. *Cfr.* SERAFIM LEITE, A Companhia de Jesus e os prêtos do Brasil, in *Brotéria*, 68, 1959, pp. 537-538. No caso do Pe. Miguel Garcia é interessante acentuar que nem sequer os padres da Companhia ele confessava. O visitador Cristóvão de Gouveia consultou a Mesa da Consciência, juristas e moralistas da Europa, entre eles Luiz de Molina. Todos deram parecer favorável à possibilidade de cativeiros justos. Molina, por exemplo, considerava ilegítimas as reduções à escravidão fora das situações de guerra justa, à pena por delito, ou à livre disposição de si mesmo ou dos seus filhos, sendo, portanto, bem abrangente. O Pe. Gonçalo Leite, que foi o primeiro Professor de Artes do Brasil, já em Lisboa, em carta ao provincial geral, de 20 de Junho de 1586, escreve que os padres do Brasil estavam perturbados e inquietos na consciência com muitos dos casos de cativeiro e diz: *A determinação destes casos não é tão dificultosa quanto é a execução deles. Alguns padres lhes teem respondido; mas as respostas mandadas ao Brasil pouco aproveitam, se não são confirmadas pela Mesa da Consciência. Idem, História da Companhia de Jesus no Brasil,* cit., p. 227-228.

Ainda adverte que o confessor não poderia invocar a autoridade de seu prelado, para conceder a absolvição[204]; por ser proibido por lei natural e divina, o cativeiro injusto não seria passível de derrogação[205].

* * *

Ao perpassar este parecer, do ano de 1567, temos a nítida noção de até que ponto o direito vindo da Europa já buscava afirmação nas terras brasileiras. A fundamentação é a mais densa possível, e sentimo-nos perante uma *disputatio*[206] e todo o seu método, forjado nas Universidades medievais.

---

[204] Ainda muitos anos depois o problema era debatido. Na sua visita ao Colégio da Bahia, em 1589, o visitador Gouveia determinou que nenhum padre poderia confessar pessoa alguma que fosse, mandasse, ou simplesmente quisesse ir ao sertão resgatar ou descer o gentio. Mesmo aqueles que ajudassem, dessem conselho ou favorecessem tais idas ao sertão, não podiam ser confessados. Justifica dizendo que nestes casos não se poderia dar absolvição, senão com licença especial dos superiores. Mas mesmo esta licença não poderia ser concedida *senão depois de realmente desistirem de tal determinação e tiverem restituído o que de direito devem aos índios*. Daí temos alguma ideia da coerção de índole religiosa imposta aos colonos, para a aplicação das leis provenientes da corte. É evidente que causava descontentamento no povo esta atitude dos jesuítas. Os problemas de consciência deviam ser bastante complicados, e muitos povoadores não procuravam os padres da Companhia sabendo que não receberiam absolvição. Até à hora da morte persistiam estes problemas. No testamento de Jerónimo de Albuquerque, publicado na *Nobiliarchia Pernambucana*, a respeito de dúvidas do testador acerca da legitimidade do resgate de seus escravos, pode-se ler: *que o pratiquem com os Padres, para se saber a ordem que nisto há-de ter*. Cfr. BORGES DA FONSECA, *op. cit.*, Rio de Janeiro, 1935, vol. II, p. 363. A situação chegaria ao extremo, quando, em 1592, há dificuldade com o próprio governador geral, D. Francisco de Sousa, que permitia a ida dos colonos ao sertão com o objectivo de descer os índios. Vid. SERAFIM LEITE, *História*, ult. cit., p. 231.

[205] Para além do problema do cativeiro injusto – *os que resgatam mal* – sabemos que Nóbrega também considerou não passíveis de absolvição os que *vivem mal* – ou seja, praticam o concubinato publicamente. Vid. *MB*, III, pp. 49-67. Nesta carta dirigida ao provincial e a padres e irmãos de Portugal, Manuel da Nóbrega diz que o costume da antropofagia estava declinando naquelas bandas e que os que o praticam são castigados.

[206] O método dialético na Idade Média era exercitado através das *Disputationes*. Nelas buscava-se apurar a verdade através da *contradictio*. Estas disputas davam-se nas escolas medievais não somente no estudo do Direito, mas também da Medicina e da Teologia. Hodiernamente, em Inglaterra, praticam-se os *moots*, que são importantes na formação do jurista, mas os *moots* não originaram uma literatura, enquanto as disputas medievais deram origem às *Quaestiones disputatae*. Existem cerca de 620 manuscritos

O problema do cativeiro dos índios era historicamente novo, fruto da chegada dos europeus à América em 1492. O problema da escravidão já era velho de muitos séculos, e o direito romano servia como fonte essencial para a construção jurídica da instituição da escravidão.

Para o Brasil este documento marca o início de um debate jurídico que iria estender-se por vários anos, com avanços e recuos na legislação régia, segundo a ocasião e a predominância de concepções a favor ou contra o cativeiro dos aborígenes[207].

destes debates. Kantorowicz afirma que as disputas eram, *specially in the time of glossators, the only practical complement to the purely theorerical lectures, Likewise, the quaestiones disputatae were the chief link between the written law of Justinian and its application in the contemporary courts of justice. Thus was developed the courage to draw audacious analogies, to handle for flung principles of equity, to fill the lacune of the law by intuition and imagination. Therefore, the historical importance of these questions as a dynamic factor in the adaptation of the roman law to changed and ever changed views and conditions was great indeed.* Cfr. KANTOROWICZ, The Quaestiones Disputatae of the glossators, in *Revue d'Histoire du droit*, XVI, 1939.

[207] A defesa da liberdade dos índios empreendida com argumentação jurídica talvez esteja na origem de uma *instructio*, datada de 27 de Junho de 1569, que o Pe. Geral Francisco de Borja enviou ao provincial do Brasil, Inácio de Azevedo. Tendo Azevedo morrido antes de chegar ao Brasil, num assalto de piratas franceses nas ilhas Canárias, em 1570, a *instructio* perdeu-se, mas o investigador italiano Giovanni Ricciardi, encontrou o rascunho que se encontra nas *Instructiones* 1546-1582, com o seguinte título: *Lo que ha parecido que se deve guardar en la Provincia del Brasil acerca de los esclavos que alli se tienen naturales da la tierra*. O texto invoca a Mesa da Consciência para que se desse normas para os confessores não condenarem aqueles que possuíssem escravos dentro das condições que o tribunal assinalasse. Contudo, para os religiosos era diversa a posição. Assim, temos que Francisco de Borja instruía para que *en caso que en la Mesa de la Consciencia se determine que se puedan tener esclavos del Brasil, los nuestros hagan muy gran diligencia en saber si los esclavos que ahora poseen son avidos por algun modo que no sea muy seguro en consciencia, como seria ser alguno tomado en guerra injusta, o vendido de quien no pudo venderle o enganado quando se vendio o por otro algun titulo que no asegure bien la consciencia. Y los que asi fueren avidos, aunque creo que no abrá ninguno, luego se pongan en entera libertad.* E, mais adiante, como aventa Ricciardi, um trecho que faz pensar na intervenção de Nóbrega: *De oy adelante non se pueden tomar en la Compañia mas esclavos, aunque a los otros fuese licito tenerlos. Mas por la necessidad que se representa que ay en el Brasil de servicio se les concede que puedan tener hombres del Brasil que de su propria voluntad, entendiendo bien lo que hazem, los quisierem servir* **ad certum et limitatum tempus** *por justo concierto u partido que com ellos se hará. Estos tales han de ser trattados con humanidad como criados y no se les han de echar hierros porque ni en nombre ni en hechos se les ha de hazer trattamiento de esclavos. Tanpoco se ha de tenir mas numero destos que el necessario para aquellas tierras, andando en esta*

Uma visão global da evolução da legislação seria trabalho que excederia o interesse fulcral dessa dissertação. Mas, sendo tema de tanta relevância, parece-nos aconselhável percorrer o século I do Brasil, e apresentar o que pudemos apurar relativamente ao problema do estatuto do Índio do Brasil e a sua posição perante o direito que era transplantado do Velho Mundo, e ao mesmo tempo nascia no *Novo Mundo*.

---

materia los de la Compañia antes con estrechura y recato que con anchura. E ao final se apresenta uma norma rígida: *Los esclavos da la Compañia en ninguna manera se vendan, ni se den, ni truechen, ni enajenen si no fuera para darles libertad*. Este interessante documento, descoberto recentemente, traz mais alguma luz ao problema que estudamos, especificamente a liberdade dos índios, e as relações do espiritual e do temporal na formação do Direito brasileiro. Todo o texto vem citado em RICCIARDI, Giovanni, Em torno do índio escravo, com um documento inédito do Padre Geral dos jesuítas, Francisco de Borja, de 1569, in *Actas do Congresso Internacional – Anchieta em Coimbra 1548 – Colégio das Artes da Universidade*, Coimbra, 1998, vol. 2, pp. 611-620.

SEGUNDA PARTE

CAPÍTULO I

1.1 O primeiro contacto

O descobrimento do Brasil e a sua colonização foram acontecimentos com repercussões em todos os campos da vida da humanidade. A descoberta das novas terras estava particularmente integrada, de alguma forma, nas grandes transformações das quais o Renascimento[208] teve, no campo cultural, estupendo relevo. Novas gentes, até então ignoradas, traziam imperativamente novas reflexões respeitantes aos temas político, religioso, social, económico, moral e, evidentemente, ao direito. A colonização, especialmente em terras brasileiras, faria surgir novas raças[209], e estas novas raças eram o encontro de diversas civilizações e costumes que interessam para uma aproximação ao fenómeno histórico do surgimento de um direito no Brasil.

Os autóctones das terras descobertas por Pedro Álvares Cabral eram os Índios[210]. O relacionamento dos portugueses com eles deu vida a

---

[208] Sobre estas repercussões *vid*. J. S. da SILVA DIAS, *Os Descobrimentos e a Problemática Cultural do Século XVI*, Porto, 1982.

[209] Sobre a miscigenação no Brasil de Quinhentos *vid*. JORGE COUTO, *A Construção do Brasil – Ameríndios, Portugueses e Africanos, do início do povoamento a finais de Quinhentos*, Lisboa, 1997, pp. 311-313; e Diégues, Manuel, Mestiçagem e Transculturação no Brasil do Século XVI, in *Revista de Ciências do Homem*, vol. IV, série A, Lourenço Marques, 1972.

[210] A distribuição dos indígenas no litoral brasileiro, no século XVI, tinha os Tupinambás e os Tremembés mais ao norte, nos actuais estados do Maranhão e do Sergipe, e também ao norte de Salvador, no estado da Bahia, onde também se encontravam os Cariris. Ao norte do rio São Francisco estavam os Potiguares, Tabajaras e Caetés. Ao sul de Salvador tínhamos os Tupiniquins(descritos por Caminha) e os Aimorés, um pouco mais ao interior. Ao sul, nos actuais estados do Rio de Janeiro, Espírito Santo e São

inúmeras questões de fundo moral e jurídico[211]. Discutir a legitimidade do direito dos portugueses à terra que descobriram, a liberdade dos Índios e seus direitos relativamente aos que chegavam da Europa ou a sua racionalidade e humanidade, foi uma constante nestes primeiros tempos. O caso espanhol teve nas pugnas entre Sepúlveda e Las Casas todos esses problemas discutidos, os portugueses também fizeram a sua parte[212].

O primeiro encontro entre os aborígenes brasileiros e os portugueses tem a sua celebração no incontornável texto do escrivão da armada de Cabral, Pero Vaz de Caminha. Temos assinalado o dia e o local exactos no meticuloso relato: dia 23 de Abril de 1500, entre os 17° e 16°40' de Lat., mais ou menos dez léguas ao sul da enseada da Corôa Vermelha. Era uma quinta-feira, e logo pela manhã foram avistados, pelas navetas que seguiam à frente da armada, os habitantes daquela terra. Cabral enviou Nicolau Coelho[213] a terra. Ao chegar encontrou cerca de duas dezenas de tupiniquins, armados com seus arcos e flechas. Nicolau Coelho fez-lhes sinal que baixassem as armas e foi o que sucedeu; ofereceu-lhes alguns presentes e recebeu outros e, em seguida, voltou para as grandes embarcações.

A Carta[214] de Caminha descreve aspectos naturais que o encantam, mas *à pintura da paisagem prefere Caminha, tal os pintores góticos, as imagens dos habitantes, que iam ser o assunto predilecto da sua famosa carta, como figuras de primeiro plano do espantoso painel*[215]. E esta

---

Paulo, estavam os Goitacás, os Temiminós, os Maracajás, os Guaianás, os Tamoios e os Tupiniquins novamente. Ainda mais ao sul estavam os Carijós e, no interior os Guaranis. Todas estas nações indígenas vinham de dois troncos principais: os Tupis e os Tapuias. Aos segundos pertenciam os Cariris, Aimorés e Goitacás. Ao tronco dos Tupis todos os outros citados. Cfr. *História do Exército Brasileiro*, Brasília, 1972, I, p. 20.

[211] O parecer de Manuel da Nóbrega é um exemplo notabilíssimo.

[212] *Vid*. J. S. da Silva Dias, *op. cit*., pp. 191-211; e a descrição da disputa de Valladolid em HANKE, Lewis, *La Lucha Española por la Justicia en la Conquista de America*, Madrid, 1967, pp. 196-229.

[213] Como muito bem reparou Malheiro Dias, o primeiro europeu que manteve contacto com os Índios era um dos heróis dos Descobrimentos, companheiro de Vasco da Gama, e que seria no futuro cantado nos *Lusíadas*, canto IV, 82. Cfr. *HCPB*, tomo II, p. 122. Sobre Nicolau Coelho *vid. op. cit*., pp. 28-29.

[214] Informa-nos PEDRO CALMON que a Carta de Caminha foi descoberta em 1793, por Juan Batista Muñoz, na Torre do Tombo, e pela primeira vez publicada, em 1817, por Aires do Casal, em seu livro *Corografia Brasílica*. Cfr. *História do Brasil*, I, p. 64, Rio de Janeiro, 1959.

[215] Cfr. *HCPB*, cit., II, p. 129.

descrição dos primeiros habitantes do Brasil é tão cheia de engenho e arte que não nos parece supérfluo deixar com a palavra o autor da – por alguns chamada – certidão de nascimento do Brasil. Leiamos, pois, a descrição do segundo encontro entre os portugueses e os brasileiros:

> *E estando Afonso López, nosso pilôto, em um daqueles navios pequenos, foi, por mandado do capitão, por ser homem vivo e destro para isso, meter--se logo no esquife a sondar o pôrto dentro. E tomou dois daqueles homens da terra que estavam numa almadia: mancebos e de bons portes. Um dêles trazia um arco, e seis ou sete setas. E na praia andavam muitos com seus arcos e setas; mas não os aproveitou. Logo, já de noite, levou-os à Capitânia, onde foram recebidos com muito prazer e festa.*
> *A feição dêles é serem pardos, um tanto avermelhados, de bons rostos e bons narizes, bem feitos. Andam nus, sem cobertura alguma. Nem fazem mais caso de encobrir ou deixar de encobrir suas vergonhas do que de mostrar a cara. Acêrca disso são de grande inocência. Ambos traziam o beiço furado e metido nêle um osso verdadeiro, de comprimento de uma mão travessa, e da grossura de um fuso de algodão, agudo na ponta como um furador. Metem-nos pela parte de dentro do beiço; e a parte que lhes fica entre o beiço e os dentes é feita a modo de roque-de-xadrez. E trazem--no ali encaixado de sorte que não os magoa, nem lhe põem estôrvo no falar, nem no comer e beber.*
> *Os cabelos deles são corredios. E andavam tosquiados, de tosquia alta antes do que sobrepente, de boa grandeza, rapados todavia por cima das orelhas. E um dêles trazia por baixo da covinha, de fonte a fonte, na parte de trás, uma espécie de cabeleira, de penas de ave amarela, que seria do comprimento de um côto, mui basta e mui cerrada, que lhe cobria o toutiço e as orelhas. E andava pegada aos cabelos, pena por pena, com uma confeição branda com cêra (mas não cêra), de maneira tal que a cabeleira era mui redonda e mui basta, e mui igual, e não fazia míngua mais lavagem para a levantar.*
> *O Capitão, quando êles vieram, estava sentado em uma cadeira, aos pés uma alcatifa por estrado; e bem vestido, com um colar de ouro, mui grande, ao pescoço. E Sancho de Tovar, e Simão de Miranda, e Nicolau Coelho, e Aires da Cunha, e nós outros que aqui na nau com êles imos, sentados no chão, nessa alcatifa. Acenderam-se tochas. E êles entraram. Mas nem sinal de cortesia fizeram, nem de [querer] falar ao Capitão, e começou a fazer acenos com a mão em direção à terra, e depois para o colar, como se quisesse dizer-nos que havia ouro na terra. E também olhou para um castiçal de prata e assim mesmo acenava para a terra e novamente para o castiçal, como se lá também houvesse prata!*
> *Mostraram-lhes um papagaio pardo que o Capitão traz consigo; tomaram--no logo na mão e acenaram para a terra como se os houvesse ali.*

Mostraram-lhes um carneiro; não fizeram caso dêle.
Mostraram-lhes uma galinha; quase tiveram mêdo dela, e não lhe queriam pôr a mão. Depois lhe pegaram, mas como espantados.
Deram-lhes ali de comer; pão e peixe cozido, confeitos, fartens (bolos), mel, figos passados. Não quiseram comer daquilo quase nada. E se provavam alguma coisa, logo a lançavam fora.
Trouxeram-lhes vinho em uma taça; mal lhe puseram a bôca; não gostaram dêle nada, nem quiseram mais.
Trouxeram-lhes água em uma albarrada, provaram cada um o seu bochecho, mas não beberam; apenas lavaram as bôcas e lançaram-na fora.
Viu um dêles umas contas de rosário, brancas; fêz sinal que lhas dessem, e folgou muito com elas, e lançou-as ao pescoço; e depois tirou-as e meteu--as em volta do braço, e acenava para a terra e novamente para as contas e para o colar do Capitão, como se dariam ouro por aquilo.
Isto tomávamos nós nesse sentido, por assim o desejarmos! Mas se êle queria dizer que... levaria as contas e mais o colar, isto não queríamos nós entender, porque lho não havíamos de dar! E depois tornou [a entregar] as contas a quem lhas dera. E então estiraram-se de costas na alcatifa, a dormir, sem procurarem maneiras de encobrir suas vergonhas, as quais não eram fanadas; e as cabeleiras delas estavam bem raspadas e feitas. O Capitão mandou pôr por baixo da cabeça de cada um seu cochim; e o da cabeleira esforçava-se por não a estragar. E deitaram um manto por cima dêles; e consentindo, aconchegaram-se e adormeceram[216].

Esta descrição mostra a recepção amistosa oferecida pelos portugueses aos tupiniquins. O quadro montado por esta fonte primeira da nossa História é de grande colorido e pitoresco, com pormenores de observação e algumas interpretações ingénuas dos gestos dos aborígenes no convés da nau Capitânia.

A audiência que os portugueses tentaram dar com solenidade, revelada pela cadeira de espaldar aonde estava sentado Pedro Álvares Cabral, ornado com um colar de ouro, rodeado por seus capitães e cavaleiros armados com suas espadas, não teve êxito com os dois homens da floresta; *Nom fezeram nenhuùa mençam de cortezia nem de falar ao capitam nem a ninguem.* A hierarquia não parece tampouco tê-los impressionado.

---

[216] Versão em linguagem actualizada feita por Carolina Michaelis de Vasconcelos, in *HCPB*, cit., II, pp. 86-99.

Repara Malheiro Dias, com propriedade:

> *Os herdeiros da cultura greco-latina, que viviam naquela época uma das horas mais gloriosas, contemplavam com surprêsa os exemplares do homem nu do paraíso bíblico. A distância que separava aqueles cavaleiros, nautas, guerreiros e cosmógrafos, educados no pudor místico do cristianismo, escravizados à crença no sobrenatural, às leis e à obediência hierárquica daqueles outros homens nus e livres, era incomensurável. Encontravam-se na náu de Cabral os exemplares humanos de duas idades separadas por milénios; e nesse encontro assombroso do cristão com o antropófago, o mais agitado de emoção não era o enfadado habitante da selva, pela primeira vez posto a bordo de um navio, à luz dos brandões, na presença dos heróis lusitanos*[217].

Recusaram o alimento oferecido pelos portugueses, não gostaram do vinho e nem sequer da água que lhes foi dada. Foram as contas brancas de um rosário que lhes chamou mais a atenção e lhes aguçou a apetência.

Caminha interpreta os sinais dos visitantes como a existência de ouro nas terras. Era verdade, mas ainda estava distante no tempo a sua descoberta.

A cordialidade foi a nota marcante neste encontro de povos tão díspares. Não foi certamente uma cerimónia renascentista à moda de *Il Cortigiano* de Castiglione, mas o certo é que a hospitalidade dos portugueses, juntamente com o seu espanto, ficou bem marcada quando os tupiniquins, sem qualquer cerimónia decidiram dormir ali mesmo, no local da audiência. O almirante mandou colocar coxins sob as cabeças dos dois convidados para que estivessem mais confortáveis durante o seu descanso.

E assim terminou o primeiro contacto entre os europeus e os americanos no Brasil. Este contacto era o início das relações entre os dois povos, relações que dariam causa ao surgimento de discussões sobre moral e direito[218].

---

[217] *Idem* p. 130.

[218] Martim de Albuquerque cita o historiador americano Lewis Hanke, que se refere especialmente à Conquista da América como *um dos maiores intentos que o mundo presenciou para que prevalecessem os preceitos cristãos nas relações entre as gentes*. E prossegue, Hanke, dizendo que, *este intento converteu-se fundamentalmente numa fogosa defesa dos direitos dos índios, defesa que descansava em duas presunções básicas: todos os homens são iguais ante Deus; e cada homem é responsável pelo bem estar dos seus irmãos, por muito distintos e humildes que sejam.* Cfr. Estudos de Cultura Portuguesa, cit., III, p. 119.

* * *

No dia seguinte, as embarcações portuguesas fundearam na enseada da Corôa Vermelha e Pedro Álvares Cabral ordenou que Bartolomeu Dias e Nicolau Coelho acompanhassem a terra os dois hóspedes que dormiram na nau Capitânia. Pero Vaz de Caminha também estava na comitiva de heróis da epopéia lusitana. Há, sem dúvida, uma certa poesia nestes primeiros contactos, onde simples aborígenes são escoltados por estas figuras da História Universal.

Além destes importantes personagens, também veio para terra o primeiro degredado, com a missão de estar com os índios e tomar ciência dos seus hábitos e costumes. Temos o seu nome graças ao cronista Caminha: Affonso Ribeiro.

Ao chegar à praia encontraram cerca de duzentos indígenas com seus arcos e flechas à mão. Ao sinal dos dois tupiniquins pousaram os arcos. Então dá-se uma primeira demonstração de cordialidade por parte dos índios. Estes ofereceram-se para encher os barris com água do rio. Também escambiavam os seus arcos e flechas pelos sombreiros e carapuças de linho dos portugueses. Caminha descreve o final deste encontro:

Ali por então não houve mais fala ou entendimento com êles, por a barbaria dêles ser tamanha que se não entendia nem ouvia ninguém. Acenamos-lhes que se fôssem. E assim o fizeram e passaram-se para além do rio. E saíram três ou quatro homens nossos dos batéis, e encheram não sei quantos barris de água que nós levávamos. E tornamo-nos às naus. E quando assim vínhamos, acenaram-nos que voltássemos. Voltamos, e êles mandaram o degredado e não quiseram que ficasse lá com êles, o qual levava uma bacia pequena e duas ou três carapuças vermelhas para lá as dar ao senhor, se o lá houvesse. Não trataram de lhe tirar coisa alguma, antes mandaram-no com tudo. Mas então Bartolomeu Dias o fêz outra vez tornar, que lhe desse aquilo. E êle tornou e deu aquilo, em vista de nós, a aquêle que o da primeira [vez] agasalhara. E então veio-se, e nós levamo-lo[219].

Assim terminava este novo contacto. A aproximação e o reconhecimento mútuo avançavam. Estes primeiros dias da armada de Cabral no Brasil são o dealbar das relações ininterruptas que se verificarão ao longo dos séculos da colonização do Brasil. Tudo parecia tomar bom caminho,

---

[219] *HCPB*, loc. cit., p. 91.

com algumas reservas e cautelas de ambas as partes. Os aborígenes manifestaram essa cautela ao devolver Affonso Ribeiro à embarcação que retornava e, podia dizer-se, obstruindo a execução da pena do degredado.

* * *

Depois destes contactos foi celebrada a primeira missa no ilhéu da Corôa Vermelha, no dia 26 de Abril, Domingo de Pascoela. Oficiou frei Henrique Soares de Coimbra, que fora *antigo desembargador da Casa de Suplicação, que despira a toga para envergar no convento de Alenquer o hábito de franciscano*[220]. Depois houve Conselho dos capitães para deliberarem sobre o envio da nova do achamento de terra. Um segundo assunto a ser deliberado foi a hipótese de se enviarem dois índios ao rei D. Manuel, deixando como reféns dois degredados. A resolução foi unânime: não enviar os índios mas, isso sim, deixar os dois degredados para que futuramente pudessem dar informações sobre aquelas plagas[221].

Após o conselho dos capitães, o almirante vai a terra. Os índios, ante a aproximação dos barcos, pousaram os arcos, sem que necessidade houvesse de sinais por parte dos europeus. Havia uma confiança mútua. Foi a primeira vez que se misturaram os europeus e os ameríndios. Cabral foi rodeado por índios e dirigiu a palavra a um deles que talvez julgasse ser um líder, mas não houve entendimento. Houve neste encontro música e dança, que agradaram aos silvícolas.

Antes de voltar, o almirante ordenou novamente que o degredado Affonso Ribeiro ficasse. Uma vez mais foi devolvido.

No dia seguinte foram pela primeira vez à povoação dos índios, que contava cerca de uma dezena de casas.

A partir de então já não vinham armados à praia receber os portugueses. E até ajudavam na faina necessária de recolher lenha e água. E assistiram, curiosos, à confecção da cruz que dois carpinteiros empreendiam.

Ao encostarem a cruz a uma árvore junto a um rio, os portugueses oscularam o símbolo que dera nome àquela nova terra descoberta, e convidaram os índios presentes a fazer o mesmo, ao que acedem sem

---

[220] MALHEIRO DIAS, *in HCPB*, cit. p. 134.
[221] *O conselho de capitães, reunido na tarde do Domingo de Pascoela na náu almirante, é o primeiro acto político da história da colonização portuguesa do Brasil.[...] O que ali se debate na câmara do capitão-mor é a conveniência do Estado, são os interesses da pátria. Idem* p. 139.

qualquer relutância. As relações eram as melhores possíveis e mais alguns foram passar a noite nos navios.

A missa celebrada no continente no Domingo, 1º de Maio, foi o culminar destes primeiros encontros. Presentes estavam grandes nomes das navegações: Pedro Álvares Cabral, Bartolomeu Dias e seu irmão Diogo, Gonçalo Coelho, Pero Escobar e Duarte Pacheco. Após dez dias de contactos pacíficos, ali iriam confraternizar com os aborígenes na celebração da missa. Foram cerca de 150 os índios presentes ao acto religioso que congraçava os povos europeus e ameríndios.

Os portugueses, então, despediram-se das terras descobertas, deixando dois degredados[222] e seguindo para a Índia.

1.2 O rompimento de hostilidades

Não é inútil a descrição destes pormenores para a melhor compreensão do nosso trabalho. Se percorrermos os textos relativos à situação dos indígenas perante o direito, ou mesmo, e simplesmente, a interpretação historiográfica da condição dos índios após a chegada dos portugueses, será fácil verificar que a omissão ou simplificação destes detalhes obnubilam a percepção dos leitores quando confrontados com a legislação emanada da metrópole. Assim, ainda prosseguiremos com este relato circunstancial dos contactos entre índios e portugueses, agora mais atentos ao tema que intitula esta sequência do trabalho.

Há uma grande polémica envolvendo a expedição que teve lugar entre Maio de 1501 e Setembro de 1502. Esta teria sido feita sob o comando de Gonçalo Coelho[223] ou Fernão de Loronha – a discussão também passa por aí. Participou desta jornada ao Brasil o célebre aventureiro italiano que acabou por dar o nome ao novo continente, Américo Vespúcio. Ele endereçou uma carta a Renaud II de Vandemon, duque de

---

[222] O nome de um deles é o referido por Caminha, Affonso Ribeiro, que era servidor de João de Telo. O outro nome é referido por DAMASCENO VIEIRA nas suas *Memórias Históricas Brasileiras (1500-1837)*, Bahia, 1903, p. 65. Este seria um certo João de Thomar. Eles seriam recolhidos pela expedição de Gonçalo Coelho de 1501, da qual participou Vespúcio.

[223] O almirante Teixeira da Mota, em 1954, defendeu ser Gonçalo Coelho o comandante, sendo tese bastante plausível. Aires do Casal já conjecturara, na sua *Corographia Brasilica*, que o comandante fora Gonçalo Coelho. Vespúcio não nomeia o comandante. Sobre o debate vid. HCPB, II, pp. 213-215.

Lorena e de Bar, fazendo descrição das suas viagens. A carta foi publicada com o título de *Quatro Navegações* e teve enorme sucesso, acabando por ser lida pelos grandes homens do Renascimento, como: Erasmo de Roterdam, Michel de Montaigne, Nicolau Maquiavel e Thomas Morus, que se serviu desta carta como inspiração para muitas passagens da sua *Utopia*. Enfim, as suas observações tiveram grande impacto nos espíritos mais pujantes e privilegiados daquele século.

Para o nosso objectivo específico, isto é, compreender o problema do estatuto do índio no século I do Brasil, a descrição feita por Vespúcio sobre a sua terceira navegação, ao serviço da coroa portuguesa, em 1501, é bastante relevante, pois marca o rompimento das hostilidades entre os europeus e os ameríndios.

Chegando ao Brasil esta expedição a 17 de Agosto, foram a terra averiguar se era habitada. Não vislumbraram pessoas mas sentiram que estava habitada, induzidos por diversos sinais. Tomaram posse da terra e foram em busca de água e lenha.

Avistaram, no dia seguinte, muitos índios em cima de um monte. Tentaram estabelecer contacto mas houve desconfiança. Ao voltarem para as embarcações deixaram alguns presentes com o intuito da aproximação.

No dia seguinte resolveram enviar dois homens para travar contacto; o capitão deu-lhes cinco dias para voltarem.

No sétimo dia desde a chegada, portanto 24 de agosto, mandaram um mancebo ter com as índias que estavam na praia, enquanto observavam a cena dos batéis. Eis o que se passou, na descrição do texto de Vespúcio:

> *O mancebo dirigiu-se às mulheres, que logo o rodearam mal chegado junto delas, apalpando-o e contemplando-o com espanto. Estando elas nisto, vimos descer do monte até à praia uma mulher que trazia na mão um grande pau, e chegando aonde estava o nosso cristão acercou-se-lhe pelas costas e, levantando o pau, lhe deu tamanha pancada que o estendeu morto por terra. Imediatamente as outras mulheres o arrastaram pelos pés para o monte, ao mesmo tempo que os homens se precipitavam para a praia armados de arcos, crivando-nos de setas, pondo em tal confusão a nossa gente que estava nos batéis varados na areia, que ninguém acertava lançar mão das armas, devido às flechas que choviam sobre os esquifes. Disparamos quatro tiros de bombarda, que não acertaram, e ouvindo o estrondo fugiram todos para o monte, onde já estavam as mulheres despedaçando o cristão e assando-o numa grande fogueira que tinham acendido, mostrando-nos os seus membros decepados e devorando-os, enquanto os homens nos faziam sinais, dando-nos a entender que tinham*

também morto e devorado os outros dois cristãos, o que nos afligiu, comtemplando com os nossos olhos a crueldade que cometiam com o morto[...][224]

Os índios com que se depararam os membros desta expedição foram, mui provavelmente, do grupo dos Tapuia Jandoins, da nação Tarairiú, ferozes antropófagos. Esta descrição tétrica foi a primeira de um caso de antropofagia em que a vítima era um europeu. Pode-se avaliar a comoção com que foi lido e as reacções que provocaria nos europeus, caracterizados por uma mentalidade avêssa a essas práticas[225].

Como veremos, a antropofagia foi um dos motivos agravantes nos casos de declaração de guerra justa na América Portuguesa. Já pela Lei de 20 de março de 1570, era considerada, a antropofagia, causa de cativeiro justo. Pela Lei de 17 de Outubro de 1653 foi considerada causa suficiente para a declaração de guerra justa.

Na América Espanhola foram promulgadas diversas leis que concediam legitimidade à escravatura de índios canibais, existindo já em 1503 uma lei que previa este caso[226].

---

[224] Versão em português publicada na *HCPB*, II, pp. 199-202. Outra tradução foi recentemente publicada na coletânea de cartas de Vespúcio, entitulada *Novo Mundo*, São Paulo, 2003. O texto citado se encontra às páginas 104-106.

[225] Roberto Lyra Filho, incompreensivelmente, afirma ter havido prática da antropofagia na Europa durante a Guerra dos trinta anos e justifica a antropofagia indígena como sendo exclusivamente ritual. Até aí chega o desejo de considerar os portugueses invasores e os índios espoliados. A unilateralidade desta concepção chega a nomear selvagens os lusitanos e civilizados os índios, tendo estes um *Direito Penal mais humano*. Cfr. O Direito Penal dos Índios, in *Textos Clássicos sobre o Direito e os Povos Indígenas*, Curitiba, 1992, pp. 136-139.

[226] Sobre o assunto vid. MICHAEL PALENCIA-ROTH, The Cannibal Law of 1503, in *Early Images of the America; Transfer and Invention*, The University of Arizona Press, pp. 21-63.

CAPÍTULO II

2.1 Os antecedentes doutrinários das leis acerca do cativeiro dos índios

A legislação sobre o gentio brasileiro dos primeiros anos da colonização portuguesa foi importante obra na tentativa de resolução dos problemas surgidos a partir da descoberta de novas terras e novos povos. Os governantes de Portugal, através da emanação dos diplomas que buscavam regular a liberdade dos índios, procuraram lutar contra uma tendência para os abusos e exorbitâncias que se poderiam dar, ou mesmo que se davam, nesta delicada matéria.

Os colonizadores lusitanos depararam-se com o problema relativo à condição jurídica dos gentios, assim como também foi este um dos problemas que se apresentou aos espanhóis.

A questão acabou por se transformar num grande debate, e os juristas e teólogos da época desdobraram-se em esforços para bem responder ao problema.

Um conceito estava ainda muito vivo nos espíritos daquela época, e é preciso tê-lo em conta. Este conceito era oriundo do pensamento de Aristóteles, ressurgido a partir do século XIII, expresso na sua *Política*, que afirmava estar a existência de escravos de acordo com a ordem natural. Expõe o Estagirita:

> ... *todos os homens que diferem entre si para pior no mesmo grau em que a alma difere do corpo e o ser humano difere de um animal inferior(e esta é a condição daqueles cuja função é usar o corpo e que nada melhor podem fazer),* **são naturalmente escravos**, *e para eles é melhor ser sujeitos à autoridade de um senhor, tanto quanto o é para os seres já mencionados.*

É um escravo por natureza quem é susceptível de pertencer a outrem (e por isso é de outrem)...[227]

Como se vê claramente no pensamento que ainda tinha muito peso, ou predominava, não só era justa a escravidão, como também era útil para os escravizados. Era uma concepção naturalista da hierarquia humana, muito propícia à aceitação pelos homens do Renascimento[228].

A escravidão do gentio na América, para os teóricos que a admitiam, respaldava-se essencialmente nesta concepção filosófica ressuscitada no século XIII[229].

Nos primórdios da colonização espanhola podemos registar um debate que girava em torno de duas concepções no que diz respeito à condição jurídica dos índios. Adverte-nos José Maria Ots que

ao passo que alguns juristas e homens de govêrno se pronunciavam pela escravidão, os teólogos, destacando-se o padre Las Casas, pugnaram resolutamente por que se respeitassem aos índios o seu estado de liberdade. Na legislação da época refletem-se as vacilações dos soberanos espanhóis influenciados por tendências tão opostas[230].

Estas tendências opostas também foram manifestas em Portugal e influenciaram a legislação, como teremos oportunidade de ver. Contudo, é preciso vincar que observamos o claro desiderato de proteger o aborígene na actuação do legislador lusitano. As situações que se apresentaram devido às necessidades dos povoadores também agiram sobre este movimento pendular legislativo que, logo, estudaremos.

Mas, seguindo na busca dos antecedentes doutrinários desta legislação, voltaremos agora a nossa atenção para o documento intitulado:

---

[227] *Cfr*. ARISTÓTELES, *Política*, Universidade de Brasília, 1988, cap. II, p. 19; com bastante interesse para a problemática em foco temos o trabalho de LEWIS HANKE, *Aristotle and the american indians*, London, 1959, especialmente pp. 12-95.

[228] Sobre o naturalismo no Renascimento *vid*. SILVA DIAS, *Os Descobrimentos e a Problemática Cultural do Século XVI*, cit., pp. 161 e ss.

[229] Sobre a ressurreição do pensamento de Aristóteles *vid*. LAGARDE, *La Naissance de l'esprit laique au déclin du Moyen Age*, Paris, 1926.

[230] *Manual de História del Derecho Español en las Indias y del Derecho propriamente Indiano*, Buenos Aires, p. 200. Citado por WALDEMAR FERREIRA, *História do Direito Brasileiro*, II, São Paulo, 1952, p. 143.

Porque causa se pode mover guerra justa contra os Infiéis, que se encontra guardado na Torre do Tombo, Gavetas 11-8-3.

Este manuscrito foi publicado pela primeira vez por Costa Brochado, na revista *Rumo*[231]. Defendeu, Costa Brochado, ser o documento anterior a 1530, tendo em vista que neste ano se iniciou a colonização do Brasil e que o texto tem todas as características de uma consulta feita pelo monarca português D. João III, preocupado com o que se poderia dar durante esta colonização. Costa Brochado frisa que o documento em foco constitui súmula de toda a doutrina escrita sobre a guerra justa até o século XVI[232].

Como dissemos, uma das razões para o cativeiro dos índios era a guerra justa. A consulta, da qual transcreveremos algumas passagens, gira em torno das condições em que se poderia mover guerra aos infiéis. Destarte, o tema fulcral desta consulta prende-se com a situação jurídica dos índios.

O texto enfatiza as três causas requeridas, segundo a doutrina, para que seja considerada justa a guerra. São estas: *autoridade no que a move, causa justa, e boa tenção*[233].

Sobre a causa justa afirma o autor anónimo serem duas as possíveis:

tomar o que nos é tomado e ocupado injustamente, quando o não querem restituir, satisfazer ou recompensar, em casos que se admite satisfação e recompensa, e tomar emenda da ofensa que nos é feita, quando os que a podem e devem emendar o não fazem[234].

Depois assevera que a primeira causa referida é a causa que legitima a guerra movida pelos príncipes cristãos aos mouros de África e turcos da Ásia, por terem eles ocupado injustamente terras pertencentes aos cristãos

---

[231] É desta publicação que nos serviremos dora em diante. A publicação é de Junho de 1946, e o artigo que apresenta e analisa o documento se encontra às páginas 41-59.

[232] Sobre a datação tem opinião contrária J. S. da Silva Dias, que prefere datá-lo entre 1547-1548, portanto, precedendo o Regimento de Tomé de Sousa e a instauração do Governo geral. Também prefere ver uma influência marcante da Escola de Salamanca, em especial Francisco Vitória, sobre o autor anónimo. Aliás é esta preferência que orienta a sua hipótese acerca da data. Contudo, reconhece que a publicação dos escritos do autor dominicano só se deu em 1557, portanto a influência adviria ou do contacto directo com Vitória em Salamanca, ou do contacto com seus discípulos e os textos que eram divulgados em toda a península. Cfr. *Os Descobrimentos*, cit., pp. 182-185.

[233] COSTA BROCHADO, *op. cit.*, p. 47.

[234] *Idem* p. 48.

e seus estados. Segue dizendo que, visto serem incertos os herdeiros destes territórios, então pertenceriam ao papa. E é pela sua autoridade que os príncipes cristãos têm justo título de as cobrar, *cada um as de sua conquista, e de possuir por suas as que ganharem*. Ressalta, nesta parte do texto da consulta do rei D. João III, a teoria do papa como, de direito, *Dominus mundi*.

Entretanto, em seguida, adverte que não é justa a guerra movida contra aqueles que vivem em territórios que jamais pertenceram aos cristãos, na qual a ignorância do cristianismo é patente. É fácil perceber que aqui pode aplicar-se, com razoável motivo, o caso dos índios do Brasil. E neste caso apenas seria plausível a segunda causa referida, ou seja, *tomar emenda dalguma ofensa, de que os autores dela não fazem razão*. Mas sendo assim é preciso circunspecção, pois

> *Cessando esta razão, a guerra que se lhe mover para lhes tomar seus estados de que eles são legítimos possuidores, para haver seus tesouros, para lhes ocupar as suas terras, e os sujeitar, seria injusta, e pecariam gravissimamente os que por esta via quizessem aumentar o culto divino, senhoriando as ditas províncias, e nunca seriam delas justos possuidores, e nem de boa fé os que as conquistassem, e eles e seus herdeiros em todo o tempo seriam obrigados a restituir e satisfazer todos os danos e perdas, ainda que os povos das ditas províncias se convertessem à nossa Santa Fé, antes por isso mais obrigados seriam remetendo-os eles de sua livre vontade e entregando-se voluntàriamente à governança dos que as mal conquistaram*[235].

E sugere, o conselheiro de D. João III que, isto sim, mande missionários para estas paragens. Contudo, pondera que estes homens têm o direito a serem bem recebidos. Sendo arautos de uma mensagem divina, teriam o direito, igualmente, a serem bem tratados. Cumprido o seu dever, era livre o arbítrio daqueles que receberam a mensagem, para aceitá-la ou não. Na lógica destes pressupostos, a segurança destes mensageiros, se ameaçada, justifica aos soberanos intervenção pela força, para castigar os que ofenderam os pregadores da religião. É, pois, afirmado o direito à pregação do Evangelho[236]. Assim, a segunda causa para mover guerra fica justificada.

---

[235] *Idem, ibidem.*

[236] O jesuíta Luis de Molina, Professor em Évora, ensina: *Nós, os cristãos, temos o direito de pregar o Evangelho por toda a parte e de enviar missionários a todos os*

Mas deve-se fazer distinção novamente entre os mouros e os gentios, assevera o autor. Aos primeiros conclui que se podia mover guerra sem especiais considerações, por serem inimigos figadais dos cristãos. Porém, com respeito aos gentios é diversa a maneira pela qual se deve encaminhar a questão. Como não havia grande experiência da pregação com eles, importa tentar continuamente a doutrinação antes de empregar a força, se tal for preciso. Além disso urge atentar se a reacção adversa do gentio é pela religião e não por escândalo, causado pela vida ou costumes dos pregadores.

Isto reflectido, o conselheiro vai adiante com um exemplo que lembra muito a situação das terras descobertas:

Daqui se segue que não é conveniente modo para justificar a guerra que se mova contra infieis, irem Prégadores na companhia da gente que vai conquistar para que êles comecem a doutrinar, e não sendo logo recebidos a gente d'armas comece a roubar, porque além do escândalo que se dá por êste modo aos infieis, a quem pode parecer que por fôrça d'armas os queremos sujeitar à nossa lei, ou tomar esta côr para lhes ocupar o seu injustamente, o exemplo da gente d'armas é tam prejudicial à conversão e tam contrário à religião que se ha de prantar nos corações dos bárbaros que ficariam êles com mui pouca culpa de não receberem Prégadores de doutrina que os seus, em cuja companhia vinham, tam mal guardavam. E porém se na companhia dos que fossem doutrinar estas gentes fossem homens de bem com modo de honesto comércio e pacífica comunicação, para ver o trato e modo da terra, não seria inconveniente, ainda que fossem em número tantos que pudessem acudir ao perigo dos Prégadores e livrá-

---

infiéis, protegendo-os e forçando os povos, não evidentemente a abraçarem a religião de Cristo, mas a permitirem a sua prédica e que os seus a ouçam, a recebam e vivam de acordo com ela. Se alguns deste gentios ou reis ou quaisquer chefes fizerem o contrário, ser-nos-à lícito obrigá-los pela guerra causada à fé e ao Evangelho. Ora sendo assim, não resta dúvida que podemos abordar em navios os infiéis, mau grado seu, e permanecer em seus portos e territórios com o poder apropriado, por todo o tempo necessário à segurança da pregação, e exercer, com este motivo, algum comércio, ainda que os naturais não o queiram. Todavia, se comodamente for possível, convém mandar--lhes primeiro uma embaixada de missionários, e melhor será que estes vão sós ou acompanhados de pouca gente, do que com grande apoio de gente de armas para os conter e desse modo garantir a vida dos pregadores. In De iustitia et de iure, t. 1°, col. 627-628. Apud SILVA DIAS, *op. cit.*, p. 199, sendo do dito autor a tradução do excerto. Existe tradução espanhola da obra por FRAGA IRIBARNE, *Los seis libros de la justicia y del derecho*, Madrid, 1941-1944.

los das mãos dos que os quizessem maltratar; e a guerra que se movesse contra os tais infieis para castigo do mal que tentaram, ainda que sem efeito seria justa[237].

Com esses conselhos prudentes e análises minuciosas, com exemplos de como se deveria dar na prática a acção do monarca(que, não esqueçamos, tinha a obrigação de evangelizar enquanto administrador da Ordem de Cristo), se desenvolve a resposta à consulta de D. João III.

Em seguida recorda a acção de D. Manuel, que primara por agir segundo a linha de conduta apontada, tendo movido guerra por justa causa e, por isso, chegou a possuir, *com boa consciência os Estados* que foram adquiridos por guerra.

* * *

Um outro problema, abordado pelo tratadista anónimo, diz respeito ao caso em que se consideraria guerra justa a movida aos infiéis, que não ocupam terras de cristãos nem os perseguem, vivendo pacificamente nas suas terras, desconhecendo por completo a existência dos cristãos. Menciona a preocupação que tal problema provocou aos doutores canonistas e legistas, e que a estes pareceu que se deveria sim mover guerra, justificando-se para isso os costumes bárbaros e abomináveis que os gentios mantinham de *se comerem uns aos outros em muitas partes, cometerem abomináveis pecados contra a natureza, e outras abominações desta qualidade*. A guerra então se justificava se eles não quisessem abandonar estas práticas. A sujeição pela força seria legítima na medida em que os gentios violassem de tal forma a lei natural.

O autor discorda *in toto* da opinião que relatou; assim responde a D. João III:

Mas deverão de olhar estes Doutores que todas as sobreditas abominações e feridades, ainda que gravíssimas, são menos graves e menos contrárias à lei natural que a idolatria, e pecado de infidelidade, que é direitamente contra Deus, cuja honra e conhecimento a razão natural sôbre tudo busca, e em pêna da qual diz S. Paulo que permitiu Deus cair o mundo nas torpezas e abominações acima ditas; e pois por este pecado de idolatria não perdem o senhorio e domínio do que possuem, nem deixam de ser

---

[237] COSTA BROCHADO, *op. cit.*, p. 50.

legítimos possuídores do que ocupam com justo título positivo, menos o perdem por as outras causas, como não perdem os cristãos o domínio do que teem por qualquer pecado mortal, ainda que nele fazem tão atroz injúria a seu Deus e merece serem não sòmente privados do uso das criaturas mas serem com todas atormentadas, digo que não perdem o domínio por pecados, excepto os crimes em que as leis ou Cânones especialmente acrescentam essa pêna, e a razão fundamental é que leis diversas teem diversos intentos, conforme aos autores delas e aos fins por que as fizeram, e porque o justo título de possuir procede das leis políticas positivas não encorrem na privação do senhorio, que é pêna de lei positiva, em certos casos, os que pecam contra a lei natural ou evangélica cujos intentos são diversos...

E mais adiante remata:

... como não tenhamos lei divina que prive os infieis bárbaros do que êles por justo título positivo possuem, ainda que idolatras e infieis, nem a razão natural isso ensine, e êles não sejam sujeitos às nossas leis nos casos em que elas privam de domínio os culpados, nem em quaisquer outros, mais que quanto os obriga a razão natural dela que, como disse, não se extende a esta pêna, só pelos ditos casos em sí fica suficientemente deduzido que não seria justa a guerra que por esta causa se lhes movesse nem se possuiria com boa consciência o que se lhes por fôrça ocupasse[238].

Toda a argumentação contida nesse documento reflecte uma associação entre os problemas espirituais e temporais, tão comuns ao direito intermédio[239]. A opinião do tratadista é rigorosa e traz consigo a reflexão, óbvia de resto, da não sujeição dos índios brasileiros ao direito positivo dos cristãos(no caso, dos portugueses). Como então poderia ser introduzido este direito naquelas terras? Quando se submeteriam os aborígines, e em que condições? Aonde encontrar a legitimidade para fazer

---

[238] *Idem* p. 52.
[239] Deparamo-nos com este exemplo medieval que se ajusta à ideia. Para Pedro Damião(1007-1072) não há distinção de essência entre actos materiais e espirituais. Para ele a metafísica é omnipresente. Ao cumprir uma obrigação feudal – acto eminentemente temporal – também temos aí significado espiritual. Tal realizar-se da ordem – e sobre toda ordem reina o espírito divino – favorece a salvação dos homens através da consciência dos vassalos. *Cfr.* ALBUQUERQUE, RUY DE; e MARTIM DE ALBUQUERQUE, *História do Direito Português*, Lisboa, 1999, p. 457.

vigorar o direito português no Brasil? São estas algumas das muitas questões que preocupam aqueles que percorrem os acontecimentos daquela quadra histórica. Tentaremos trazer algum contributo para um debate em torno destes problemas. No momento, porém, convém prosseguir no exame da consulta feita por D. João III.

Costa Brochado salienta no seu artigo que, no séc. XVI, ainda era muito defendida a doutrina de que o papa poderia resolver casos insuperáveis e definir, deste modo, o direito, onde, até então, não houvesse algum já estabelecido. Com opinião diversa o autor anónimo considera que o papa é, com efeito, pastor de todos, mas, em estado actual, de alguns, e potencial, de outros. Não lhe estando sujeitos estes últimos, não se lhes pode impôr lei que os obrigue tal como aos já cristãos. Também atribui ao papa diversa jurisdição aos infiéis que vivem entre os cristãos, assim como sobre os que vivem em terras da Igreja, sob sua jurisdição temporal. Diferencia-se esta, ainda, da que tem em terras onde só lhe cabe jurisdição espiritual.

Nesta matéria, por fim, reitera a total conveniência de enviar pregadores exemplares e desinteressados que, se fossem recusados ou maltratados, dariam azo à intervenção com *mão poderosa*. E ao pontífice caberia animar os reis a fazerem isto, favorecendo os que o fazem e, ainda, ajudar na despesa das conquistas feitas por esta via, com os recursos temporais da Igreja, frutos e rendas, e ainda favorecendo os reis com recursos espirituais, concedendo para estas conquistas graças e indulgências.

Uma outra hipótese que deve ter sido levantada na consulta foi a de se seria guerra justa a que visasse instaurar a civilização que, ao final, favoreceria os aborígenes. Ao que o anónimo, amparado pelas Escrituras, opõe categórica negativa[240].

* * *

---

[240] *Idem*, p. 54. Sobre este tema específico vid. HANKE, Lewis, *La Lucha Española por la Justicia en la Conquista de America*, Madrid, 1967, pp. 193 e ss. A posição do anónimo, seja em 1530 ou 1549, é contrária à de Juan Ginés de Sepúlveda. A *disputatio* de Valladolid está bem apresentada na obra de Hanke que realça com imparcialidade as argumentações de Las Casas e Sepúlveda, e suas repercussões na política legislativa de Carlos V. Sobre este tema, op. *cit.*, pp. 206-229.

Sobre a *boa tenção* que justificaria a guerra justa, o autor relembra as guerras movidas pelos monarcas portugueses em África na defesa da Cristandade; no caso da Índia o zelo mostrado por D. Manuel era notório. Enfim, é da obra de D. João que se deve inferir a *tenção*:

> *Vossa Alteza a prossegue com experiência de gastos certos, e duvidosos proveitos, com vitórias custosas, com resistência a maiores inimigos, com maiores despesas, e obrigações de maiores armadas, de maneira que por muito que acresça ao seu Estado do prosseguimento desta conquista e conservação do que já achou descoberto, e... o especial cuidado, que tem Vossa Alteza das cousas da conversão, a deligência, com que a encomenda, o que dá de esmola aos Ministros dela, o gasto, que faz na gente, que conserva os convertidos, e infieis seus subditos em paz, e justiça são suficiêntes testemunhos de sua santa tenção, a quem não conhecer, e souber de mais perto a tenção de Vossa Alteza, nem todos as que faz, porque a este bastava o que vê, e não lhe buscava outras justificações, que deem sinal desta Santa e Católica tenção*[241].

Concordamos com a tese de Costa Brochado de que a necessidade premente para a consulta – tudo leva a crer – tenha sido a colonização do Brasil. Além do mais é nítido o escrúpulo do autor do tratado nas questões de consciência que tanto relevo tiveram para D. João III, levando-o a criar um tribunal para tratar em especial destas questões.

Se realmente foi anterior ao início da colonização do Brasil, o tratado do autor anónimo terá a precedência cronológica sobre a obra de Francisco Vitória[242]. Isto coloca-o na vanguarda dos teóricos da guerra justa, na primeira metade do século XVI. Mas, de qualquer forma, a doutrina

---

[241] *Idem* pp. 55-56.

[242] A chamada Segunda Escolástica dedicou muito dos seus esforços ao estudo e definição dos vários aspectos da guerra justa. Francisco Vitória (1492-1546) é o nome de maior realce quando se trata desse tema. O dominicano ensinou em Salamanca e suas lições acerca do assunto foram proferidas em 1537-1538, dando origem ao *De Indiis*, e 1538-1539, que originaria o *De iure Belli*. Outro espanhol deu eco à doutrina de Vitória, este foi Francisco Suárez (1548-1617). Tendo ensinado em Coimbra, dedicou a este tema a *disputatio XIII* do seu Tratado *De Charitate*. Sobre a doutrina da guerra na Segunda escolástica *vid*. VANDERPOL, *La Doctrine scolastique du droit de guerre*, Paris, 1919; e para uma visão de conjunto no período medieval, do mesmo autor, *Le Droit de guerre d'après les théologiens et les canonistes du Moyen Age*, Paris, 1911. Sobre a actualíssima temática da guerra justa *vid*. o ensaio histórico de Roberto de MATTEI, *Guerra Justa – Guerra Santa*, Porto, 2002.

apresentada está filiada a uma linha tradicional do pensamento português medieval sobre a guerra justa[243].

Para a História brasileira este documento é precioso. A compreensão do desenrolar da colonização torna-se mais fácil. Sabe-se assim que, em tese, as situações com as quais se poderia deparar o monarca(e com que, de facto, se deparou) estavam previstas e ponderadas conforme doutrina autorizada. As posições tomadas por D. João III e seus sucessores devem ter levado em conta a consulta. A legislação acerca da situação dos índios permite essa ilação.

Tendo, mesmo que perfunctoriamente, examinado o tratado acerca da guerra justa, fica-nos mais inteligível o quadro criteriológico utilizado na regulação da situação jurídica dos índios, durante a colonização do Brasil.

2.2 O Livro da Nau Bretôa

Em 1844 o historiador brasileiro Varnhagen deu a conhecer pela primeira vez o *Livro da Nau Bretôa*[244]. Esta embarcação deixou Lisboa a 22 de Fevereiro de 1511. Avistou o rio São Francisco a 6 de Abril e seguiu para a Bahia, lá permanecendo até 12 de Maio. Partiram em seguida para o Cabo Frio. Era uma embarcação com objectivo mercantil, visando sobretudo transportar o pau-brasil para a Europa.

O Regimento do capitão é parte considerável do *Livro da Nau Bretôa*. Além de minucioso é bastante rígido, prevendo, por exemplo, as penalidades que se deveriam aplicar aos blasfemos. Como sabemos, os homens do mar tinham uma propensão marcada para rogar pragas[245].

---

[243] *Cfr.* MERÊA, Paulo, A Guerra justa segundo Álvaro Pais, in *O Instituto*, vol. 64, Coimbra, 1917.

[244] Foi publicado na primeira edição da sua *História Geral do Brasil*, vol. I, pp. 427-432. Deste texto nos servimos ao longo deste tópico para as citações.

[245] Perdia 3000 reais do seu soldo, por cada vez que renegasse a Deus, Nossa Senhora ou aos Santos. Chegando de viagem era preso e cumpriria as penas previstas nas Ordenações. O dinheiro arrecadado iria para o Hospital de Todos-os-Santos, fundado por D. João II. O problema da blasfémia entre os primeiros povoadores foi também alvo de admoestações por parte dos jesuítas. Escreveu Nóbrega ao Pe. Simão Rodrigues, logo à sua chegada em 1549, dizendo existirem blasfemadores públicos, *os quaes amoestamos por vezes em os sermões, lendo-lhes as penas do direito, e amoestando ao Ouvidor Geral*[Pero Borges] *que attentasse por isso*. *Cfr. Cartas do Brasil e mais escritos – (Opera*

Também não era permitido o comércio de armas com os indígenas, apenas sendo consentido escambear facas e tesouras. Os tripulantes não podiam deixar a nau senão quando estivessem na feitoria e todo o comércio estava condicionado à autorização do feitor.

Estava expressamente proibido à tripulação maltratar os índios[246]:

Defemderes ao mestre e a toda a companha da dita naoo que nõ faça nem nhũ mall nem dano a agente da terra e se allgem fezer o comtrairo o fares asi espreuer ao dito esprivam e se vos p allgũ respeito lhe nam mãdardes que o faça elle de seu oficio sera obrigado de o asi cõprir so pena de perder ametade de seu ordenado pa o espritall de todollos samtos desta cidade e qualquer pesoa da dita naoo que esto nam gardar perdera isso mesmo ametade de seu solldo e allem da que lhe for dada quallqr outra pena que p justiça mereçer segũdo a callidade do que fezer como se o fezerê cõtra cada hũa das pesoas da dita naoo ou de caa do reino pr ser muj necesario a serujço delRei noso Snor e bem do dito Resgate ser trautado p todos melhores meios que se poder e sem nem nhũ escamdallo pello mujto dano que dello se pode seguir.

Também não era permitido transportar naturais da terra, mesmo que esses, de livre e espontânea vontade o desejassem; o cuidado é curioso, pois havia a preocupação de que algum falecesse no caminho, e os que houvessem ficado pudessem desconfiar que em Portugal também se praticasse a antropofagia[247].

Parece paradoxal que, consignada no documento, tenhamos a lista pormenorizada da carga que foi transportada para Lisboa, e dela constem 36 escravos, no valor de 173.000 reais. Contudo, a distinção entre naturais

---

Omnia), Coimbra, 1955, p. 31. As penas eram pesadíssimas; sendo pião ou filho de pião era levado ao Pelourinho, e a língua era atravessada por uma agulha de alabarda, além de receber *vinte açoutes com baraço e preguam, e em quanto lhos derem tenha a dita agulha na lingoa metida, e mais pague mil reaes pera quem o acusar*. Ordenações Manuelinas, Livro V, tít. XXXIII.

[246] *Seria ousado supor que de tal determinação andassem completamente dissociadas preocupações morais de conformidade com a doutrina cristã*. Esta afirmação é feita na obra dirigida por HAROLD JOHNSON e M.B. NIZZA DA SILVA, *O Império Luso--Brasileiro (1500-1620)*, Lisboa, 1992, vol. VI., p. 91. O extracto faz imaginar que o desejo de tal suposição é inconfessável...

[247] *nam trares na dita naoo em nem hũa maneira nem hũa pa das naturaes da terra do diti brasill que queira qua vir vjver ao reino pr quese allgũs qua falleçem cujdam eses de lla que os matam pa os comerem segũdo amtre elles se custuma.*

e escravos deixa razoavelmente esclarecida a questão: considerava-se que os que fossem resgatados do cativeiro dos próprios índios, ao fim e ao cabo estavam sendo beneficiados por serem poupados do sacrifício a que seriam submetidos[248]. Fica por esclarecer o facto de constarem mulheres na lista dos escravos levados para Lisboa, sendo que estas não participavam da guerra[249].

2.3 As Cartas de doação

Fontes de direito particular, as cartas de doação foram os diplomas que constituíram as capitanias. Nelas a Coroa transmitia uma série de direitos aos donatários. Sendo o rei senhor de todos os direitos inerentes aos seus domínios, a faculdade de constituir, a partir de um dado território, uma capitania, era sua e ele a exercia por meio do instrumento da doação.

Nestes documentos, desde as primeiras experiências em Machico(1440), Porto Santo(1446) e Funchal(1450), ao tempo de D. Henrique, até o modelo das capitanias criadas por D. João III no Brasil, na década de 30 do século XVI, percebe-se uma evolução das fórmulas. No que toca ao formulário das capitanias brasileiras, podemos facilmente observar que o conteúdo segue uma ordem. Interessa-nos, para o tema que desejamos desenvolver, saber que tendo o rei concedido o título de capitão e governador, e as faculdades de exercer justiça e dar em sesmarias, também enunciava os proventos económicos, nos quais estava incluída a vantagem que poderia tirar do envio de escravos para a metrópole.

Eis os termos que se repetem em todas as doações deste período que temos disponíveis[250]:

---

[248] Pondera Paulo Merêa que *a posse de escravos índios explica-se em grande parte pelo fato de ser a instituição da escravidão conhecida e praticada pelos aborígenes. Para êstes, o prisioneiro de guerra, quando não era devorado, era reduzido à escravidão. Compreende-se assim que mesmo sem o uso da violência por parte dos portuguêses muitos escravos passassem para o poder dêstes. Freqüente era também intervirem os colonos a fim de evitar que os indígenas sacrificassem os prisioneiros, oferecendo-lhes vários objectos em troca dêles e logrando assim resgatá-los. Cfr. HCPB*, III, p. 181.

[249] Contudo, cabe dizer que os índios muitas vezes também escravizavam outros índios e não os utilizavam em cerimoniais de antropofagia. *Cfr.* MARCHANT, *Do Escambo à Escravidão*, São Paulo, 1980, p. 54.

[250] São nove as cartas de doação desse período de implantação do sistema no Brasil. A primeira foi a de Duarte Coelho, feita em Évora(como, aliás, todas as outras), em

Outrosy me praz fazer doaçam e merce ao dito capitam e governador e as seus socesores de juro e d'erdade pera sempre que dos escravos que elles resgataram e ouverem na dita terra do Brazyll posam mandar a estes Reynos xxiiij peças cada anno pera fazer dellas o que lhe bem vyer os quaes escravos vyram ao porto da cydade de Lisboa e nam a outro algum porto e mandará com elles certydam dos oficiaes da dita terra de como sam seus pela qual certydão lhe seram qua despachados os ditos escravos forros sem deles pagar direitos alguns nem cynco por cento e alem destas vinte quatro peças que asy cada anno podera mandar forras ey por bem que posa trazer por marynheyros e grumetes em seus navios todo-los escravos que quyserem e lhes for necesaryo[251].

Era, então, garantido este direito aos capitães. O número de *peças* que comumente aparece mencionado é de vinte e quatro, mas também houve caso excepcional que permitiu o número de quarenta e oito escravos. Foi o que se deu na doação feita a Martim Afonso de Sousa.

Este privilégio iria perdurar até à promulgação da célebre lei de D. Sebastião de 20 de Março de 1570, quando foi derrogado[252]. Devemos ter, entretanto, o cuidado de distinguir a escravidão consignada nas cartas de doação que, no primeiro intento de colonização favoreciam a exportação esclavagista e o momento seguinte, da instalação do Governo geral, no qual, por diversos motivos, o cativeiro dos índios começa a servir ao trabalho interno, no desenvolvimento do Brasil.

À Lei de Dom Sebastião seguiram-se diversas outras leis que trataram do problema do cativeiro dos índios. Dentre essas, cabe referir uma lei do período filipino que sublinha a igualdade de tratamento que devem ter os índios e os demais homens livres:

---

10 de Março de 1534. Depois, por ordem cronológica temos a de Francisco Pereira Coutinho(5 de Abril de 1534), Pedro do Campo Tourinho(27 de Maio de 1534), Vasco Fernandes Coutinho(1 de Junho de 1534), Martim Afonso de Sousa(1534), João de Barros e Aires da Cunha(8 de Março de 1535), António Cardoso de Barros(19 de Novembro de 1535), Jorge de Figueiredo Correia(1535) e a de Pêro de Góis(28 de Janeiro de 1536).

[251] *Cfr.* BIGOTTE CHORÃO, *Doações e Forais das Capitanias do Brasil (1534-1536)*, cit., p.16. O extracto é da doação de Duarte Coelho. Nos forais, que complementavam as cartas de doação apesar de serem de natureza diversa, vemos que se corroborava a restrição da chegada dos escravos a Portugal, no caso a Lisboa. *Vid. op. cit.* p. 22.

[252] *Vid.* ANTÓNIO VASCONCELOS DE SALDANHA, *As Capitanias do Brasil – Antecedentes, desenvolvimento e extinção de um fenómeno Atlântico*, Lisboa, 2001, pp. 354-356.

enquanto os ditos gentios estiverem nas povoações de quaisquer Capitanias, os Capitães não terão sobre eles mais vassalagem, poder nem jurisdição do que por seu Regimento e doações têm sobre as mais pessoas livres que nelas moram[253]...

2.4 O Regimento de Tomé de Sousa

O estabelecimento do Governo geral foi o passo seguinte ao regime das capitanias[254] no processo de colonização do Brasil. Motivos vários levaram D. João III a instituir o dito sistema. Dentre eles, como já especulamos, a tendência dominante em toda a Europa para a centralização.

Tomé de Sousa foi nomeado, a 7 de Janeiro de 1549, por três anos, para o cargo de governador do Brasil. Instalou-se na Bahia[255], por motivo da reintegração na Coroa daquela capitania, devido à morte do donatário Francisco Pereira Coutinho, vítima dos índios de Itaparica[256].

O Regimento[257] do primeiro governador geral do Brasil foi dado em Almeirim, a 17 de Dezembro de 1548, e foi chamado de primeira Constituição do Brasil por Pedro Calmon[258]. Nele, o rei de Portugal ordena o castigo aos índios insubmissos e a paz aos que até aí tinham colaborado. De facto, esses esperavam *para ver o castigo que se dá aos*

---

[253] José Justino de Andrade e Silva, *Collecção Chronológica da Legislação Portuguesa*, Lisboa, 1854-1857, vol. I, p. 271- 273.

[254] Lembramos que as capitanias não foram abolidas.

[255] A expedição de Tomé de Sousa contava mais de 1000 pessoas entre oficiais, combatentes, colonos de contrato, degredados e membros do clero regular e secular. Como se sabe os jesuítas vieram nesta expedição. A 1 de Novembro de 1549, fundou a cidade de Salvador, realizando o cerimonial correspondente ao estabelecimento do primeiro governador do Brasil. Logo após juramento solene, investiu os oficiais e responsáveis em seus cargos.

[256] Filho do Alcaide-mor de Santarém, Afonso Pereira, e de Catarina Coutinho, Francisco Pereira Coutinho foi infeliz no seu projecto de povoação da Bahia. Após uma série de malôgros acabou por deixar a Bahia e seguir para Porto Seguro, onde permaneceu durante um ano. Ao empreender viagem de volta na tentativa de se reinstalar acabou por naufragar e ser devorado pelos índios. *Cfr*. Gabriel Soares de Sousa, *Notícia do Brasil*, São Paulo, 1974, cap. XXVIII, pp. 26-27.

[257] O Regimento esteve em vigor por mais de um século, evidentemente com pequenas variantes consignadas nos parciais. O Regimento que o substituiu é do ano de 1677.

[258] *A Primeira Constituição do Brasil – Regimento de Dom João III a Tomé de Souza*, Publicações do Instituto de Estudos Portuguêses, Rio de Janeiro, 1943.

que primeiro fizeram os ditos danos, referindo-se aos que se sublevaram contra Francisco Pereira Coutinho. Declara então que

> ... *como chegardes à dita Bahia, vos informeis de quais são os gentios que sustentaram a paz e os favoreçais de maneira que, sendo-vos necessário sua ajuda, a tenhais certa. E tanto que a dita cêrca fôr reparada e estiverdes provido do necessário, e o tempo vos parecer disposto para isso, praticareis, com pessoas que o bem entendam, a maneira que tereis para poder castigar os culpados, o mais a vosso salvo, e com menos risco da gente que puder ser, e como assim tiverdes praticado, o poreis em ordem, destruindo-lhes suas aldeias e povoações, e matando e cativando aquela parte deles que vos parecer que abasta para seu castigo e exemplo de todos, e daí em diante, pedindo-vos paz, lha concedais, dando-lhes perdão; e isso, porém, será com êles ficarem reconhecendo sujeição e vassalagem, e com encargo de darem em cada ano alguns mantimentos para a gente da povoação; e no tempo que vos pedirem paz, trabalhareis por haver a vosso poder alguns dos principais que foram no dito alevantamento, e êstes mandareis, por justiça, enforcar nas aldeias donde eram principais*[259].

A truculência do texto denota a gravidade da situação em que se encontravam as possessões portuguesas. Era declarada guerra aos índios que se sublevaram e que praticaram a antropafagia. A paz seria estabelecida somente no caso do gentio aceitar submeter-se às leis portuguesas.

Mais adiante o regimento trata das alianças que deveriam ser feitas para as lutas; também observa que os gentios aliados deveriam ser bem acolhidos. Ordena que sejam dadas terras aos gentios que desejassem ficar na Bahia, *para sua vivenda, de que sejam contentes, como vos bem parecer*.

Mas não se furta o monarca de ordenar a expulsão dos gentios *da linhagem dos tupinambás*, que muitos danos fizeram aos cristãos da capitania de Jorge de Figueiredo, ou seja, de Ilhéus. Recomenda que, após a expulsão, as terras sejam ocupadas pelos tupiniquins aliados e por cristãos[260].

---

[259] Para o regimento de Tomé de Sousa servir-me-ei da publicação feita por MARCOS CARNEIRO DE MENDONÇA, *Raízes da Formação Administrativa do Brasil*, IHGB, 2 vols., Rio de Janeiro, 1972. A passagem citada do Regimento se encontra no vol. I, p. 37. Adoptaremos a sigla *RFAB* dora em diante.

[260] *Idem* p. 41.

Recomenda ainda a paz para com os gentios das terras Peraaçui e de Totuapara, assim como para com todas as nações de gentios que houvesse na Bahia. Mas, *quando suceder algum alevantamento, acudireis a isso e trabalhareis por as pacificar, tudo o melhor que puderdes, castigando os culpados*[261].

O regimento prevê a realização de feiras semanais, ou mais vezes ainda, nas vilas e povoações, onde os índios poderiam vender o que tivessem e quisessem, e também comprar o que lhes fosse necessário. Esta medida procura tanto facilitar o comércio entre os cristãos e os gentios, quanto evitar que os primeiros fossem às aldeias dos índios sem qualquer controle. Isto chama a atenção para o cuidado que inspirava ao governo os contactos que poderiam, de alguma forma, causar distúrbios nas relações.

Devemos notar que a preocupação tinha clarividência pois uma carta de Manuel da Nóbrega de 10 de Agosto de 1549 já denunciava o problema:

... a sete ou oito léguas daqui mataram um cristão dos nossos sem nenhuma razão nem causa, o que nos pôs a todos em aventura de guerra, e tomavam-nos em máu tempo, e desapercebidos, e mal fortalecidos. Mas o Senhor, que do mal sabe tirar bem, quis que os mesmos negros[262] *trouxessem o matador, e o entregaram ao Governador e o puseram logo na bôca de um tiro e foi feito em pedaços.*

E mais adiante reflecte o jesuíta que

... isto pôs muito medo a todos os outros, que presentes estavam, e os nossos cristãos escarmentaram também de andar pelas aldeias; e foi muito serviço de Nosso Senhor por se evitar escândalo que dão aos índios os nossos que vão às aldeias[263].

Assim, a medida ordenada por D. João III ao governador geral era da maior oportunidade. Os casos de rixas entre os cristãos e os gentios

---

[261] *Idem ibidem*.

[262] Negro era uma das designações dada aos índios. Outras são: aborígene, ameríndio, autóctone, bárbaro, brazis, brasílico, bugre, canibal, gente da terra, íncola, nativo, além de gentio e indígena.

[263] SERAFIM LEITE, *Cartas do Brasil e outros Escritos do P. Manoel da Nóbrega (Opera Omnia)*, Coimbra, 1955, p. 54.

(é assim que os designa, a cada passo do regimento, confirmando ter-se muito em conta o problema do credo na colonização) eram frequentes e nocivos ao relacionamento, visto que os índios, como reparou Nóbrega, se escandalizavam com os colonos que iam ter com eles às aldeias. Da mesma forma, consideravam os aborígenes, que todos os portugueses estavam responsabilizados pela impostura de alguns, o que significava declaração de guerra para aqueles povos eminentemente guerreiros.

* * *

Exactamente a meio do Regimento é expressa a preocupação com a conversão dos gentios, e notamos o pedido instante feito a Tomé de Sousa para que discutisse com os capitães e oficiais uma estratégia para alcançar este fim. D. João pede que o governador transmita a sua gratidão aos capitães por terem *especial cuidado de os*[os índios] *provocar a serem cristãos*. Para isto insiste que devem ser bem tratados os que forem pacíficos e dóceis, e que não seja consentido que sejam oprimidos de maneira alguma. Caso aconteça devem ser ressarcidos e os culpados do dano devem ser *castigados como fôr justiça*[264].

Outra preocupação do Regimento foi proibir veementemente a venda de armas aos gentios[265], com pena de morte para os que o fizessem:

> *Porquanto por Direito e pelas Leis e Ordenações dêstes Reinos, é mandado que se não dêem armas a mouros, nem a outros infiéis, porque se lhes darem se segue muito desserviço de Nosso Senhor e prejuízo aos Cristãos, mando que pessoa alguma, de qualquer qualidade ou condição que seja, não dê aos gentios da dita terra do Brasil, artilharia, arcabuzes, espingardas, pólvora, nem munições para elas, bestas, lanças e espadas, e punhais, nem manchis, nem foices de cabo de pau, nem faca d'Alemanha,*

---

[264] *RFAB, op. cit.*, p. 43.

[265] O impacto profundo causado pela introdução de utensílios de metal na vida dos índios é notável. A passagem da Idade da Pedra para a Idade do Ferro deu-se num piscar de olhos, e constituiu importante factor no aumento da produção dos aborígenes. As tarefas do derrube de árvores e da caça tiveram o seu dispêndio de tempo sensivelmente reduzidos, aumentando, assim, a eficácia das actividades produtivas e o tempo que poderia ser dedicado às guerras e cerimónias. Mas o interesse dos índios também se manifestou pelas armas de fogo e os utensílios de ferro que poderiam ser úteis à guerra. Jean de Léry descreveu este interesse em um diálogo entre um francês e um tupi. Sobre o assunto, por todos, MÉTRAUX, Alfred, *The Revolution of the Ax*, s.l., 1959.

nem outras semelhantes, nem algumas outras armas de qualquer feição, que forem ofensivas, e defensivas; e qualquer pessoa que o contrário fizer, morra por isso, morte natural, e perca todos seus bens; a metade para os cativos e a outra metade para quem o acusar[266].

A severidade da pena salta aos olhos, mas explica-se pelo grande perigo que seria armar povos de cultura guerreira. A hegemonia de armamento bélico era ciosamente guardada pelos portugueses. De resto é assim que até hoje procedem os povos que detêm a supremacia.

Nas *Atas da Câmara de São Paulo*, registou-se, em 19 de Junho de 1578, portanto 30 anos depois do Regimento em foco, uma intimação ao único ferreiro da Vila, Bartolomeu Fernandes, para que não ensinasse a índio algum, o seu ofício, pois tal *seria grande prejuízo da terra*. No mesmo ano, a 3 de Setembro, volta a ser referido na Câmara, por ter em casa um índio tupi, chamado Gaspar, a quem ensinava a sua arte. É então convidado a dispensar o seu bugre aprendiz. Podemos bem compreender o perigo que representava para a população da Vila, se os índios substituíssem seus tacapes por armas de ferro[267].

E prossegue o Regimento, ordenando que os juízes de cada povoação das capitanias, aquando da devassa geral que estão obrigados a fazer anualmente sobre os oficiais, perguntem pelo caso previsto e, havendo-os, procedam contra os culpados, conforme as Ordenações. Mas, entretanto, frisa estar permitido o comércio de *machados, machadinhas, fouces de cabo redondo, podões de mão, cunhas, facas pequenas de tachas e tesouras pequenas de dúzias*. E ordena

> *...êste capítulo fareis apregoar em cada uma das ditas Capitanias, e registrar nos livros das Câmaras delas, com declaração de como se assim apregoou. E pôsto que se diga que esta defesa se não entenda em machados, machadinhas, fouces de cabo redondo, podões de mão, cunhas, facas pequenas de tachas e tesouras pequenas de dúzias, hei por bem que em tudo*

---

[266] *Idem* p. 46.

[267] Ainda em 1583, na sessão de 14 de Setembro, houve denúncia de uma forja levada para o sertão, em poder dos índios. Mas a denúncia não se confirmou. Em 1586, a 16 de Agosto, declarou o procurador Francisco Sanches, que soubera de fonte segura, que um certo Domingos Fernandes forjava no sertão. Mas os vereadores tranquilizaram o procurador, pois este ferreiro partira para o sertão a acompanhar o governador Jerônimo Leitão. Assim *nada podiam prover*. Cfr. AFONSO DE ESCRAGNOLLE DE TAUNAY, *São Paulo no Século XVI*, São Paulo, 2003, pp. 335-336.

se entenda a defensa, até eu vos mandar dispensação do Papa, para se poder fazer[268].

Ao Regimento, datado e assinado em Almeirim, foi aposto um *post-scriptum*. Nele são tratados assuntos relativos aos degredados. Também é concedido o direito ao governador de fazer cavaleiros, portanto de nobilitar em nome do soberano; atribui-se-lhe o poder de fazer dádivas do tesouro real; ordena que se leve a Ordenação de 1535, na qual se proíbem as sedas, os brocados, o ouro e a prata, o luxo, enfim, e que se publique em todas as capitanias; dá ao governador a possibilidade de reunir junta para discutir assunto no qual o regimento seja omisso e, em caso de discordâncias quanto à solução, ordena que seja consultado.

No que respeita ao assunto ao qual temos dado atenção, observamos que o *post-scriptum* é mais suave – o tema da guerra. São concedidas atenuantes aos índios revoltosos:

> *Pôsto que em alguns capítulos dêste Regimento vos mando que façais guerra aos gentios, na maneira que nos ditos capítulos se contém, e que trabalheis por castigardes os que forem culpados nas cousas passadas; havendo ao pouco entendimento que essa gente até agora tem, a qual cousa **diminui muito em suas culpas**, e que pode ser que muitos estarão arrependidos do que fizeram, haverei por meu serviço, que conhecendo êles as suas culpas e pedindo perdão delas, se lhes conceda; e ainda haverei por bem que vós, pela melhor maneira que puderdes, os tragais a isso, porque, como o principal intento meu é se converterem à nossa Santa Fé, logo, é razão que se tenha com êles todos os modos que puderem ser para que o façais assim: e o principal há-de-ser escusardes fazer-se-lhes guerra, porque com ela se não pode ter a comunicação que convém que se com êles tenha, para o serem*[269].

Sobre este extracto do *post-scriptum* pronunciou-se o ínclito historiador brasileiro Pedro Calmon, afirmando que a causa deste mitigar do ímpeto de guerra teria sido a percepção do quanto o texto se afastava da bula do papa Paulo III[270]. É preciso notar que a bula *Universis Christi*

---

[268] *RFAB, op. cit.*, p. 46.
[269] *Idem* p. 50.
[270] Na bula *Universis Christi Fidelibus*, de Junho de 1537, o papa declarara serem os índios verdadeiros homens, capazes da fé cristã e da salvação. Com sua autoridade

Fidelibus foi escrita a partir das notícias fornecidas pelo bispo de Chiapa, Las Casas. Parece-nos que a posição de Dom João III estaria muito influenciada pelo tratado que vimos algumas páginas acima[271], tanto mais por haver sido uma consulta feita pelo próprio monarca, e o tema estar estreitamente relacionado com a letra do Regimento. A concorrência das duas influências é também plausível, mas os indícios fazem-nos pender para o texto encontrado por Costa Brochado nos arquivos da Torre do Tombo.

Ainda neste texto adicionado ao Regimento, cabe reparar na preocupação do monarca português quanto aos índios já convertidos. Sugere que se mudem para perto das povoações das capitanias, preservando-se assim do contacto com os índios não convertidos. Há uma preocupação especial com os curumins, em quem acredita que se *imprimirá melhor a doutrina*. Diz que devem ser apartados do convívio dos gentios. Pede que sejam conduzidos à convivência dos portugueses, nas suas povoações. Estas observações podem parecer indignantes aos estruturalistas[272], mas é incontornável o facto de que D. João III agia como soberano cônscio da sua posição e dos seus deveres como administrador da Ordem de Cristo.

2.5 A Carta do primeiro ouvidor geral

A tarefa do primeiro governador seria bastante árdua. Mas contava, para auxiliá-lo, com homens que poderiam ser muito úteis, como os que integravam a primeira missão jesuíta, chefiada pelo Pe. Manuel da Nóbrega, que intentariam modificar os hábitos e costumes dos índios e dos colonizadores, estes últimos um tanto quanto embrutecidos pela vida que até então levavam nas terras brasílicas.

---

apostólica declarava o seu direito à liberdade e ao domínio dos seus bens. O texto da Bula foi transcrito e traduzido por SIMÃO DE VASCONCELOS, in *Crónica da Companhia de Jesus no Estado do Brasil e do que fizeram seus Filhos nesta parte do Nôvo Mundo*. Vid. o texto e a tradução no Anexo C.

[271] Vid. supra pp. 118 e ss.

[272] Sobre o estruturalismo é fundamental a obra do seu fundador Claude Lévi-Strauss. Esta alicerça-se no relativismo e no igualitarismo. *Vid.* a revista Le *Nouvel Observateur*, hors-série, juillet-août 2003, toda ela dedicada ao pensamento de *Lévi-Strauss et la pensée sauvage*. Pode-se ler, logo ao início, referindo-se a uma passagem do dito autor: *On a jamais instruit contre le colonialisme un procès plus définitivement implacable que ne fait Lévi-Strauss en s'appuyant sur Montaigne et Rousseau*. Artigo intitulado *Pourquoi Lévi-Strauss*, p. 4.

Auxiliariam também Tomé de Sousa, pelo lado secular, o Dr. Pero Borges e António Cardoso de Barros, respectivamente o primeiro ouvidor geral do Brasil, com a experiência que adquirira desempenhando o cargo de corregedor no Algarve e em Elvas e o primeiro provedor da fazenda e recebedor dos dízimos da Coroa, assim como chefe da alfândega, que se iria estabelecer na capital. António Cardoso iria também ser vítima dos canibais, estando na embarcação que conduzia o primeiro bispo do Brasil.

Os jesuítas encontraram um estado de decadência moral bastante acentuado nos colonos que lá estavam, homens de costumes soltos e de uma linguagem desenfreada, que lhes tornavam o trabalho de catequização deveras dificultado. Contra a blasfémia já havia sanções e os sermões dos padres censuravam os desregramentos que presenciavam.

O problema da falta de mulheres para os portugueses era grave. A solução natural foi o início da miscigenação. Alguns, contudo, esperavam por mulher europeia. Foram então enviadas as *órfãs da Rainha*, educadas para o matrimónio sob os cuidados de D. Catarina.

O ouvidor geral Pero Borges saiu em viagem de inspeção ao longo da costa e encontrou muita desordem. Deparou-se com tantos problemas que chegou a considerar, em carta ao soberano, de 7 de Fevereiro de 1550, que aquelas terras estavam desamparadas da Justiça régia[273]. Relata nesta missiva os encontros que teve com magistrados que desconheciam a leitura e a escrita[274]. Isto dava ocasião a que proferissem *sentenças sem ordem, nem justiça, e se se executam têm nas execuções muito mores desordens*. Os tabeliães serviam sem cartas de ofício e sem regimento e espoliavam as partes por não o terem. O ouvidor geral na sua carta mostra indignação, por considerar isto

> ...*pública ladroice e grande malícia, porque cuidavam que lhes não haviam de tomar nunca conta, viviam sem lei, nem conheciam superior, procedo contra êles, porque me pareceu pecado no Espírito Santo passar por isto*[275].

---

[273] Carta de Pero Borges a D. João III, de 7 de Fevereiro de 1550, in *RFAB*, cit., pp. 53-57.

[274] Este problema não era exclusivo do Brasil. Gil Vicente encenara em 1525, em Almeirim, para El Rei Dom João III, *O Juiz da Beira*, sendo o protagonista um iletrado, que confia a leitura das Ordenações à sua esposa. É, no dizer da época, um típico *juiz de siqueiro*.

[275] *RFAB*, p. 55.

Já mencionamos o problema da falta de mulheres que provocou a miscigenação. O ouvidor geral também abordou este problema, acentuando, todavia, que muitos homens no Brasil já estavam casados no reino, encontrando-se *amancebados com um par ao menos, cada, de gentias*[276]. E relata o estado de precariedade moral dizendo que

> *Fazem pior vida que os mesmos gentios. A êstes é bem, por serviço de Nosso Senhor, e por na terra que agora se começa a povoar, não haver tanto gênero de pecados públicos, que os mande ir para suas mulheres, não sendo degradados, ou que mandem êles por elas. V. A. mande prover*[277].

Esta era a situação em que se encontrava a colónia de que tantas cartas daqueles tempos dão testemunho. A carta de Pero Borges também descreve com riqueza de detalhes tudo o que viu na sua viagem pela costa.

Os abusos cometidos contra os índios não passaram despercebidos; e o ouvidor narra a traição cometida por um caçador de índios que foi curado de ferimentos por um principal e posto a salvo de outros índios, e que, posteriormente, atraiu o seu benfeitor e outros índios para o navio onde se encontrava e os escravizou. Em seguida partiu para vendê-los pelas capitanias.

Após narrar estes e outros episódios de índios salteados, afirma que mandará libertar os índios tomados em cativeiro injusto nos seguintes termos:

---

[276] Quanto a esse problema, o ouvidor escreve, no final da carta, que procedeu contra os homens, condenando-os. Mas não aplicou a ordenação régia de não soltá-los sem especial mandado do rei. O ouvidor defendia que as Ordenações não deveriam e nem podiam ser entendidas à letra em lugares tão distantes. O governador também entendeu assim. A posição foi sustentada com o argumento da situação de constante guerra que não permitia mantê-los presos e que, logo, seriam mais úteis soltos. Mas coloca a sua decisão na mão do soberano, e se ele não estiver de acordo, tornará a prender os barregueiros. Termina a carta escrevendo: *Esta terra Senhor, para se conservar e ir avante, há mister não se guardarem em algumas cousas as Ordenações, que foram feitas não havendo respeito aos moradores delas.* RFAB, p. 57. Nóbrega, em contra ponto, no campo espiritual, pedira, um ano antes da carta do ouvidor, que os gentios recém-convertidos não fossem obrigados pelas leis positivas da Igreja. Cfr. *Cartas do Brasil e outros Escritos do P. Manoel da Nóbrega (Opera Omnia)*, Coimbra, 1955, p. 34.

[277] RFAB, p. 55.

Agora que a requerimento dêstes padres apóstolos que cá andam, homens a quem não falece virtude, eu mando pôr em sua liberdade os gentios que foram salteados, e não tomados em guerra. Estão os gentios contentes, e parece que vai a cousa de verdade, e mais, porque vêm que se faz justiça e a fazem a êles quando alguns cristãos os agravam, e parece-me que será causa de não haver aí guerra[278].

2.6 O Governador Mem de Sá

Estreitamente ligado aos padres da Companhia de Jesus, Mem de Sá, irmão do celebrado poeta Sá de Miranda, chegou ao Brasil no ano de 1557. A escolha de Dom João III foi feita no crepúsculo do seu reinado. Elegeu como governador geral do Brasil um homem de leis[279] que actuara como juiz no Desembargo do Paço em Lisboa por cerca de vinte anos.

Mem de Sá encontrou o Brasil em situação assaz complicada. As querelas entre o ex-bispo Pedro Sardinha e o governador a quem vinha substituir, D. Duarte da Costa[280], haviam exaltado os ânimos na capital, tendo-se formado dois partidos que se digladiavam e que, juntamente com uma rebelião dos índios da região, acabaram por interromper o desenvolvimento que apenas iniciara seu curso com a implantação do Governo geral.

Além disso, Villegagnon já se aventurava a fundar a França Antárctica, no grandioso cenário da baía da Guanabara[281].

---

[278] *Idem, ibidem.*

[279] Licenciado em Direito em Coimbra, foi desembargador da Suplicação (1532), corregedor dos feitos civis da Côrte(1536), desembargador dos agravos da Casa da Suplicação (1556), conselheiro e cavaleiro da Ordem da Cristo. Foi provido do ofício de governador em 1556. Cfr. JOSÉ DE SOUSA MACHADO, *O poeta do Neiva*, Braga, 1929, pp. 315-318.

[280] *Como sempre, cada uma das partes da contenda fazia culpado de tudo o bando oposto. Examinando friamente os documentos existentes, representativos de cada um, parece que a culpa tem que se repartir por todos, em particular pelo filho do Governador e por D. Pedro Sardinha.* Cfr. SERAFIM LEITE, *História da Companhia de Jesus no Brasil*, Lisboa, 1938, II, p. 147.

[281] O interesse dos franceses pelas terras brasileiras já havia sido considerado como um dos motivos da instalação das capitanias e da maior preocupação com a colonização. A actuação do Dr. Diogo de Gouveia junto à corte francesa e as cartas que expediu para D. João III alertando para o perigo francês e recomendando a colonização do Brasil estão minuciosamente estudadas na *HCPB*, vol. III, pp. 59-94. A carta datada de 1 de Março

Muitos afazeres, portanto, aguardavam o Dr. Mem de Sá.

Importa lembrar que, pouco depois da chegada do governador, Manuel da Nóbrega enviou uma *Informação das coisas da terra e necessidade que há para bem proceder nela*, para o Doutor António Pinheiro, homem influente na corte de Lisboa, que a remeteu para a cúria provincial, tendo a rainha D. Catarina e o cardeal-infante lido o texto. Infelizmente perdeu-se o documento. Contudo, no seu *Apontamento das coisas do Brasil*, datado de 8 de Maio de 1558, enviado ao confessor da rainha, o provincial de Portugal, Miguel Torres, propõe a *Lei que se deve dar para os Índios*. Aqui temos patente a sua preocupação com a justiça e a moral no Brasil. Sugere que se deveria: proibir comer carne humana e fazer guerra sem licença do governador; instituir a monogamia; dar-se roupas para que se vistam, ao menos depois de baptizados; tirarem-se os feiticeiros; manter-se a justiça entre eles e para com os cristãos; fazer-se com que abandonem o nomadismo, e que apenas transmigrem para viverem entre os cristãos, recebendo terras que lhes sejam suficientes e que tenham padres para os doutrinarem[282]. Este plano em grande parte foi executado pela força do braço civil, por Mem de Sá.

* * *

O governador proibiu o jogo que, segundo relatos, estava disseminado, sendo motivo de muitas querelas, e que corrompia a moral; também obrigou os indolentes e os vadios a trabalharem e puniu os colonos que ilicitamente andavam entre os índios[283].

---

de 1532, publicada na *História Admnistrativa do Brasil*, vol. II, pp. 131-134, pode ser considerada como um elemento capital para a percepção dos motivos que levaram à instalação do sistema das capitanias. Nela, o reitor do Colégio de Santa Bárbara adverte reiteradamente acerca do perigo francês, e aconselha D João III a que dê, *Senhor, as terras a vossos vassalos*. Também é digno de nota o interesse pelos índios brasileiros, demonstrado pelos franceses, que foram transportados em maior quantidade para a França do que para Portugal. Ficou famosa a festa oferecida pela cidade de Rouen, por ocasião da visita de Henrique II e Catarina de Médicis, em 1550. Nestas festas em honra dos jovens reis de França participaram cerca de 50 índios brasileiros, numa encenação dos seus hábitos e costumes, tais como as danças e alguns simulacros de combate. Estas encenações estão narradas numa brochura impressa em 1551, intitulada *Une fête brésilienne célébrée à Rouen en 1550, suivi d'un fragment du XVI siècle pourtant sur la théogonie des anciens peuples du Brésil*.

[282] *Cfr. MB*, II, pp. 445-459.
[283] *Cfr.* MARCHANT, *Do Escambo à Escravidão*, São Paulo, 1980, p. 94.

A justiça foi uma das grandes preocupações de Mem de Sá, que, logo ao chegar, resolveu as demandas pendentes, *concertando as partes, e as que de novo nascião atalhava da mesma maneira, ficando as audiencias vazias e os procuradores e escriväis sem ganho*[284]. O novo governador sabia que a justiça morosa era cara, dificultava o desenvolvimento e *engendrava odios e paixões*.

Numa carta dirigida ao rei D. Sebastião, durante a regência de D. Catarina, em Março de 1560, Mem de Sá relata a pacificação dos índios e o trabalho que, juntamente com os da Companhia, ia levando a cabo para integrar os nativos na sociedade nascente[285]. Então pede autorização para

---

[284] Cfr. *Cartas do Brasil e mais Escritos (Opera Omnia)*, cit., p. 333.

[285] Houve depois, contudo, uma sentença contra os Caetés (1562), responsabilizados pela morte do primeiro bispo. Nela foram condenados a serem reduzidos a escravos. Deram-se abusos por parte dos colonos, a que o governador tentara obviar, favorecendo os índios desta raça que estivessem próximos das casas dos jesuítas. Cfr. *MB*, III, p. 489-490. Esta problemática configurou-se devido à existência de índios Caetés vivendo nas Aldeias dos jesuítas. O cardeal infante recebeu relatos dos padres da Companhia, pedindo remédio para o problema. Então o rei, ainda sob a regência do tio, escreveu duas cartas idênticas: uma dirigida a Mem de Sá e a outra ao bispo Dom Pedro Leitão. Nela cuida do problema dos abusos nos resgates dos índios e dos cativeiros injustos. Encomenda então a formação de uma junta composta pelo governador e pelo bispo, pelo provincial da Companhia, o padre Inácio de Azevedo, Manuel da Nóbrega e o ouvidor geral, para que se *atalhasse os tais resgates e cativeiros*. Pede então que lhe seja enviado relatório pormenorizado dos casos e como dar solução aos injustos cativeiros. A carta termina com o pedido expresso para que sejam favorecidos os índios convertidos. *Vid.* ANCHIETA, *Cartas, Informações, Fragmentos Históricos e Sermões (1554-1594)*, Rio de Janeiro, 1933, pp. 359-360. Deu-se, em Julho de 1566, uma reunião da Junta, nela tomando parte o governador, o bispo, o ouvidor, e alguns padres da Companhia; em que é de destacar a presença de Luiz da Grã. Eis a súmula das resoluções que foi assinada por Mem de Sá, Dom Pedro Leitão e Braz Fragoso: *I. Quanto aos Índios que fogem para as Aldeias dos Padres: a primeira vez, não se entreguem aos que dizem pertencer-lhes, sem prévia ordem escrita do Governador ou Ouvidor; a segunda vez, e quando já são reconhecidos como escravos, poderão então os Padres entregá-los, sem mais formalidades*. Note-se que o governador já dera esta ordem. Trata-se, pois, de uma confirmação. *II. O Ouvidor que vá, de quatro em quatro meses, visitar as Aldeias, administrar justiça e devassar das possíveis queixas. III. Nomeie-se um Procurador dos Índios com o competente salário. IV. Os moradores muitas vezes casam os índios, que os servem, com as suas índias escravas. Sucede que alguns daqueles índios já são casados nas Aldeias. O Bispo tomará isso a seu cargo para repreender os curas que celebram o casamento e castigar os senhores que os promovem.* É o poder temporal aliado ao poder espiritual que transparece nesta determinação, para solucionar um problema agudo nos primórdios do Brasil. De facto, o casamento entre índio livre e índia escrava era meio excuso de aumentar

perdoar as culpas das infrações cometidas desde a sua chegada, podendo assim *apricar as penas* às obras de edificação que então promovia[286]. E adverte, conscienciosamente, que o Brasil não deveria, nem tampouco poderia se *regular polas leis e estilos do Reino*. E acrescenta que, se o rei não *for muito fácil em perdoar, não terá gente no Brasil*[287].

* * *

Muito interessante foi o projecto que é descrito na mesma carta onde fala das Vilas do Gentio[288], ou seja, Aldeias dos Índios, que diferem das aldeias dos gentios, estando aquelas já em processo de aculturação. Mem

o fundo de escravaria. Sendo já casados nas Aldeias, ponto que a resolução persegue, o bispo é o responsável pela resolução do problema. Não sendo casados, resultava tornarem-se escravos, não *de iure*, mas *de facto*, tendo em conta que a escrava devia seguir a vontade de seu amo. Se o bispo lançasse a excomunhão sobre os sacerdotes que celebrassem esses casamentos, estaria colocado um forte óbice. Ainda resta lembrar que os filhos nasceriam escravos. É a velha concepção de que os filhos seguem a condição da mãe. *V. Ainda que o foral permite aos moradores a compra de índios, que se apresentem à porta de sua casa para serem vendidos, contudo, como se teem dado muitos casos ilícitos, não se façam tais compras, sem primeiro se examinar se são justas. VI. Os Padres poderão entregar directamente aos seus donos, sem escrito do Governador ou Ouvidor, os Índios fugidos que livremente confessem que são escravos, e sobre os quais não haja a menor dúvida; como também lhes poderão ceder os Índios forros, que não pertençam às Aldeias, e queiram, livremente, ir trabalhar nas casas particulares; se não quiserem ir, ninguém os poderá levar à força.* Percebe-se o papel determinante desempenhado pelos jesuítas para a integração do índio. *VII. Quem, por sua própria autoridade, tomar qualquer Índio litigioso, que se acolher às Aldeias dos Padres, perderá todo o direito que sobre eles porventura tenha.* Aqui condena-se as arbitrariedades que se deram em catadupa desde a condenação dos Caetés. Este texto está publicado por Serafim Leite, na *História da Companhia de Jesus no Brasil*, Rio de Janeiro, 1938, vol. II, pp. 200-201, e condensa bastante bem a fonte, que se encontra em Anchieta, *op. cit.*, pp. 359-360.

[286] *Cfr. MB*, III, p. 170.
[287] *Idem* p. 171. Este é um ponto sensível na problemática da transposição do direito português para o Brasil. Podemos considerar como vigentes no Brasil as *Ordenações Manuelinas*, mas as situações específicas que se manifestam, à medida do acontecer histórico, exigiam uma legislação especial que suprisse as necessidades prementes. As cartas de doação e os forais fizeram um tanto, num primeiro momento. O Governo geral, como vemos, continuou a tarefa de adaptação do direito português à *terra brasilis*. Tendo faculdades legiferantes, o governador poderia, como vimos, dispensar da norma. Era um poder excepcional que deveria ser utilizado prudentemente.
[288] *Vid.* Instrumentos dos serviços de Mem de Sá, in *Anais da Biblioteca Nacional do Rio de Janeiro*, XXVII, 1905, pp. 130-132.

de Sá nomeou para cada uma destas Vilas um meirinho índio[289], vestindo-o condignamente para o desempenho do seu cargo, e mandou

> ... *fazer tronco em cada vila e pelourinho, por lhes mostrar que tem tudo o que os cristãos tem, e para o meirinho meter os moços no tronco quando fogem da Escola, e para outros casos leves, com autoridade de quem os ensina e riside na vila. Disto são muito contentes, e recebem milhor o castigo que nós*[290].

Este período dispõe de muitos exemplos da tentativa de inserção dos aborígenes na ordem jurídica e moral do reino[291]. Mas a discrepância cultural era colossal e não podia ser tão fácil esta introdução dos índios como sujeitos de direito no sistema legal português. Vemos que foi estabelecido um regime particular. Os índios, nas Aldeias em processo de aculturação[292], estiveram sob uma espécie de tutela.

---

[289] O primeiro foi investido em São Paulo da Bahia em 1558. O índio nomeado chamava-se Garcia de Sá, provavelmente afilhado do governador. A aldeia foi chamada vila e o governador ofereceu-lhe a vara, que era a insígnia do cargo. Na *Monumenta Brasiliae* encontramos relatos que descrevem a repercussão da investidura. Os índios da região, de cerca de dez léguas, desejavam ter **as mesmas leis** e ***vão-se afeiçoando ao modo de viver dos cristãos***. Cfr. op. cit., II, pp. 463-467.

[290] *Idem* p. 172. Certamente se referia aos jesuítas quando falava dos que ensinavam nas aldeias.

[291] ... *e a terra se vai pondo em sobjeição de Deus e do Governador, o qual os faz viver em justiça e rezão, castigando os delinquentes com muyta moderação, com tanta liberdade como aos mesmos christãos. E cada povoação destas tem seus meirinhos, os Principais delas, os quais por mandado do Governador prendem e lhe trazem os delinquentes, e asi lhes tira a liberdade de mal viver e os favorece no bem.* Cfr. *Cartas do Brasil e mais Escritos (Opera Omnia)*, cit., p. 335.

[292] A aculturação tinha diversas componentes. Até a configuração física das aldeias já observava os padrões europeus, com uma praça central, uma igreja e filas de casas a flanquear o espaço que estava aberto. O pelourinho era colocado ao centro. Esta organização espacial das Aldeias dos jesuítas pode ser vista nos planos de organização que se encontram no Arquivo Histórico Ultramarino(AHU), na secção de iconografia. Temos a reprodução do plano da Vila de Abrantes na Bahia in REIS FILHO, Nestor Goulart, *Evolução Urbana do Brasil (1550-1720)*, São Paulo, 1968, fig. 23. O facto de se organizar a Aldeia de uma forma hierárquica, onde os pontos monárquicos(centrais) eram a Igreja e o Pelourinho, que diariamente exerciam influência sobre os habitantes, pode ser considerado crucial para a transformação da mentalidade através de uma acção tendencial. A ordem instaurada deveria girar em torno da Igreja e do poder público, que organizavam a vida e faziam a justiça.

Nestas Aldeias as penas aplicadas aos delinquentes eram mitigadas[293]. As mais frequentes eram o tronco(prisão) e os açoites. Também ficou registado um caso de mutilação após açoitamento. Foi pena infligida a um irmão de um meirinho de uma das Aldeias, por assassinato de uma mulher, por motivos supersticiosos[294].

Neste sistema os meirinhos actuavam sob a influência directa dos padres da Companhia. Apesar de investidos pela autoridade civil[295], eram

---

[293] Também houve casos de simulação de castigos com intuito espectacular para atemorizar o criminoso e impressionar os que assistiam. Era isto fruto do gosto da época. Simão de Vasconcelos, na sua obra de meados do século XVII, *Chonica da Companhia de Jesu do Estado do Brasil e do que obraram seus filhos nesta parte do Novo Mundo*, relata um episódio que merece a nossa atenção. *Vid. op. cit.*, Lisboa, 1865, I, números 128 e 129. Trata-se de um caso de crime de sodomia, practicado por um mancebo. Foi condenado a ser enterrado vivo. Já aberta a cova, e prestes a executar-se a pena, houve intervenção de um jesuíta e obtenção do perdão. O rapaz sofreu o enorme susto, mas acabou por ter a liberdade. Este caso deu-se na capitania de São Vicente. Por esta época a pena cominada para o crime de sodomia estava prevista nas Ordenações Manuelinas, Liv. 5°, tit. 12: *Qualquer pessoa de qualquer qualidade que seja, que pecado de sodomia por qualquer guisa fezer, seja queimado, e feito por foguo em poo, por tal que ja mais nunca do seu corpo, e sepultura possa seer auida memoria, e todos os seus bens sejam confiscados pera a Coroa dos Nossos Reynos, posto que tenha descendentes ou ascendentes; e mais pelo mesmo caso seus filhos, e descendentes, ficaram inabiles, e infames, assi propriamente como os daquelles, que cometem o crime de lesa Magestade contra seu Rey e Senhor.* Cfr. *Ordenações Manuelinas*, edição fac-simile da edição feita na Real Imprensa da Universidade de Coimbra, no ano de 1797, Calouste Gulbenkian, Lisboa, 1984, livro 5, p. 47. A nota de infâmia impressa na pena do crime de sodomia ainda foi mais realçada no reinado de Dom Sebastião que publicou a *Ley sobre o pecado de Sodomia*, in *Leys, e Prouisoes que elRey dom Sebastiã nosso Senhor fez depois que começou à governar. Impressas em Lixboa per Frãcisco Correa, com a prouaçam do Ordinario, & Inquisidor, 1570.*

[294] SERAFIM LEITE, *ult.cit.*, II, p.77.

[295] Esta situação irá evoluir e, no século II do Brasil, teremos o governo temporal dos jesuítas instaurado no norte. O padre Vieira descreve como se devem dar as nomeações dos ofícios nas Aldeias: seriam feitas pelos principais, com a direcção e aprovação dos padres responsáveis pela Aldeia. Sendo mais simples, segundo Vieira, que os ofícios sejam exercidos sem provisões, contudo, observando que alguns índios *estimam muito um papel, de que constem os seus ofícios e serviços*, dever-se-ia satisfazer este desejo, através de uma certidão passada pelo padre que tem o cuidado da Aldeia. Nesta deve ser referido o ofício para que foi eleito pelo principal e *os merecimentos e serviços por que lhe foi dado o cargo*. Instituía-se um formulário para uniformizar a linguagem destes textos que serviriam, muitas vezes, quando levavam recados ou embaixadas, aos principais das Aldeias. Esta direcção dos jesuítas era constituída para que agissem de

os religiosos que controlavam a aplicação das penas e a adaptação dos índios ao sistema português. Muitos dos padres tinham formação jurídica e podiam, desta maneira, estabelecer as correlações e aplicar as penas conforme as situações.

No processo de adaptação preparou-se uma escala de penas, especialmente feita para os índios. Cometido e provado o delito, o meirinho aplicava a pena previamente estabelecida. Muitas vezes mesmo esta pena, de si mais branda, era suavizada por intervenção de um clérigo da Companhia.

Quando se davam causas cíveis ou criminais entre índios e colonos não se utilizava esta escala, ficando a cargo do procurador dos índios e o ouvidor ou juiz das vilas e cidades[296].

A Lei de 26 de Julho de 1596 viria a regular uma situação que se configurara organicamente desde a criação das Aldeias. Mais adiante examinaremos a lei em pormenor.

Eis a descrição de como se organizou uma Aldeia na capitania do Espírito Santo, chamada Aldeia da Conceição:

O seu Principal, a quem os Padres ordenaram que fosse ouvidor, é temido e estimado dêles; teem alcaide e porteiro: quando algum deve, é trazido diante dêle, e, não tendo com que pague, lhe limita tempo para isso, segundo o devedor aponta. Teem um tronco em que mandam meter os quebrantadores de suas leis, e os castigam, conforme os seus delitos. As leis

---

maneira paternal no governo. E recomendava-se que não se castigassem os índios pelas próprias mãos; *o que se entende igualmente quando o direito for espiritual, mas o castigo que merecerem se lhes dará por meio dos Principais*. E frisa o texto do padre Vieira que tudo o que houvermos que fazer **maxime in temporalibus**,..., *convém que o não façamos imediatamente por nós, senão pelos Principais de sua nação. Cfr.* SERAFIM LEITE, *História da Companhia de Jesus no Brasil*, Lisboa-Rio de Janeiro, 1938-1950, IV. pp. 119-121.

[296] *Alvará de Regimento de 26 de Julho de 1596, sobre a ordem que os Padres da Companhia hão de ter com o Gentio das partes do Brasil, e de como os hão de tratar. Cfr. Synopsis Chronologica de Subsidios ainda os mais raros para a Historia e Estudo Crítico da Legislação Portuguesa: Mandadas publicar pela Academia Real das Sciencias de Lisboa e Ordenada por Jozé Anastasio de Figueiredo,* Lisboa, MDCCXC, Tomo I – desde 1143 até 1549; Tomo II – desde 1549 até 1603. *Vid.* Real Archivo da T. Do T. , liv.2 de Leis de 1595 até 1636, fol. 30; Liv. 3 da Espera da Casa, e Relação do Porto, fol. 271. verf.

A lei de 26 de Julho de 1596 estabelece as condições do procurador dos Índios e do juiz particular; é o governador, conjuntamente com os padres, que escolherá o procurador do gentio, para cada aldeia, que servirá durante três anos. O juiz dos índios tinha alçada até 10 cruzados no cível e, no crime, ia até açoite e trinta dias de prisão.

ordenaram êles, presente o Padre Braz Lourenço e um língua, desta maneira; o Principal preguntava o castigo que davam por cada um dos delitos, dizendo-lhe a língua: êles o aceitavam. Sòmente os casos, em que incorriam em morte, lhe moderou o Padre. E assim, vivendo em sua lei nova, acertou uma índia cristã casada de fazer adultério; foi acusado o adúltero e condenado que perdesse todos seus vestidos pera o marido da adúltera, e foi metido no tronco, de modo que ficaram tão atemorizados os outros, que não se achou dali por diante fazerem adultério[297].

* * *

Os delitos mais comuns nestas Aldeias, dos quais temos notícias através dos cronistas, foram:

1. as bebedeiras e brigas; os adultérios, roubos e furtos;
2. as faltas não justificadas ao trabalho, à escola e aos actos de culto;
3. e o grande problema da antropofagia.

Quanto ao primeiro grupo, é fácil perceber. Alguns já eram costumes arraigados, como as festas regadas a *cauim* que acabavam em rixas e brigas; os adultérios eram já punidos na vida tribal, variando a pena de tribo para tribo. Os roubos e furtos não podiam existir no sistema anterior em que viviam, devido essencialmente à ideia de propriedade ser muito primitiva.

O segundo grupo parece-nos exorbitante da esfera jurídica (passíveis de penas), mas não podemos ignorar que a aculturação pressupunha disciplina. E, afinal, os responsáveis pela disciplina eram religiosos que doutrinavam e buscavam a mudança de vida dos índios, para instaurar a civilização[298]. Há uma interpenetração do moral e do jurídico patente neste grupo, própria ao direito intermédio. O governador terá ordenado que nas Aldeias da Bahia, ainda antes de 1560, houvesse cadeia para

---

[297] Cfr. *Cartas Jesuíticas*, Rio de Janeiro, 1931, p. 341.

[298] *Era preciso civilizá-los, verbo que nos dicionários, tratando-se de nações ainda incultas, se chama colonizar. Colonizar o Brasil significava transformar brejos em campos cultivados, erguer cidades onde crescia o mato, educar os povos naturais e de costumes selvagens, como era no Brasil, por exemplo, o comer carne humana.* São as palavras de Serafim Leite citadas por WALDEMAR FERREIRA, in *A Política de Proteção e Elevação das Raças Exóticas do Brasil nos Séculos XVI a XVIII*, São Paulo, 1963, p. 26.

pequenos delitos e para que o meirinho pudesse prender os meninos que fugissem da escola. Não há motivo de perplexidade, pois em Coimbra, o meirinho da Universidade prendia os estudantes do Colégio das Artes que gazetavam as prelecções[299], como previa o alvará de 6 de Abril de 1548.

O problema da antropofagia merece atenção especial. Mas cabe lembrar que foi o governador Mem de Sá que tomou as primeiras medidas para a sua erradicação, proibindo que os índios confederados com os portugueses comessem carne humana. Nóbrega, numa carta a Tomé de Sousa, de 1559, relata que o governador *mandou apregoar por toda a terra, scilicet, oito e nove legoas ao derredor* [da Bahia], *que não comessem carne humana*[300].

Houve desobediência por parte de um principal da ilha de Cururupeba, ilha confinada nas terras aonde houve pregão. Este principal matou e comeu com festas os seus escravos. Para além disso desafiou o governador quando foi chamado a justificar seus actos. Mem de Sá enviou o capitão Vasco Rodrigues de Caldas, vereador da Câmara da Bahia, com duas dezenas de homens, prender o principal, o que efectivamente se deu, sem haver resistência por parte dos índios que, porventura, se teriam dado conta do delito. O principal esteve preso por cerca de um ano e tornou-se, na expressão de Nóbrega, *o milhor e mais sobjeito que há na terra*[301].

Concluímos que, durante o início deste sistema das Aldeias, procurou-se adaptar um sistema para os índios que se aproximavam da civilização, e o regime de tutela foi o escolhido. Havia o pressuposto da diminuição da responsabilidade e proporcional reflexo na imputabilidade e tratamento penal[302].

Mem de Sá proibiu também as guerras intertribais, apenas sendo possíveis com a licença concedida pelo governador, pois, em alguns casos, poderiam ser úteis se se tratasse de índios contrários aos portugueses[303].

---

[299] Cfr. *Estatutos da Universidade de Coimbra*(1559), Coimbra, por ordem da Universidade, 1963, p. 228.

[300] Cfr. *Cartas do Brasil e mais Escritos (Opera Omnia)*, cit., p. 334.

[301] *Idem ibidem*, pp. 339-340.

[302] Ainda hoje os silvícolas brasileiros recebem tratamento diferenciado.

[303] Não nos esqueçamos do apoio que muitas tribos deram aos franceses durante o século XVI e inícios do XVII no Maranhão, e aos holandeses no século XVII. Sobre este último tema ver o precioso livro de PIERRE MOUREAU, *Relação Verdadeira do que se passou na Guerra travada no país do Brasil entre os Portugueses e os Holandeses desde o ano de 1644 até o ano de 1648*, Belo Horizonte, 1978.

Mas não podemos esquecer que estas guerras dificultavam a luta contra a antropofagia, visto que era nelas que se cativavam os inimigos que seriam mortos nos rituais, dos quais em seguida trataremos. Assim podemos facilmente inteirarmo-nos de uma notável dificuldade de supressão da antropofagia, permitindo-se a guerra. Além do mais, é preciso ter bem em conta as tendências eminentemente guerreiras dos índios.

Mas, diante de todos estes problemas, o terceiro governador do Brasil agiu com muita firmeza e com um senso das realidades marcante. Seu governo, de cerca de 15 anos, transformou profundamente a configuração do Brasil e especialmente a situação dos habitantes primitivos.

2.7 A antropofagia

O tema do hábito da antropofagia dos índios foi, sem sombra de dúvida, dos mais explorados pelos cronistas quinhentistas e seiscentistas[304]. Desde a publicação da celebrada carta de Américo Vespúcio

---

[304] As primeiras descrições dos índios brasileiros foram panegíricas. Lembremo-nos da carta de Caminha e da carta do rei D. Manuel aos reis católicos de Espanha, na qual o soberano português fala do encontro dos seus homens com *gentes, mas como na primeira inocência, mansas e pacíficas. Cfr. HCPB*, II, p. 165; e, sobre o tema da idealização dos índios pelos viajantes escritores destes tempos, *vid.*, por todos, AFONSO ARINOS DE MELLO FRANCO, *O Indio Brasileiro e a Revolução Francesa*, Rio de Janeiro, 1937. Mas logo a antropofagia e as guerras contrabalançaram a visão idílica inicial. Para o nosso trabalho consultamos os seguintes cronistas dos séculos XVI e XVII: HANS STADEN, *Duas Viagens ao Brasil* (1557); PERO MAGALHÃES GANDAVO, *Tratado da Terra do Brasil*(escrito em 1570, mas somente publicado em 1826) e *Historia da Provincia de Santa Cruz*(1576); THÉVET, *Singularités de la France Antarctic*(onde narra o que viu no ano de 1555); JEAN DE LÉRY, *Histoire d'un voyage fait en la terre du Brésil* (1558); BRANDÓNIO, *Diálogos das Grandezas do Brasil*; GABRIEL SOARES DE SOUSA, *Tratado Descritivo do Brasil em 1587*; FERNÃO CARDIM, *Tratados da Terra e Gente do Brasil*(escrito entre 1583 e 1590, publicados primeiramente em inglês na famosa coletânea de PURCHAS; em edição vernácula somente em 1881); JOSEPH DE ANCHIETA, *De Gestis Mendi de Saa* (1560); DIOGO DE CAMPOS MORENO, *Jornada do Maranhão – Por Ordem de Sua Majestade feita no ano de 1614*; SIMÃO DE VASCONCELOS, *Notícias curiosas e necessárias das cousas do Brasil* (1668); CLAUDE D'ABBEVILLE, *História dos padres capuchinhos na Ilha do Maranhão* (1616) e YVES D'EVREUX, *Viagem ao norte do Brasil feitas nos anos de 1613 a 1614*. E, ainda, para uma descrição pormenorizada do canibalismo, VITORINO NEMÉSIO, *O Campo de São Paulo – A Companhia de Jesus e o Plano Português do Brasil*(1528-1563), Lisboa, 2001, in *Obras Completas*, Vol. XXIII, cap. XXXII, pp. 317-326.

acima citada[305], o problema causou grande repercussão na Europa, sempre que levantado. O texto sobre os índios canibais, de autoria de Michel de Montaigne, inserido nos seus *Ensaios*, é um exemplo da reverberação do costume dos índios na intelectualidade humanista da civilizada Europa[306].

Mas, para além de ser causa legitimante do cativeiro dos índios[307], o problema do canibalismo era, obviamente, óbice à ordem moral da civilização cristã propugnada pelos colonizadores e entrave para a instalação da ordem jurídica portuguesa naquelas plagas.

A prática do canibalismo era evidentemente incompatível com a convivência entre os aborígenes e os portugueses, mesmo supondo que aqueles não se convertessem ao cristianismo. A integração tornava-se impossível.

O facto dos índios comerem carne humana tornava o ser humano meio e não fim, e esta inversão axiológica é a condenação moral da antropofagia. Seja guerreiro, seja religioso[308] o fim visado, era irremediável a incompatibilidade deste hábito gentílico com a mentalidade portuguesa. Esta manifestava repugnância pelo acto[309].

---

[305] *Vid. supra*, pp. 115-116.

[306] O texto de Montaigne é todo votado ao panegírico dos índios, que considera de uma civilização quase perfeita, pois *é um país onde não há comércio de qualquer natureza, nem literatura, nem matemáticas; onde não se conhece sequer de nome um magistrado; onde não existe hierarquia política, nem domesticidade, nem ricos e pobres. Contratos, sucessão, partilhas aí são desconhecidos; em matéria de trabalho só sabem da ociosidade...* Mas quando comenta a antropofagia diz: *Não me parece excessivo julgar bárbaros tais atos de crueldade*. Não se furtando, contudo, a atenuar este mero defeito dos canibais brasileiros, exemplificando com certas crueldades dos europeus. Em suma, no humanista Montaigne vemos o gérmen do mito do *beau sauvage*. Cfr. *Ensaios*, Brasília, 1987, Liv. I, cap. XXXI, pp. 256 e ss. Foi inspirado por uma conversa com um seu criado normando, que vivera cerca de doze anos entre os índios Tupinambás e que manifestava uma olímpica indiferença aos que lhe atribuíam a participação nos banquetes canibalescos, que Montaigne escreveu o seu, ainda hoje, muito estudado ensaio, como nos referiu um compenetrado estudante francês.

[307] Pela Lei de Dom Sebastião de 1570, que logo analisaremos.

[308] Alguns trabalhos apresentam o culto ritual como justificativa da antropofagia, nomeadamente, na obra *La religion des Tupinambas* de autoria de A. Métraux; sobre a justificação bélica *vid*. FLORESTAN FERNANDES, *A Função Social da guerra na Sociedade Tupinambá*, São Paulo, 1952. Serafim Leite dá uma curiosa interpretação da origem da antropofagia. Sugere, talvez para confundir alguns que consideram como motor dos Descobrimentos os interesses económicos, que seria de índole económica, primitivamente, a práctica canibalesca. Cfr. *História da Companhia de Jesus no Brasil*, II, pp. 35-37.

[309] O facto de alguns europeus terem alegadamente practicado a antropofagia não

O acto de antropofagia foi assistido por Anchieta que, numa carta, descreve a cena desta forma:

> *Os Índios, como lôbos, puxavam por êle[a vítima, que era escravo de um companheiro de captiveiro do jesuíta] com grande fúria, finalmente o levaram fora e lhe quebraram a cabeça, e junto com êle mataram outro seu contrário, os quais logo despedaçaram com grandíssimo regozijo, maxime das mulheres*[310], *as quais andavam cantando e bailando, umas lhe espetavam com paus agudos os membros cortados, outras untavam as mãos com a gordura deles e andavam untando as caras e bôcas às outras, e tal havia que colhia o sangue com as mãos e o lambia, espectáculo abominável, de maneira que tiveram uma boa carniçaria com que se fartar*[311].

Dentre as muitas descrições de Hans Staden, homem de origem protestante, ressalta uma de um acto de canibalismo perpetrado contra um índio carijó inimigo, que se encontrava doente:

> *Arrastaram-no diante da choça do chefe Guaratinga, e dois o mantiveram, pois estava tão doente que não percebeu o que queriam fazer dele. O homem, a quem haviam incumbido da matança, veiu e deu-lhe uma pancada na cabeça, que fez saltar os miolos. Depois o largaram em frente da choça e queriam comê-lo. Adverti que não deviam fazê-lo; tratava-se de um homem que ficara doente, e êles podiam igualmente adquirir a doença. Não sabiam então que fazer, até que chegou um homem da minha cabana e gritou, às mulheres, que deviam acender o fogo perto do morto. Decepou-lhe a cabeça, pois o carijó tinha só um olho e tinha má aparência, por causa da moléstia que tinha tido. Atirou fora a cabeça, chamuscando a pele do corpo sobre o fogo. Picou-o depois, repartindo-o com os outros, em*

---

pode servir de prova de adaptação à antropofagia, senão de abandono de uma ideia civilizacional. Em um tratado de Direito, infelizmente perdido, Nóbrega combateu o canibalismo e a opinião favorável à pratica deste, que alguns chegaram a ter. Diz o jesuíta em carta a Tomé de Sousa, de 5 de Julho de 1559: *Alembra-me que o ano passado disputei em dereito esta opinião* [havia opinião favorável à antropofagia para dividir os índios, o que não tardou a resvalar para a prática pelos europeus] *e amostrei sua falsidade por todas as rezões que soube e o mandei a meus irmãos para se ver por letrados.* Cfr. *Cartas do Brasil*, cit., pp. 323-324.

[310] Sobre o apego das índias mais velhas à antropofagia e suas resistências contra as ordens de proibição *vid.* LIMA FIGUEIREDO, *Índios do Brasil*, com prefácio do General Rondon, pp. 240-242.

[311] *Cartas Jesuíticas*, cit., p. 209.

partes iguais, como é usado entre êles. Consumiram-no todo, menos a cabeça e tripas, das quais tiveram nojo, porque estava doente[312].

Ainda consideramos útil ter o testemunho de Jean de Léry, que durante o mesmo ano de 1557, ano da chegada do governador Mem de Sá, esteve presente e participou no projecto francês de instalação de uma colónia no Rio de Janeiro. Jean de Léry foi enviado ao Novo Mundo por Calvino e Coligny para reforçar a colónia protestante. Publicou a sua *Histoire d'un voyage fait en la terre du Brésil* em 1578. Esta obra foi definida por Claude Lévi-Strauss como o breviário do etnólogo. Nela podemos ler a seguinte descrição, que completa o nosso quadro quanto à forma de praticar o acto antropofágico:

> *Or sitôt que le prisonnier aura été ainsi assommé, s'il avait une femme (comme j'ai dit qu'on en donne à quelques-uns), elle, se mettant auprès du corps, fera quelque petit deuil, je dis nommément petit deuil, car, suivant vraiment ce qu'on dit que fait le crocodile, à savoir que, ayant tué un homme, il pleure auprès avant que de le manger, aussi après que cette femme aura fait ses tels quels regrets et jeté quelques feintes larmes sur son mari mort, si elle peut, ce sera la première qui en mangera. Cela fait, les autres femmes, et principalement les vieilles(lesquelles, plus convoiteuses de manger de la chair humaine que les jeunes, sollicitent incessamment tous ceux qui ont de prisonniers de les faires vitement ainsi dépêcher), se présentant avec de l'eau chaude qu'elles ont toutes prête, frottent et échaudent de telle façon le corps mort qu'en ayant levé la première peau, elles le font aussi blanc que les cuisiniers par deçà sauraient faire un cochon de lait prêt à rôtir.*
> *Après cela, celui duquel il était prisonnier avec d'autres, tels et autant qu'il lui plaira, prenant ce pauvre corps, le fendront et mettront si soudainement en pièces qu'il n'y a boucher en ce pays ici qui puisse plus tôt démembrer un mouton. Mais outre cela(ô cruauté plus que prodigieuse), tout ainsi que les veneurs par deçà, après qu'ils ont pris un cerf, en baillent la curée aux chiens courants, aussi ces barbares, afin de tant plus inciter et acharner leurs enfants, les prenant l'un après l'autre, ils leur frottent le corps, bras, cuisses et jambes du sang de leurs ennemis. Au reste, depuis que les*

---

[312] HANS STADEN, *Duas Viagens ao Brasil*, Belo Horizonte, 1988, pp. 120-121. *Vid.* também pp. 97, 109, 112-114, 129, 131, 132, 134, 138, 153, 154, 176, 179, 180-185, 187 e 188. Nesta edição da Universidade de São Paulo foram publicadas ilustrações orientadas pelo autor. Sobre o assunto em questão *vid.* número 44 a 50.

Chrétiens ont fréquenté ce pays-là, les sauvages découpent et taillent tant le corps de leurs prisonniers que des animaux et autres viandes avec les couteaux et ferrements qu'on leur baille. Mais auparavant, comme j'ai entendu des veillards, ils n'avaient autre moyen de ce faire, sinon qu'avec des pierres tranchantes qu'ils accommodaient à cet usage.
Or toutes les pieces du corps et même les tripes, après êtres bien nettoyées, sont incontinent mises sur les Boucans, auprès desquels, pendant que le tout cuit ainsi à leur mode, les vieilles femmes (lesquelles, comme j'ai dit, appetent merveilleusement de manger de la chair humaine), étant toutes assemblées pour recueillir la graisse qui dégoutte le long des bâtons de ces grandes et hautes grilles de bois, exhortant les hommes de faire en sorte qu'elles aient toujours de telles viandes, et en léchant leurs doigts, disent: Yguatou, c'est-à-dire: «il est bon». Voilà donc, ainsi que j'ai vu, comme les sauvages Américains font cuire la chair de leurs prisonniers pris en guerre, à savoir Boucaner, qui est une façon de rôtir à nous inconnu[313].

Tendo em conta a prática generalizada pelos gentios de comer carne humana, era preciso iniciar uma acção que a coibisse. E foram os jesuítas aqueles que, documentadamente, combateram na vanguarda. Numa carta datada de 10 de Agosto de 1549, Manuel da Nóbrega encetou a batalha, que viu avanços e retrocessos.

No célebre episódio do cativeiro de Iperoig de Manuel da Nóbrega e José de Anchieta, sendo a condição preliminar para serem feitas as pazes, a entrega aos índios Tamoios de alguns inimigos Tupis, houve exigência por parte dos jesuítas, aos regedores das vilas, que não fossem entregues índios para serem comidos. E esta posição impôs-se[314].

Houve um esforço de erradicação do costume com pregações e increpações contra os que o praticavam. Tentava-se, de todo modo, dar sepultura aos cadáveres que haviam sido moqueados e que seriam devorados. Também conseguiram resgatar muitos índios que estavam na iminência de serem comidos durante as cerimónias que se realizavam para este efeito. Chegaram a resgatar, em 1551, na Bahia, dois meninos. O índio que deveria matar uma das crianças, apesar de renitente, acabou por vendê-lo[315].

Para uma acção verdadeiramente eficaz no combate à antropofagia, era necessário o apoio da autoridade pública. Os primeiros governadores

---

[313] JEAN DE LÉRY, *op. cit.*, Montpellier, 1992, pp. 145-146.
[314] *Vid.* ELAINE SANCEAU, *Capitães do Brasil*, São Paulo, 2002, pp. 255-270.
[315] *Cfr.* SERAFIM LEITE, *HCJB*, II, p. 39.

deram alguma ajuda, mas foi com a chegada de Mem de Sá que se deu o passo decisivo na luta.

Uma das primeiras medidas do governador, servindo-se da sua *potestas legis condendae*, foi a proibição total da antropofagia aos Índios que já tinham contacto com os portugueses. Nóbrega fala da desobediência castigada *mui àsperamente;* também relata a prisão do índio Cururupeba acima citado, que esteve preso um ano por descumprimento e que acabou por abandonar a prática[316].

Esta proibição foi imposta pelo governador que cuidava, muitas vezes pessoalmente, do seu cumprimento. Houve também diligências para que a lei fosse cumprida pelos capitães das outras capitanias, como São Vicente e Pernambuco. A partir de então o canibalismo recuou para o interior e a costa brasileira ficou livre deste costume aborígene.

É, mais uma vez, uma carta de Nóbrega que nos relata a situação:

> *Todos os Índios da Bahia vão perdendo o comer carne humana, e se sabemos que alguns a teem para comer e lha mandamos pedir, a mandam, como fizeram os dias passados, e no-la trazem de mui longe para que a enterremos ou queimemos, de maneira que todos tremem de medo do Governador [Mem de Sá]... seus costumes se vão esquecendo e mudando--se em outros bons, e, procedendo desta maneira, ao menos, a gente mais nova, que agora há, e dêles proceder, ficará uma boa cristandade*[317].

A mudança de costumes que é relatada por Nóbrega parece-nos ponto que merece atenção. Assim como foi preciso alterar os costumes na Europa bárbara da Idade Média para que se desse a «recepção» do direito comum, assim também haveria de se dar nas novas terras descobertas.

Em um capítulo primoroso sobre o costume como fonte de direito, Francesco Calasso descreve passo a passo o processo de sujeição do hábito

---

[316] Cfr. NÓBREGA, *Cartas do Brasil*(1549-1560), Rio de Janeiro, s.d., pp. 203 e ss.; 182-183 e 208. Nóbrega incluiu a proibição da antropofagia, segundo relata Serafim Leite, entre os seis pontos da Lei dos Índios de 1558, executada por Mem de Sá. Aplicando-se a pena de homicídio prevista nas Ordenações, por consequência desapareceria a antropofagia. *Cfr. Suma Histórica da Companhia de Jesus no Brasil – 1549-1760*, Lisboa, 1965, p. 69. O canibalismo não estava tipificado. E ainda hoje não está. O caso de Rotemburgo, cujo julgamento foi iniciado em Dezembro de 2003, provocou um debate, visto que o código penal alemão não tem o canibalismo tipificado, como noticiou o *Público* de 4 de Dezembro de 2003.

[317] *Idem, ibidem.*

consuetudinário a uma valoração determinada pela instituição que tinha os critérios ético-morais dominantes na Idade Média: a Igreja. E a aprovação do costume de origem popular feita pela Igreja, ou seja, uma aprovação de ordem superior de uma criação popular, era a sujeição do costume a uma valoração pelos critérios intrínsecos da Igreja. Aqui temos um princípio estranho à tradição romanística.

Este novo princípio da aprovação, surgido na Europa medieval, estava perfeitamente de acordo com o espírito constitutivo da Igreja, na qual o *populus fidelium* não tinha qualquer poder normativo, estando este, exclusivamente, nas mãos da estrutura hierárquica eclesiástica[318].

A concepção ética medieval estava muito estreitamente ligada a este processo de aprovação, que seria aperfeiçoado ao longo dos tempos. Calasso mostra que há, de facto, um controlo assíduo exercitado pelos pontífices e bispos sobre os costumes. Eles declaram os costumes, então, *licitae, bonae, rationales* e, por isso, *laudabiles*; ou *malae, pravae, illicitae* e, logo, devem ser extirpados, *espernendae, non imitandae*[319].

Pareceu-nos bastante digna de analogia a situação verificada no Velho Mundo com a encontrada pelos portugueses no Brasil. Entretanto, não seria fácil, sem estudos aprofundados de antropologia jurídica, encontrar vínculos jurídicos aos hábitos consuetudinários dos gentios de comerem carne humana. Restringimo-nos, desta forma, a observar que a tentativa de extirpar o costume foi encetada pelos jesuítas e apoiada pelas autoridades civis, havendo assim uma concórdia entre o espiritual e o temporal na condenação e erradicação do canibalismo.

Esta concórdia foi cantada pelo padre José de Anchieta no seu épico *De Gestis Mendi Saa*. Por diversas vezes o canário de Coimbra, em versos com estética renascentista mas com inspiração nitidamente medieval, descreveu a luta contra o hábito canibal. Como é comum às composições épicas serviu-se, com abundância, de metáforas e também de hipérboles. Porém, o carácter histórico é claro e a fonte, contemporânea da luta contra a antropofagia, afigura-se-nos de grande relevância.

---

[318] No direito romano, mesmo durante a época imperial, a teoria considerava o povo como titular do poder legislativo, exercido, por seu mandato, pelo *princeps* em virtude da famosa *lex regia de imperio*. Vid. *Digesto*, I, 4, I; e *Inst.*, I, 2, §6.

[319] Vid. FRANCESCO CALASSO, *Medio Evo del Diritto*, Milano, 1984, pp. 181-214; em especial pp. 202-204. Calasso refere os inumeráveis exemplos de *approbatio* nas *Epistolae* de Gregório Magno, e nos *Concilia aevi carolini*.

Dentre diversos passos do poema destacamos estes versos que, com a beleza da forma, nos informam:

O piedoso Mem de Sá, desejou depois disto
Ver adorado o senhor do Céu, do mar e da terra
E venerado nas plagas do Sul o nome de Cristo.
Resolve impor leis aos índios que vivem quais feras
E refrear seus bárbaros costumes. Logo desterra
A antropofagia cruel: não permite mais que movidos
De gula infrene bebam o sangue fraterno,
Nem mais se violem os santos direitos da mãe natureza
E as leis do Criador[320]...

---

[320] *Op. cit.*, Rio de Janeiro, 1958, vv. 903-911. Tradução de Armando Cardoso. No original: *Iamque pius Dominum caeli terraeque marisque/ Mendus adorari cupiens, sanctumque per oras/ Australes Christi venerari nomem Iesu,/ Brasilles, saevo degentes more ferarum,/ Frenare imposita statuebat lege, cruentos/ Compescens morsus hominum, ingluviemque voracem/ Nom patiens ultra satiari sanguine; sanctum/ Ne ius naturae violareturque parentis/ Lex superi...*

CAPÍTULO III

3.1 A Lei de Dom Sebastião de 20 de Março de 1570

Com os pressupostos doutrinários e fácticos levados em consideração, para além da análise do Regimento de Tomé de Sousa e dos documentos que apresentamos, podemos compreender com maior amplitude a lei de 20 de Março de 1570, dada em Évora, por Dom Sebastião.

Considerada a primeira providência legislativa de peso destinada à protecção dos índios, é o resultado da observação dos acontecimentos ao longo da tentativa de colonização pelo sistema das capitanias hereditárias, seguido pela instalação do Governo geral. Os pareceres dos jesuítas e as deliberações da Junta de 1566 foram claramente inspiradores da Lei de Dom Sebastião.

O texto da Lei relata de maneira realista os abusos cometidos no Brasil pelos que cativavam os indígenas de maneira ilícita e atenta para o problema que isto causava para a consciência dos que o faziam. Infere-se daí que eram os portugueses cristãos os que agiam mal[321].

Em seguida invoca os problemas que afectam a coroa e a conservação do estado, em consequência destes cativeiros; e que a sua solução seria serviço de Deus.

O caso foi enviado à Mesa da Consciência e visto pelos seus deputados e por outros letrados; e a sua determinação e parecer foram acatados pelo rei.

---

[321] Não podemos, entretanto, deixar de registar que muitas vezes os próprio índios, de tribos inimigas, se encarregavam de fazer cativos. À guisa de exemplo temos o caso dos tupiniquins que auxiliaram os portugueses de Mem de Sá na expulsão dos invasores franceses e cativaram milhares de tamoios, seus inimigos. Aqui, porém, o cativeiro foi considerado lícito. *Cfr.* MARCHANT, *Do Escambo à Escravidão*, São Paulo, 1980, pp. 114-115.

Proibiu, assim, que, no Brasil, se cativassem os índios

> *salvo aquelles que forem tomados em guerra justa, que os portugueses fezerem aos ditos gentios com autoridade & licêça minha, ou do meu Gouernador das ditas partes, ou aquelles que custumam saltear os Portugueses, ou a outros gentios pera os comerem: assi como sam os que se chamam Aymures, & outros semelhantes.*

A Lei trata também acerca do procedimento legal dos que cativassem pelas formas previstas no diploma, obrigando-os a registarem os cativos no prazo de dois meses nos livros dos provedores. Desta forma poder-se--ia controlar os índios cativos. Em caso de se perder o prazo legal para o registo perdiam *ha auçam dos ditos catiuos, & senhorio*. Ficando livres e forros os gentios.

Também declara livres todos os índios que não foram cativos pelas formas legalmente assinaladas e a inexistência de qualquer direito ou senhorio pelos que os cativarem ilicitamente.

No final ordena ao governador geral do Brasil, ao ouvidor geral e aos capitães e respectivos ouvidores

> *& a todas as Iustiças, Officiaes, & pessoas das ditas partes, que cumpram, & façam muy inteiramente cumprir, & guardar esta Ley como se nella contem. E ao Chanceler mòr, que a publique na Chancelaria, & enuie o trelado della sob seu sinal, & meu sello per tres ou quatro vias*[322] *às ditas partes do Brasil. E mando ao Gouernador das ditas partes, que a faça publicar ê todas as Capitanias, & povações dellas, & registar no livro da Chancelaria da ouuidoria geral, & aos liuros das camaras dos lugares das ditas Capitanias pera que a todos seja notorio, & se cumpra inteiramête*[323]. *E assi se registara este no liuro da mesa do despacho dos meus Desembar-*

---

[322] Aqui notamos o cuidado para que a lei chegasse ao Brasil através das várias vias, que poderiam ir em diferentes embarcações.

[323] A aplicação da lei exigia que fosse conhecida por todos. A ordem para a publicação em todas as capitanias e povoações, assim como o registo nos livros das ouvidorias e das câmaras, era fundamental para se atingir o objectivo da divulgação da norma. No Brasil daqueles tempos utilizava-se o pregão para tal fim. Era atribuição das Câmaras o registo e a publicação das leis emanadas. Sobre isto nos adverte HOMERO BARRADAS: *Não lhes cabia[à Câmara], como é óbvio, reter as leis ou negar-lhes a publicação, mas muitas vezes o direito que tinham lhes serviu para embaraçarem o cumprimento de disposições que não convinham aos seus municípios. A publicação era feita através de cerimônia a que chamavam* **bando**. *Os oficiais da Câmara, com as vestes*

gadores do Paço, & nos liuros das Relações das Casas da Supplicaçam & di Ciuel, em que se registam as semelhantes leis[324].

Muitos dos abusos haviam sido já denunciados por Nóbrega no seu parecer feito para a Mesa da Consciência em 1567[325].

Através das *Atas da Câmara de São Paulo*, também ficamos cientes dos abusos que a Lei de Dom Sebastião procurava coibir. É frequente encontrarmos o termo de *resgate* para os índios em cativeiro, vindos do sertão, que haviam sido trocados por objectos da indústria europeia.

Também a Câmara de São Vicente, desde 1543, já legislara sobre o problema da escravização dos gentios. Houve, neste ano, a proibição da compra de escravos a preço superior a quatro mil réis.

A obra de historiador de Afonso de Escragnolle Taunay trouxe à tona documentos preciosos do século XVI, que nos dão variegados exemplos do que se passava na florescente capitania de Martim Afonso de Sousa.

O problema do tráfico abusivo dos índios na capitania ao sul do Brasil tinha características especiais. O célebre João Ramalho[326] muito se aproveitou da sua situação para desenvolver este negócio. A necessidade de braços para as lavouras que se iam instalando acabaram por aquecer o comércio a partir do porto de São Vicente. Analisando as *Atas*, Taunay encontra diversas provas dos abusos de que eram vítimas os silvícolas.

---

próprias de suas funções e as insígnias dos seus cargos, cercados por aparato militar especial, e por criados ou escravos que cumpriam as partes mais humildes do ato, dirigiam-se em cortejo ao centro da vila, onde se erguia o pelourinho, e aí, anunciados por toques de clarins, pelo rufar dos tambores e pelo espoucar dos foguetes, procediam à leitura das Cartas Régias, Alvarás, Decretos e Provimentos expedidos pelo rei ou por outras autoridades, que tinham sido previamente registrados em livro próprio, para isso existente na Câmara. Os bandos realizavam-se também para anunciar os nascimentos e casamentos de Príncipes da Casa Real e outros sucessos importantes para a vida da nação. In O Brasil nos tempos de El-Rei, São Paulo, 2002, p. 59.

[324] *Leys, e Prouisoes que el-Rey dom Sebastiã nosso Senhor fez depois que começou à governar. Impressas em Lixboa per Frãcisco Correa, com a prouaçam do Ordinario, & Inquisidor, 1570.* Tendo em vista a raridade desta obra, reproduzimos em apêndice a íntegra do texto da Lei.

[325] *Vid. supra*, pp. 88 e ss.

[326] Os paulistas chamados de *quatrocentos anos*, ainda hoje se orgulham de descender de João Ramalho e da índia Bartira, filha de Tibiriça, principal Guaianá, que jaz sepultado na cripta da Catedral de São Paulo. Este João Ramalho, natural de Vouzela, deu origem aos mamelucos no sul do Brasil, com a sua vasta prole.

Transcrevemos um excerto directamente ligado ao problema em questão:

Na sessão de junho de 1563, reclama Salvador Pires, procurador do Concelho, contra o procedimento dos filhos de Diogo de Braga, que haviam desencaminhado vários índios para lugar incerto. «Temos necessidade deles por sermos poucos nesta Vila», reza a ata.
Em 22 de julho de 1572, povo e Câmara reúnem-se em ajuntamento para protestar contra o aliciamento de índios mansos levado a efeito por Domingos Braga, Vitorino Ramalho, filho de João Ramalho, e Pedro de Lucena Netto, que os conduziam ao Rio de Janeiro, enganosamente, com certeza, e ali os vendiam, segundo parece provável, dados os costumes do tempo.
Votaram-se então enormes penas repressivas de semelhante proceder, seis mil réis de multa e dois anos de degredo na Fortaleza da Bertioga. Despovoavam-se as cercanias de São Paulo, mostrava o escrivão da Câmara, redator da ata: «assim não teremos quem corra as fronteiras e também outras necessidades que sucedem»[327].

* * *

Ainda preocupado com a sorte dos índios, o Rei Dom Sebastião iria, através de uma provisão de 20 de Novembro de 1575, condenar a prática abusiva de não se pagar a jornada inteiramente aos gentios que se empregavam por mais de um mês na lavoura, longe do seu termo. Daí advindo prejuízos, de ordem material e moral, visto que estando muito tempo ausentes, acabavam por se embaraçar com outras mulheres que não as suas, *perdendo a cristandade e fazendo e despovoando suas aldeias e povoações*[328].

Eis o texto da Provisão de 1575, que buscou proteger os índios dos abusos:

Eu El-Rei faço saber aos mais governadores do Estado e partes do Brasil e aos ouvidores gerais das ditas partes, que ora são, e ao diante forem, que eu sou informado, que de os índios cristãos fôrros e livres das ditas partes irem trabalhar nas fazendas que estão fóra do termo e limite de suas povoações por mais de um mês, e de as pessoas cujas são as ditas fazendas

---

[327] AFONSO DE ESCRAGNOLLE DE TAUNAY, *São Paulo no Século XVI*, cit., pp. 334-335.
[328] *Idem* p. 333.

lhes não pagarem logo seu jornal e trabalho por inteiro para se poderem tornar a suas casas e povoações, se seguem muitos inconvenientes, e prejuízo de suas consciências e fazendas, porque, sendo sua ausência maior, se descasam de suas mulheres, e se embaraçam com outras, e perdem a cristandade e a fazenda, despovoam suas aldeias e povoações, que na guerra contra os infiéis ajudam, e fazem muito com os portuguêses; e assim sou informado que alguns dos ditos índios e índias cristãs fogem de suas povoações para as fazendas dos portuguêses, e se deixam estar nelas por muito tempo, de que se seguem os mesmos inconvenientes, e porque cumpre a serviço de Nosso Senhor e meu prover-se nestes casos, em maneira que os ditos índios e índias não tenham a ocasião de se distrair da cristandade nem desamparar suas roças e fazendas, hei por bem, e vos mando, que vos informeis dos ditos casos todas as vezes que vos parecer necessário, e provejais neles de maneira que cessem os inconvenientes, e a cristandade dos ditos índios nem suas fazendas não possam por estas causas receber prejuízo algum[329].

* * *

À distância e às dificuldades de fazer conhecer as leis emanadas de Portugal juntava-se o grande obstáculo do cumprimento fiel da norma. Mas, de facto, a Lei de 20 de Março de 1570, vigoraria no Brasil de maneira salutar, pois era uma forte barreira criada aos caçadores de índios.

A Câmara de São Paulo, já no tempo de Filipe I, em Abril de 1585, regista uma exposição de motivos para a declaração de guerra justa aos selvagens. Mas, movida pelo interesse da própria Vila nascente, a exposição não deixa de referenciar a necessidade dos escravos para a subsistência dos poucos moradores[330] daquela época.

... agora não há morador que tão somente possa fazer roças para se sustentar, quanto mais fazer canaviais, os quais deixam todos perder à míngua de escravaria e a terra vai em tanta diminuição, que já se não acha mantimento a comprar, o que nunca houve até agora, e isto tudo por causa dos moradores não terem escravaria com que plantar e beneficiar suas fazendas como soíam fazer[331].

---

[329] *Cfr.* JOSEPH DE ANCHIETA, *Primeiros Aldeiamentos da Baía*, Rio de Janeiro, 1946, pp. 36-37.
[330] Até 1600 não chegava a dois mil o número de habitantes em São Paulo.
[331] AFONSO DE ESCRAGNOLLE DE TAUNAY, *op. cit.*, p. 338.

Em seguida, os vereadores paulistanos de 1585, buscaram justificar a guerra que moveriam aos índios. E foi baseando-se na antropofagia que o fizeram, pois *o dito gentio vive em sua gentilidade, em suas terras comendo carne humana.*

E a provisão de Dom Sebastião ainda irá ecoar em reunião da Câmara de São Paulo de 13 de Novembro de 1588. Discutiu-se nesta Assembléia a provisão do ouvidor geral de São Vicente, que intimava aqueles que possuíssem *índios forros e escravos de guerra e outros de resgate* a comparecerem à alfândega de São Vicente para registá-los.

* * *

O governador Mem de Sá faleceu a 2 de Março de 1572, e tão intensa fôra a sua governação que foi sucedido, não por um, mas por dois governadores, na *boutade* do Visconde de Porto Seguro.

A decisão de dividir o Brasil em dois Estados foi tomada em fins deste mesmo ano, o do desaparecimento de Mem de Sá. Ao sul, com sede em São Sebastião do Rio de Janeiro; ao norte, permanecendo, como sede, São Salvador da Bahia. Esta decisão operou significativa alteração na vida política e admnistrativa do Brasil, mas tinha como objectivo facilitar a governação de terras tão vastas[332].

Para residir na cidade de Salvador, governando o norte, designou Luiz de Brito d'Almeida; e para o sul, residindo no Rio de Janeiro, nomeou Antonio Salema, antigo lente da Universidade de Coimbra e, então, desembargador na Casa da Suplicação.

O rei, ao nomear Antonio Salema, advertiu-o de todos os problemas que suscitara a aplicação da Lei acerca do cativeiro dos índios. Para podermos aquilatar de todos os problemas que enfrentava o rei, transcrevemos extrato da carta régia de 10 de Dezembro de 1572, transcrita em assento de 1574:

Os moradores das capitanías da costa do Brasil me enviaram também a dizer, que havendo-se de cumprir e dar execução à lei que fiz sobre o

---

[332] É como justifica Dom Sebastião na Carta de 10 de Novembro de 1572, na qual nomeou governador dos estados do sul, Antonio Salema: *assentei assim para o que convém a conversão do gentio daquelas partes, e se dilatar nelas nossa santa fé, como para mais brevemente se admnistrar a justiça e elas se poderem melhor defender, e por outros respeitos, de mandar dois governadores às ditas partes...*

cativeiro dos gentios, que vós levastes e fizestes publicar[333]*, seria grande prejuízo deste Estado e do povo dêle, e se não poderiam sustentar nem granjear os engenhos e fazendas, e que além disso os gentios que entre si têm guerras, e se cativam uns aos outros, os comem segundo o seu costume, e vendendo-se e resgatando-se, muitos se convertem à nossa santa fé, e por esta causa seria muito do serviço de Deus deixar de se fazer, pedindo-me que houvesse por bem, que nas ditas partes se não usasse da dita lei, e que se fizesse acêrca disso o que sempre se usou nas partes de Guiné*[334].

Como vemos, foi pedida uma dispensa da Lei de Dom Sebastião. O rei procurou ouvir os motivos dos moradores. Pede, então, que os novos governadores se reúnam, juntamente com o novo ouvidor geral, Fernão da Silva, para discutirem o problema, tomando informações precisas com seculares e também com os jesuítas. Quanto a estes últimos urge que se trate especialmente no *que toca à conversão e justificação da guerra e cativeiros que se fizerem.*

Então, manda o rei que a partir das informações e diligências, o governador ordene e determine o mais conveniente para o bem do Estado. E que então o que se assentar se cumprirá e executará, até que recebam provisões sobre o assunto. Sobre o resgate adverte o rei:

... se deve ter tal moderação que não se impida de todo o dito resgate pela necessidade, que as fazendas dêle teem, nem se permitam resgates, manifestamente injustos, e a devassidão que até agora nisso houve; e a determinação que tomardes se guardará por tempo de três anos, se eu primeiro não prover nisso[335].

Foi no início de 1574, a 6 de Janeiro, que os dois governadores tomaram finalmente o assento[336]. Nele proíbem o resgate dos índios que

---

[333] Aquando da nomeação para o governo do sul do Brasil, estava Salema em Pernambuco, em correição. Infere-se do texto que foi ele que trouxe e publicou a Lei de 20 de Março.

[334] JOSEPH DE ANCHIETA, *Primeiros Aldeamentos da Baía*, Rio de Janeiro, 1933, p. 366.

[335] *Idem Ibidem*, pp. 30-31.

[336] Reunidos em concelho na Bahia, antes de se separarem para exercerem os seus respectivos governos, e juntamente com o ouvidor geral e padres da Companhia, decidiram, em 6 de Janeiro de 1574, para regularem a execução das leis sobre os índios, que 1° seria legítima a escravidão do índio aprisionado em guerra lícita; e devia-se entender

vivam próximos às povoações dos portugueses. Já os que fugirem destes aldeamentos e estiverem no sertão, junto aos índios inimigos, por mais de um ano, não beneficiam do privilégio, podendo ser resgatados. Confirma-se que somente serão cativos os índios tomados em guerra justa, declarada solenemente. Também os índios escravos de índios, presos em guerra, poderão ser cativos.

Em seguida, o assento permite a escravização daqueles que se venderem por própria vontade, maiores de 21 anos, acrescentando a necessidade de que lhes seja declarado o que é ser escravo. Neste ponto, notamos um alargamento das causas da Lei de 20 de Março. O parecer de Nóbrega que vimos poderá ter tido influência na elaboração da dita Lei – aliás é o que aventa Serafim Leite. Mas neste ano de 1574, já não vivia o célebre jesuíta jurista, e nem tampouco o governador Mem de Sá, de tal forma influenciado pelos jesuítas que, mal chegado à Bahia, se submetera ao Exercícios Espirituais, dirigidos por Nóbrega.

No assento se prevê resgate somente com licença dos governadores, nas capitanias onde estiverem, ou dos capitães. O provedor da fazenda fará o exame dos resgates, juntamente com dois homens eleitos pela Câmara, sempre eleitos no princípio do ano.

---

que tal se dava quando feita pelos governadores de acordo com os seus Regimentos, ou a feita pelos capitães, que se viam forçados a fazê-la. Mas, neste caso, era necessário haver resolução votada pelos oficiais das câmaras e provectos da terra, assim como dos jesuítas, do vigário e do provedor da fazenda, disto sendo necessário lavrar auto; **2°** que também se reputaria legítimo o cativeiro de índio maior de 21 anos, escravo de outros índios, que preferisse ser escravo de cristão; **3°** não se aplicaria o resgate ao caso de índio manso, sendo vedada a sua redução à escravidão, a não ser que fugisse para o sertão por mais de um ano; **4°** os resgates só seriam válidos em caso de haver licença do governador, e a validade seria avaliada e reconhecida anualmente pelos provedores e dois adjuntos eleitos pela câmara; **5°** fazia-se mister o registo na alfândega dos escravos chegados, seja por mar, seja por terra, antes de qualquer outro procedimento; **6°** a propriedade só era garantida pelo registo, sendo considerados livres os que não estivessem conforme o ordenado; **7°** seriam também livres os índios apreendidos em guerra que não tivesse sido feita nas condições expostas e exigidas; **8°** os infractores estariam sujeitos a penas de açoites, multa e degredo. *Cfr.* PERDIGÃO MALHEIRO, *A Escravidão no Brasil – Ensaio Histórico, Jurídico, Social*, I, Petrópolis, 1976, pp. 174-175. *Vid.* também SERAFIM LEITE, *História da Companhia de Jesus no Brasil*, cit., pp. 207-208. Dentre os interessados, que favoreceram estas resoluções, encontra-se Gabriel Soares de Sousa, que instalara um engenho e mandara vender muitos escravos pela costa. *Idem ibidem*, p. 209.

Logo vemos a descrição de possíveis abusos e o procedimento a seguir:

Todas as vezes que houver notícia das pessoas que foram ao resgate, que fizeram excessos ou enganos, ou que usaram de manha ou força, ou fizeram outra coisa contra as leis, regimentos e ordenações contra este assento, será tirada devassa, e se procederá contra os culpados, sendo presos e da cadeia se livrarão por si sómente, e procederá contra os culpados, dando apelação e agravo, e posto que não haja informação má, contudo uma vez ao ano, no mês de janeiro, os provedores serão obrigados a tirar trinta testemunhas dêstes casos, e proceder contra os culpados.

Eram obrigados – os que haviam resgatado – a ir à alfândega, sem poder fazer escala onde quer que seja, ou deixar algum índio algures, tendo que se passar pelo dito exame antes de ser finalmente escravizado o gentio. Antes do exame os índios eram considerados sempre fôrros.

E o assento termina prevendo o resgate por guerra justa, feita ou mandada fazer pelos governadores conforme os seus respectivos regimentos. Obriga os capitães, se quiserem guerrear,

a ajustar-se com os oficiais das Câmaras e provedor da fazenda de Sua Alteza e algumas pessoas de experiência, e com os padres da Companhia de Jesus, e vigário de tal capitanía, e praticarão todas as causas de tal guerra, e parecendo razão fazer-se, se fará; de que se farão autos por todos assinados; e o capitão que fizer guerra contra êste capítulo, se procederá contra êle, como fôr justiça, e os índios que em elas forem tomados serão havidos por fôrros, além das penas abaixo declaradas, e será o capitão obrigado a entregar todos os índios, que na tal guerra forem tomados, para que os senhores governadores disponham dêles como lhes parecer.

Os que, de alguma maneira, tentassem ludibriar o assento, seriam condenados às penas previstas nos regimentos, leis e ordenações, conforme a gravidade do desrespeito cometido.

Sendo pião será açoitado públicamente com o baraço e pregão, e pagará de pena quarenta cruzados, e sendo de mais qualidade, pagará a dita pena a dinheiro, e será degradado para fóra das capitanías da governança, onde cometer o tal delito, por dois anos, e os fôrros, e a metade destas penas serão para as obras dos colégios, e a outra metade para quem os acusar[337].

Notamos neste documento uma tentativa de adaptação dos preceitos da Lei de Dom Sebastião às realidades patentes aos governadores. As penas fixadas para os infractores talvez pudessem inibir a acção dos caçadores de índios, e o registo dos cativos, criado em 1570, facilitava o controlo dos resgates, amainando a escravatura com fundamento na guerra justa. A disciplina legislativa fechava a porta aos abusos movidos pela ganância de certos colonizadores que poderiam ser motivo de grande escândalo[338].

3.2 Um relance sobre o período filipino

Após o desastre de Alcácer Quibir, e o curto reinado do cardeal-rei D. Henrique, tem início a era dos Habsburgos em Portugal. O problema da escravidão dos indígenas, que fôra estudado pela segunda escolástica, cujo centro estava na Universidade de Salamanca, ampliava-se então, naquele crepúsculo do século XVI, sob o olhar de Filipe I de Portugal[339], em cujo império o sol jamais se punha.

Desde o início da colonização espanhola, o problema apresentou-se e foi discutido na corte e nos meios cultos espanhóis. Adoptou-se, na colonização, o regime do *repartimiento*[340], com a respectiva *encomienda*,

---

[337] JOSEPH DE ANCHIETA, *Primeiros Aldeiamentos da Baía*, cit., pp. 32-36.

[338] Em carta datada de 15 de Março de 1553 a Luís da Câmara Gonçalves, futuro confessor de Dom Sebastião, Nóbrega reclama dos *grandes escândalos* e *maus exemplos* que a cobiça dos portugueses e dos castelhanos causava, referindo-se à sanha esclavagista. Cfr. *Cartas do Brasil*, cit., pp. 424-426. O mesmo tema é retomado em diversas passagens da correspondência de Nóbrega.

[339] *Em 25 de Maio de 1582 a realeza de Filipe II era solenemente jurada na Baía de Todos-os-Santos, aceitando-a depois todo o Brasil. Vid.* JOAQUIM VERÍSSIMO SERRÃO, *O Tempo dos Filipes em Portugal e no Brasil*, Lisboa, 1994. Os súbditos daquele território eram, contudo, escassos. O Barão do Rio Branco estabeleceu alguns números que nos podem servir de base: 24.700 moradores brancos; 18.500 índios cristianizados e 14.000 escravos negros.

[340] *Vid.* ZAVALA, *Las Instituiciones Juridicas en la Conquista de America*, Madrid, 1935, segunda parte; e *La encomenda indiana*, Madrid, 1935.

no qual o rei concedia terras aos seus vassalos que se haviam distinguido por feitos de armas. Estes, chamados então, *encomenderos*, tinham a possibilidade de utilizarem os serviços de indígenas, mas somente se os tratassem bem e cuidassem da instrução através do ensino religioso.

Quando o filho de Cristovão Colombo, almirante Diogo Colombo, foi para as Antilhas assumir o governo daquelas ilhas, em 1509, levara instruções para que os índios fossem bem tratados:

> *A fim de contribuir para a propagação da fé e da instrução, ordenamos que se construa ao lado de cada igreja uma casa para reunir as crianças. É conveniente desviar os índios de seus antigos costumes, de suas festas e cerimônias, obrigando-os a viver como cristãos; tentar-se-á igualmente fixá-los nas cidades, tirá-los da ociosidade e habituá-los ao trabalho; ser-lhes-á vedado vender as terras que possuem e se determina, novamente, que sejam bem tratados*[341].

Para a América espanhola, a partir de 1510 se dirigiram os primeiros missionários dominicanos. Dentre eles destacaram-se e deixaram o seus nomes na História, frei Antonio de Montesinos e frei Bartolomeu de las Casas. Estes, desde o púlpito combateram os abusos, muitas vezes terríveis, praticados pelos colonos espanhóis. Muitas das leis espanholas, elaboradas entre o período de 1517 e 1542, foram influenciadas decisivamente pelos esforços destes dominicanos.

O lente de Salamanca, Francisco de Vitória, nas lições proferidas em 1537-1538, que originaram a obra *De Indiis;* e nas de 1538-1539, que versavam sobre o *Iure Belli*, foi o grande exponente da segunda escolástica no século XVI, tratando destes temas candentes *ex professo*.

Já nas lições de 1532, segundo Rodrigo Otávio[342], Vitória demonstrava que repousavam sobre o direito das gentes, os direitos senhoriais sobre as novas terras invocados pelos reis de Espanha. O direito das gentes obrigava os habitantes de qualquer país – no caso os índios americanos – a receberem aqueles que os visitam e procuram explorar as suas terras, com a condição de os naturais não serem perturbados, de não se lhes fazer nenhum mal. Sendo assim, não se trataria de conquista, mas, isto sim,

---

[341] *Apud* RODRIGO OTÁVIO, *Os Selvagens Americanos Perante o Direito*, São Paulo, 1946, pp. 63-64.
[342] *Idem* pp. 79 e ss.

ocupação pacífica. Dar-se-ia a conquista somente em caso de uma agressão não motivada, perpetrada pelos aborígenes.

Não era, contudo, segundo a doutrina de Vitória, permitido fazer-se guerra aos indígenas e reduzí-los ao cativeiro, simplesmente por serem estes pagãos[343] – o que, aliás, foi objecto de análise do tratadista português que preparou parecer de consulta de D. João III[344]. No caso em questão, não poderiam ser considerados infiéis pois sofriam, até então, de ignorância invencível, desconhecendo a moral e a fé que condenavam as suas práticas.

Parte inovadora da doutrina propugnada por Francisco de Vitória foi a afirmação, de uma maneira peculiar, acerca da legitimidade do papa a outorgar a soberania das novas terras a um Estado pré-existente, legitimidade reconhecida pelo dominicano, mas condicionada a que os aborígenes não fossem *veri domini* das terras ou quando se entregassem à antropofagia. Neste último caso ficava configurada a selvajaria que legitimava, destarte, o poder de concessão pelo Romano Pontífice[345].

Do trabalho de pensamento e exposição do professor salmantino ficou estabelecido o direito, que tinham os espanhóis, de visitar os territórios dos selvagens e de se estabelecerem nestas mesmas terras, ficando, evidentemente, estabelecida a proibição de actos prejudiciais contra os aborígenes. Estes tinham o dever de permitir a vinda e a instalação. Direitos e deveres ficavam configurados, e esboçava-se uma definição de direito internacional para os tempos modernos. Para Vitória, tratava-se de um direito representado pelo conjunto de regras, estabelecidas pela razão natural. *Quod naturalis ratio inter omnes gentes constituit vocatur jus gentium.*

Como podemos notar, a descoberta do Novo Mundo e o consequente contacto com os seus habitantes provocavam discussões e faziam nascer definições.

---

[343] Também o direito sobre as terras era concedido pelo dominicano aos aborígenes. *Infidelitas non est impedimentum quominus aliquis sit verus dominium.* Isto representava uma revolução nos conceitos que vigoravam até então, sendo posto em causa o Tratado de Tordesilhas.

[344] *Vid. supra* pp. 118-126.

[345] Sobre o assunto *vid.* ROBERTO LEVILIER, *Don Francisco de Toledo, Supremo Organizador del Peru*, Madrid, 1935, especialmente o capítulo dedicado a *el padre Vitória, el título de los Reyes y los derechos de los Índios.*

O jesuíta espanhol Francisco Suárez, que durante 20 anos ensinou em Coimbra[346], apesar de teólogo, estudou e escreveu sobre bastantes problemas jurídicos. E a sua obra de jurista ocupa lugar de relevo na história do pensamento jurídico. Em verdade o teólogo, ainda em Quinhentos e Seiscentos, especialmente na Península Ibérica, tinha autoridade por ser *ofício de tal amplitude, que nenhum assunto se pode considerar como sendo-lhe alheio*, nas palavras de Vitória[347].

Suárez dedicou a sua atenção a assuntos que possivelmente terão influenciado Filipe I de Portugal e seus sucessores, dentre os quais destacamos: as relações entre a moral e o direito; os princípios fundamentais do direito das gentes; o direito da guerra; a interpretação, aplicação e revogação das leis humanas e a doutrina do costume[348].

Grande e epigonal expoente que foi da segunda escolástica, Suárez dedicou ao tema da guerra justa a *disputatio XIII* da sua obra *De Charitate*. Nela, ele afirma que a guerra não é intrinsicamente má, e nem sequer vedada aos cristãos. E é generoso nas citações bíblicas que demonstram esta afirmação. Faz uma distinção, contudo, entre a guerra defensiva, como reacção a uma agressão injusta, e a ofensiva, como aquela que busca reparar, como última *ratio*, uma injustiça cometida e não reparada por outros meios. Esta criteriologia distintiva não se preocupa com a justiça ou injustiça de uma guerra, mas simplesmente com o problema da iniciativa, como fica claro. Também afirma que a guerra ofensiva não é necessariamente má, e pode ser honesta e indispensável[349].

Suscinta e brevemente ficam delineados alguns dos elementos doutrinários que possuíam os reis de Espanha e agora também de Portugal, nos finais do século XVI e no dealbar de Seiscentos.

* * *

---

[346] Foi para Coimbra em 1597.
[347] *Vid.* PAULO MERÊA, Suarez jurista, in Revista da Universidade de Coimbra, Coimbra, 1917, p. 71.
[348] *Idem* p. 74.
[349] *Cfr.* MATTEI, *Guerra Justa Guerra Santa – Ensaio sobre as Cruzadas, a Jihad islâmica e a tolerância moderna*, Porto, 2002, pp. 22-24.

A legislação sobre os índios, emanada durante o reinado de Filipe II, destinada ao Brasil, que pudemos apurar, é a seguinte: Lei de 22 de agosto de 1587, Lei de 11 de Novembro de 1595 e Provisão de 26 de Julho de 1596[350].

---

[350] No entanto é digna de nota, logo nos primeiros anos do período dos Habsburgos espanhóis, a reunião do prelado do Brasil, terceiro bispo, Dom António Barreiros, do ouvidor geral, Cosme Rangel e do reitor do colégio da Bahia, Gregório Serrão, que consideraram ter sido ruinosa a prática observada até então de tomar índios em guerra justa, com mandado do governador ou dos capitães das capitanias e com parecer dos jesuítas. Apesar de tal prática conferir título legítimo para o cativeiro dos gentios, muitas das guerras não eram feitas dentro das condições estabelecidas. Eram guerras que apenas pretendiam cativar os gentios. Dentre elas destacam as do Rio Real, Mar Verde e no Rio São Francisco. A Junta acusou a falta da devida solenidade prevista nas resoluções régias e da Junta anterior. Afirmou então que o título de guerra justa será sempre motivo de abusos. A Junta anterior, de Julho de 1566, reconheceu a justiça das disposições, mas não deixou de fulminar os erros, abusos e crueldades que acabavam por ocasionar, devido às más circunstâncias em que eram utilizadas. Aludem por exemplo que *Outro titulo tambem dos que se vendem assimesmo sendo de idade de 20 anos, tambem debaixo deste titulo se fazem mil enganos aos Indios porque he cousa muy certa que elles não sabem que cousa he venderse hum a si mesmo que se o soubessem, em nenhuma maneira se venderião tanto a aborreçe o cativeiro senão alguns principaes vendem algumas vezes aos Portugueses alguns seus parentes & amigos pobres e desemparados que tem contra toda a rezão e Justiça*. A conclusão é notável: **Que se faça ley que daqui em diante nenhum Indio do Brasil possa ser escravo**, *& que a experiência tem mostrado que ainda que alguns o possam ser por alguns justos títulos, como são os que se puserão em hua determinação que tomarão os senhores Luis de Brito, e Antonio Salema com pareçer dos Padres da Companhia. São tantos os enganos que lhe fazem os moradores debaixo daquelles titulos iustos e tem feito tanta destruição no sertão entre os indios que não pode ter outro remedio este mal senão he ordenando que nenhum possa ser escravo.* Cfr. *Resolução que o bispo e ouvidor geral do Brasil tomaram sôbre os injustos cativeiros dos Índios do Brasil, e do remédio para o aumento da conversão e da conservação daquele Estado*, ms. da Biblioteca de Évora, cód. CXVI/1-33, f. 69v-71. O texto foi publicado na *Revista do Instituto Brasileiro*, 57, primeira parte, p. 92-97. Também comenta o texto SERAFIM LEITE, *História da Companhia de Jesus no Brasil*, cit., pp. 209-210. A data provável do documento – que no ms. é omitida – aventada neste último trabalho situa-se entre 1581 e 1583. Mas ainda era cedo para se levar a cabo a decisão supracitada, e o diploma almejado levaria ainda algumas décadas a vir. O desejo da lei de libertação total dos Índios também é expresso pelo Beato Anchieta que diz: *se não vier a lei, que pedimos a Sua Majestade, que não sejam cativos, nem os possa ninguém ferrar nem vender*. In *Cartas, Informações, Fragmentos Históricos e Sermões (1554-1594)*, Rio de Janeiro, 1933, p. 435.

3.3 O Regimento do governador Francisco Giraldes

Tendo relevante importância para a percepção da evolução da legislação sobre os Índios no final do século XVI, parece-nos deveras útil uma análise pormenorizada das ditas leis.

Mas, do mesmo modo, mostra-se com grande valor histórico o Regimento do governador geral Francisco Giraldes[351], dado por Filipe I, em Março de 1588. Embora Giraldes não tenha chegado a exercer as funções para as quais o soberano o designara, pois sua embarcação jamais alcançou a Bahia, o Regimento demonstra o grande cuidado e respeito pelas disposições anteriores dos reis da dinastia de Avis que a nova dinastia haveria de ter.

De facto, em 12 de Novembro de 1582, havia sido lavrada a carta patente, assinada por Filipe II, onde se afirmava a conservação de todos os foros, liberdades, privilégios, usos e costumes de Portugal; tal medida caracterizava a formação de reino e coroa à parte da espanhola, incluindo-se as possessões ultramarinas. Comentou, acerca dos vinte e cinco capítulos deste diploma, Queirós Veloso:

Os velhos foros, liberdades, privilégios, usos e costumes do reino seriam fielmente guardados pelos monarcas. Só em terras de Portugal poderiam reunir Côrtes. Todos os empregos civis e militares, de qualquer classe ou categoria; todos os cargos eclesiásticos, desde os simples benefícios até às prelazias; todas as comendas e pensões das Ordens Militares e do Priorado do Crato, seriam unicamente dados a naturais do reino. A navegação e o comércio da África e da Índia continuariam reservados a navios portugueses. A língua oficial seria a portuguesa. Todas as moedas de ouro e prata, cunhadas no reino e seus senhorios, teriam gravadas as armas de Portugal, e só elas podiam legalmente correr no país. As causas e feitos de justiça seriam julgados e executados no reino, quaisquer que fossem o valor e a qualidade da causa. Os Reis não poderiam dar cidades, villas ou lugares, nem conceder jurisdições e direitos reais, senão a portugueses. Estando o rei ausente, a nomeação de vice-rei, governadores ou outras autoridades supremas só poderia recair em naturais do reino, ou pessoas da própria família real, filho irmão ou sobrinho. Neste caso, o rei traria sempre consigo um prelado, um védor da fazenda, um secretário, um

---

[351] O governo anterior fôra exercido por Teles Barreto, mas já no governo de Lourenço da Veiga, a partir de 1578, temos de volta o sistema do Governo geral, que tinha sido dividido em dois, do norte e do sul, em 1573.

chanceler mór e dois desembargadores do Paço, todos portugueses que constituiriam o Conselho de Portugal; e só por eles e com eles seriam despachados os negócios. A expedição da correspondencia e dos diplomas necessários seria feita por dois escrivães da fazenda e dois da câmara, da mesma nacionalidade.

Todas as características da soberania – leis, governo, administração da justiça, moeda, língua – tudo Portugal conservou. Faltava-lhe, é certo, um rei natural, que nessa época era o verdadeiro símbolo da independência. Mas a união não representava incorporação. A nossa autonomia administrativa mantinha-se absolutamente. Os dois reinos da península ficavam constituindo uma monarquia dualista, ligados apenas pelo laço de um monarca comum. E para marcar ainda mais esta separação, Filipe II de Espanha tomava em Portugal o nome de Filipe I[352].

E é realmente o que se nota nas disposições do Regimento em causa. Vejamo-lo no que toca especificamente ao gentio.

Antes de tudo, percebemos uma continuidade na tentativa da pacificação – através da conversão – e a preocupação da protecção, além da isenção dos dízimos[353]. No tempo de Dom Sebastião, pelo alvará de 4 de Janeiro de 1576, os índios convertidos foram isentos dos dízimos por seis anos. Novo alvará foi dado, aquando da expiração deste, pelo prazo de quinze anos.

Governava então o Brasil uma junta provisória formada pelo bispo Dom António Barreiros, o provedor mor da fazenda Cristóvão de Barros, e o ouvidor geral Martim Leitão que, de facto, não exerceu a governação por estar ocupado com as guerras contra os franceses na Paraíba. Nas disposições do Regimento em causa estava prevista a passagem do poder a Francisco Giraldes, após a entrega da patente do cargo dada pelo rei.

---

[352] QUEIROZ VELOSO, *A Dominação Filipina*, Coimbra, 1930, pp. 13-14.

[353] Diferentemente da política espanhola do início do século XVI. O primeiro governador das Índias Ocidentais, Nicolas de Obando, ao seguir para a Ilha Espanhola, em 1501, com cerca de 2500 colonos, tinha recebido da Coroa, que antes consultara o conselho das Índias, instruções precisas de como agir com os aborígenes. *Era preciso obrigar os naturais a viver em paz; deviam êles pagar os tributos e os direitos como os outros vassalos; os castelhanos pagariam, como os índios, a dízima e o impôsto sôbre os produtos da terra; dever-se-ia regularizar, por uma consagração religiosa, os casamentos dos espanhóis que desposassem mulheres indígenas.* Vid. RODRIGO OTÁVIO, *Os Selvagens Americanos perante o Direito, op. cit.*, p. 63. Entretanto, durante o reinado de Filipe II veremos que muitas alterações se deram em favor dos índios.

Mandava o monarca que o novo governador se informasse do estado em que se encontrava o Brasil e como se portavam *os gentios comarcões delas*[das povoações] *com a gente portuguêsa*. E ordenava o Habsburgo:

> ... *fareis guardar as Provisões que mandei passar sôbre a liberdade do gentio das ditas partes, e para **não pagarem dízimos aos que se fizerem cristãos, por tempo de quinze anos**, e lhes serem dadas terras em que façam suas roças de mantimentos, e para que os que inda o não fôrem folguem de o ser; favorecereis os que já tiverem recebido água do santo batismo para, com isso, entenderem que em se tornarem cristãos não tão sòmente fazem o que convém à salvação de suas almas, mas, ainda a seu remédio temporal; e não consentireis que a uns nem a outros se lhes faça agravos nem avexações, e, fazendo-lhas, provereis nisso na forma declarada nas ditas Provisões, e aos Capitães das outras Capitanias escrevereis que façam o mesmo aos cristãos e gentios seus vizinhos*[354].

Neste comando faz-se mister chamar a atenção para o estreitíssimo relacionamento entre a vida espiritual e a vida civil. Não poderia ficar mais acentuada a complementaridade do espiritual e do temporal, tal e qual dois arcos góticos a encontrarem-se na chave da abóbada, na abside social. Estes elementos também concorrem para a afirmação de que na Península Ibérica, ainda no arrebol vespertino de Quinhentos, estava bastante vincada a ideia de Cristandade. E, logo, a mudança de dinastia não poderia afectar, no plano estrutural, o caminhar da transformação que se operava no território brasileiro[355], até então apenas explorado junto à costa.

---

[354] *RFAB*, op. cit., p. 260.

[355] Alteraria, isto sim, e profundamente, as dimensões do Brasil, pelo empenho dos Bandeirantes, com o virtual desaparecimento da linha imaginária de Tordesilhas. Sobre os Bandeirantes afirmou OLIVEIRA VIANNA: *Cumpre compreender bem este aspecto do bandeirismo e da sociedade paulista do século I e II. O que ocorreu ali é perfeitamente idêntico ao que ocorreu na primeira fase do período medieval... Na Idade Média, nos seus primeiros séculos, sabemos que o valor social dos homens então era herdado pela bravura, isto é, pelo merecimento guerreiro...* in Instituições políticas Brasileiras, Rio de Janeiro, vol. I, p. 170; ainda sobre os Bandeirantes vid. AMARAL GURGEL, *Ensaios Quinhentistas*, São Paulo, 1936, onde podemos ler, à p. 174: *aqueles titãs dos tempos coloniais – raça notável, cujos filhos de catadura fera, vestes de couro e braço forte, empunhando o bacamarte conquistador, devassaram os sertões inóspitos do sul e norte do país e que, na frase de Taunay,* **fizeram recuar os meridianos alexandrino e tordesilhano, até quase o sopé dos Andes, através da selva aspérrima, povoada de perigos e mistérios**. E, completando o quadro a impressiva frase de JAIME CORTESÃO: *São Paulo teve*

A paz com os aborígenes era muito recomendável para o desenvolvimento e prosperidade da terra. Mas os índios deveriam estar sujeitos e obedecer às leis. Caso houvesse levantamento era preciso buscar a pacificação da melhor maneira possível, mas

> *Sem se perder a autoridade e reputação, e lembrando-vos como, para tudo, sempre será bom escusar-se a guerra, a qual se não deve fazer senão quando não aproveitarem os outros remédios com que se pretender a conservação da paz*[356].

Esta busca da paz e da amizade dos índios era uma constante desde a chegada dos portugueses em 1500. Era uma directriz da Coroa[357]. Assim viemos vislumbrando nos documentos. Mas não era uma paz a todo custo, uma paz transigente.

O Regimento de Giraldes chama a atenção para os índios que vivem em Jaquaripe, entre a Capitania da Bahia e a de Pernambuco, em número superior a três mil, que se têm rebelado e *fazem muitos insultos e danos nas fazendas de meus vassalos daquelas partes*. Impedindo a passagem e amotinando-se com todos os negros da Guiné que se rebelaram. Sobre tal diz o texto:

> *...vos encomendo, que podendo desarraigar daquele lugar êste gentio e dar-lhe o castigo que merece, pelos portugueses e mais gente que mataram, o façais, praticando-o primeiro com o Bispo e pessoas que vos parecer que o entenderão, e vos poderão bem aconselhar sôbre a maneira que se deve ter para, com menos risco da gente portuguêsa, e mais a vosso salvo, poderdes castigar e lançar da terra êste gentio.*

E continua, expressando claramente os casos que legitimariam a guerra.

---

por arrabaldes o Atlântico e os Andes e, por avenidas, o Prata e o Amazonas. Vid. *Raposo Tavares e a Formação Territorial do Brasil*, Rio de Janeiro, 1958, p. 135. Será o governador D. Francisco de Sousa, que virá em 1591, que dará impulso a esta nova expansão.

356 *RFAB*, I, p. 261.

357 E será esta a política assinalada ao longo do século II do Brasil. Como exemplo temos o Regimento de Gaspar de Sousa, em 1612, cap. 25°, já no reinado de Filipe II; ou o Regimento de Roque da Costa Barreto, em 1677, no seu cap. 20°, durante o reinado de Afonso VI.

E havendo nêste caso alguma dificuldade, me avisareis com toda a informação que tiverdes, para nisso mandar o que fôr mais meu serviço. E sucedendo haver algum alevantamento dos gentios, ou qualquer outro caso, ou casos tais, para cujo remédio, por não haver outro, seja forçado fazerdes guerra ao dito gentio, castiga-lo e lança-lo fora da terra, procedereis nisso pela maneira acima declarada, com toda a consideração[358].

Mas também havia tribos que desejavam viver junto aos portugueses. Dom António Barreiros, bispo que assumira o governo após a morte do governador Manuel Teles Barreto, escrevera ao rei relatando que alguns dos principais dos gentios Tapuias, foram à Bahia requerer *que os mandassem buscar, porque se queriam vir para aquela Cidade, e viverem junto dela*. Os índios foram aceites e o governo provisório achou por bem que fossem os jesuítas a irem buscar os indígenas no sertão.

Era o desejo do monarca o bom ofício entre os portugueses e os índios e assim, seria muito conveniente que

...do sertão venha muito gentio para povoarem junto das Capitanias das ditas partes, e isto, por meio dos padres da Companhia, para que mais suavemente sejam tratados, e sem as moléstias e injustiças que recebiam nas entradas que até aqui se fizeram, vos encomendo muito, que na ordem que se teve com os Tapuias, se proceda com os mais gentios que se quiserem vir para as Capitanias e fazendas desse Estado, como mais largamente é declarado na Provisão que sôbre isso mandei passar[359].

O apoio demonstrado à decisão tomada pelo bispo afirma-se mais adiante no Regimento, quando Felipe I diz a Francisco Giraldes que deve agir sempre em conformidade com o prelado e, além disso, manter bom relacionamento. Mas é categórico e acentua ao novo governador

...vos encomendo e mando, vos não intrometais na jurisdição eclesiástica, procurando sempre por conservardes a minha jurisdição[360], *pelo modo que*

---

[358] *RFAB*, I, p. 264.
[359] *Idem ibidem*.
[360] A referência feita pelo rei ao problema da jurisdição é perfeitamente compreensível devido à problemática da recepção e execução do Concílio de Trento em Portugal, no reinado do Encoberto. Dom Sebastião, pelo alvará de 12 de Setembro de 1564, ordenava que se desse todo o favor e ajuda para a execução dos decretos do Concílio. Foi o Cardeal Dom Henrique que leu e publicou a Bula de 25 de Janeiro do mesmo ano que demandava a colaboração do poder temporal para o cumprimento das

nisso deveis ter, que pratiqueis em Relação, e em caso que o Bispo não proceda bem, e se queira intrometer, o que não creio dêle, acudireis a isso com vossa prudência, não lho consentindo, e me avisareis logo de tudo[361].

Um exemplo notável do avanço da jurisdição eclesiástica deu-se em relação ao matrimónio. Pelo *Decretum de reformatione*, temos firmemente estabelecidos os preceitos e as regras às quais estavam submetidas as uniões. Tendo sido elevado à dignidade de sacramento, não poderia estar sob jurisdição cível.

Além do problema da jurisdição levantado, de notável interesse para os primórdios da História do Direito no Brasil, temos a referência ao tribunal da Relação da Bahia, nosso primeiro tribunal superior. No seu Regimento o rei provê a casa[362] em que deve funcionar, e garante a

---

decisões do Concílio, na catedral de Lisboa. No Alvará podemos ler: *E porque eu desejo muito que o dito Concílio se dê muito inteiramente a sua devida execução, e que por parte de minhas justiças, assim da minha Casa de Suplicação e do Cível, como em todas as mais Correições e Provedorias de meus reinos, se dê todo o favor e ajuda à boa guarda e cumprimento dos decretos do dito Concílio; mando ao Regedor da Casa da Suplicação, e ao Governador da Casa Cível, e a quaisquer outros oficiais e Justiças de meus reinos e senhorios que, sendo requeridos pelos prelados acerca da execução sobredita, dêem todo o favor e ajuda para o dito efeito.* Vid. JOSÉ DE CASTRO, *Portugal no Concílio de Trento*, Lisboa, 1946, vol. VI, pp. 129-130. É preciso notar que alguns dos decretos do Concílio previam a jurisdição alargada para os prelados e juízes eclesiásticos para que actuassem no cível e no crime, podendo prender e penhorar os culpados, **mesmo sendo leigos e pessoas seculares**. Poderiam também executar penas de degredo, pecuniárias e outras que se encontrassem em outros decretos. Podiam (e o rei o consentira) os prelados e juízes eclesiásticos por seus próprios ministros, usar da jurisdição prevista nos decretos. *Idem* p. 126. Sobre o tema *vid.* MARCELLO CAETANO, Recepção e Execução dos Decretos do Concílio de Trento em Portugal, *in Revista da Faculdade de Direito da Universidade de Lisboa*, 1964, vol. XIX, pp. 7-87. Todos os cuidados de Dom Sebastião bem poderiam ter também como fim a protecção do Império Português, na medida em que o Concílio procurava contragolpear a Reforma protestante. Marcello Caetano adverte que *a Reforma religiosa contribuíu também para o desmembramento do Império, visto que deixaram de ser respeitadas pelos países saídos da comunhão romana as bulas pontifícias que, em troca dos encargos missionários cometidos a Portugal nas terras descobertas lhe davam o exclusivo do domínio. Numa Sociedade internacional organizada, que tinha o Papa como chefe e legislador, essas bulas possuíam enorme importância jurídica e até religiosa.* In *Tradições, Princípios e Métodos da Colonização Portuguesa*, Lisboa, 1951, pp. 16-17.

[361] *RFAB*, I, p. 266.
[362] Esta deveria estar junto à residência do governador.

independência dos desembargadores, quando dispõe que estes apenas serão julgados no reino[363]. A instalação da relação da Bahia iria provocar discussões sobre os limites das jurisdições civis e eclesiásticas[364].

De facto, a Igreja nesta época já não era hegemónica. Apesar de ser ainda extremamente poderosa na Península Ibérica, uma série de factores históricos concorriam para um minguamento da influência de Roma. No campo das ideias, destaca-se o conceito de soberania moderno que possuía

---

[363] O Regimento do Tribunal da Relação foi dado em 25 de Setembro de 1587. Como Francisco Giraldes jamais alcançou as costas brasileiras, somente alguns desembargadores, que vinham noutras embarcações, chegaram à Bahia. Mas o tribunal existiu na forma do Regimento, e tão somente assim. Foi no século XVII que, finalmente, se instalou a Relação da Bahia, pelo Regimento de 7 de Março de 1609. A primeira composição do tribunal foi a seguinte: Gaspar da Costa, como chanceler; Antão Mesquita de Oliveira, Francisco da Fonseca e Afonso Garcia Tinoco, como desembargadores dos agravos; Antonio das Povoas e Manuel Pinto, como desembargadores extravagantes; Manoel Jácome Bravo, como procurador dos feitos da Coroa; e Sebastião Pinto Lobo, nomeado provedor dos defuntos e ausentes. O escrivão era Cristóvão Vieira Ravasco, pai de António Vieira. O Regimento de 1652 do Tribunal da Relação da Bahia recomendava expressamente ao governador a protecção dos indios, de maneira que não fossem maltratados e que se fizesse punir com rigor aqueles que o fizessem. Também instava ao governador que ordenasse *que pudessem viver junto das povoações dos portugueses, de modo que os do sertão folgassem de vir para as ditas povoações, observando-se a lei de Dom Sebastião e provisões posteriormente promulgadas.* Com teor mui semelhante também foi previsto no Regimento de 16 de Fevereiro de 1751, ano da criação da Relação do Rio de Janeiro.

[364] FREI VICENTE SALVADOR, na sua *História do Brasil*, cuida da instalação do tribunal. Adverte que, com ele, tinha razão de queixa, *o juízo eclesiástico, porque eram nesta matéria demasiadamente nímios, e à conta de defenderem a jurisdição de El-Rei, totalmente extinguiram a da Igreja, o que Deus não quer, nem o próprio Rei. Antes El-Rei Dom Sebastião, que Deus tenha no Céu, mandou que em todo o seu Reino se guardasse o concílio tridentino...* Muito do prestígio do juízo eclesiástico foi perdido para a Relação da Bahia, que iniciou o seu trabalho sob o regime das novas Ordenações, as Filipinas. Muitos viram nestas uma reacção ao predomínio do direito canónico. Deixemos Frei Vicente testemunhar: *Uma coisa vi nesta matéria... e foi que tendo o dito bispo* [Dom Constantino Barradas] *declarado por excomungado nominatim um homem, agravou pera a Relação, e saiu, que era agravado, e não se obedecesse à excomunhão contudo houve alguns timoratos da excomunhão menor que se incorre por tratar com os tais, e como fugiam por não se encontrar, e falar com êle, mandou-se lançar bando que sob pena de vinte mil cruzados todos lhe falassem, coisa que antes da excomunhão não faziam, senão os que queriam, por que era um homem particular. Vid., op. cit.,*São Paulo, 1956, pp. 361-362.

naquele tempo um teorizador hábil, Jean Bodin. E a influêcia das suas ideias não ficaria barrada pelos Pirinéus[365].

Contudo, é preciso rematar este olhar sobre as disposições acerca dos índios contidas no Regimento, de 1588, de Filipe I de Portugal.

* * *

---

[365] As reacções às doutrinas de Jean Bodin na península ibérica foram as mais diversas. Desde a censura inquisitorial às suas obras, como o *Methodus ad facilem historiarum cognitionem*, o *De Republica* e o *Demonomania*, inscritos no *Index* de 1597, até à sua recepção, de maneira indirecta, por intermédio de Petrus Gregorius Tholosanus, seu discípulo, que gozou de grande reputação na península, o percurso das doutrinas de Jean Bodin foi um divisor de águas. A influência de Tholosanus, católico e politicamente moderado, bartolista tendente a um humanismo cristão, seria a única plausível nos dois reinos bastiões da Contra-Reforma, pois Bodin, um legista tendente ao *mos galicus*, cedo se bandiara para as hostes protestantes e, segundo Roger Chauviré, praticou depois o judaísmo. Além disso, as interpretações da sua densa obra são bastante contraditórias, alguns defendendo a sua posição anti-medieval e outros defendendo a sua adesão à Idade Média, através dos canonistas e dos juristas, principalmente Bártolo. Um aspecto que cumpre frisar é a luta travada contra as pretensões da Santa Sé, na elaboração teórica não hierocrática do poder divulgada pelo angevino. No que respeita a esta alusão à teoria da soberania, parece-nos pouco explorado o estudo acerca dos efeitos desta sobre a jurisdição eclesiástica pós-tridentina, com especial atenção para Portugal, devido à recepção ordenada por Dom Sebastião. Porém, para ficarmos apenas adstritos ao problema durante a época dos Áustrias, temos alguns indícios que merecem referência. A influência de Bodin sobre Filipe II pode parecer inverosímil, mas ao certo é que João Pinto Ribeiro, na sua *Usurpação, Retenção e Restauração de Portugal*, acusa um discípulo de Maquiavel ou de Bodin de ter aconselhado o filho de Carlos V, a *tomar Portugal* como *fundamento do imperio de Hespanha*. Acrescente-se que em Espanha a divulgação do pensamento de Bodin foi bastante ampla através de uma versão castelhana do *Les six livres de la République*, devida a Añastro Isunza(publicado em 1590), que não figurava nas listas do *Index Librorum Prohibitorum et Expurgatorum*, de 1612, e nem sequer no *Novus Index Librorum Prohibitorum et Expurgatorum*, de 1632. Impossível de demonstrar sem um estudo específico e infelizmente distante do nosso objectivo actual, contudo, afigura-se-nos muito verosímil a estruturação das teses de Bodin na criação de um Estado soberano, desligado dos vínculos tradicionais com o papado, próprios da Idade Média. Um Estado soberano dessacralizado oposto à noção de suserania feudal, como o entende, em parte, Henri Hausser. As suas concepções de soberania tinham a possibilidade de vicejar na Península Ibérica também por efeito da posição de Portugal e Espanha frente à *Iurisdictio Imperii*. Cfr. MARTIM DE ALBUQUERQUE, *L'Humanisme Portugais et la France – Bodin au Portugal*, Paris, 1984; e, do mesmo autor, *Jean Bodin na Península Ibérica – Ensaio de História das Idéias Políticas e de Direito Público*, Paris, 1978, *vid.* especialmente, o capítulo sobre a recepção, pp. 119-145.

A preocupação com os levantamentos dos índios é uma nota constante do Regimento em questão. O governador deveria percorrer as capitanias para conhecer a situação e ordenar as medidas necessárias para o bom governo. Se, entretanto, em algumas delas houvesse *alevantamento ou desassocego dos gentios*, deverá o governador, em pessoa, com muita diligência, cuidar do assunto. Sendo-lhe impossível deve enviar o ouvidor geral, ou pessoa de confiança. Este deve buscar a pacificação com solicitude. Terá Regimento dado pelo governador, que fornecerá as directrizes a seguir.

Repete-se aqui a disposição que proibia o comércio de armas com os aborígenes, que vimos no Regimento de 1549, dado a Tomé de Sousa[366].

Ao final do Regimento foi feita uma postila, datada de 30 de Março do mesmo ano. Nesta prescreve sobre a nova raça originada do europeu e do índio, o mamaluco. E é de um perdão que se trata:

> *E por ser informado que nas ditas partes andam muitos mamalucos ausentados ou fugidos por ferimentos e outros insultos que tem feito: Hei por bem, que indo os ditos mamalucos que andam ausentes, e que não tiverem culpas graves, nem parte convosco à guerra de Jaguaripe ou a qualquer outra que se houver de fazer, vós lhes possais perdoar em meu nome, as culpas que tiverem, com parecer dos Desembargadores da Relação, que ora envio às ditas partes*[367].

O Regimento de Francisco Giraldes, apesar de não ter havido exercício de funções, dá-nos a ideia da direcção apontada pelo primeiro monarca da nova dinastia para a legislação colonial, especialmente sobre o tratamento dos gentios.

O facto de não se conhecer, na íntegra, o Regimento do primeiro governador geral nomeado por Filipe I, Teles Barreto, torna o texto que acaba de ser examinado de alguma maneira ainda mais importante, como exemplo das preocupações acerca do tratamento e condição dos gentios e a direcção legislativa para a nova colónia.

* * *

---

[366] *Vid. supra* pp. 130-136.
[367] *RFAB*, I, p. 277.

3.4 A Lei de Filipe I de 22 de Agosto de 1587

Após a morte do governador Teles Barreto (Março de 1587) e ainda durante o governo da junta interina, formada pelo bispo, o ouvidor geral e o provedor da fazenda de El Rei, vimos a corte de Madrid expedir a Lei de 22 de Agosto de 1587, publicada em Lisboa, na Chancelaria mór, em 15 de Março de 1588[368].

Esta Lei ocupava-se dos índios que não poderiam ser cativados, conforme a Lei de 1570, e acrescentava providências a respeito dos que trabalhassem nas fazendas, para que não fossem retidos como escravos mas, isto sim, fossem considerados inteiramente livres, recebendo o justo salário pelos seus trabalhos e somente aí permanecendo enquanto fosse sua expressa vontade.

Para se compreender o cuidado exposto no texto da Lei que vamos analisar, é preciso ter bem em conta o desenvolvimento económico do Brasil nestes finais de Quinhentos. E é o açúcar que tem o protagonismo nesta época.

Na Idade Média, o açúcar era artigo extremamente caro, por isso era escolhido para presentes de reis e figurava nos próprios inventários régios. As repúblicas italianas comercializaram e prosperaram muito à custa do açúcar e iniciaram a cultura da cana na bacia do Mediterrâneo, nas ilhas de Rodes e da Sicília. Foram os árabes que introduziram o açúcar em Espanha.

Portugal, desde meados do século XV, tinha a supremacia do comércio do açúcar, devido à introdução da cultura nas ilhas descobertas pelo Infante, especialmente a Ilha da Madeira.

Desde 1526 já se cobrava em Lisboa, na alfândega, direitos sobre o açúcar vindo de Pernambuco, portanto antes mesmo da instalação do regime das capitanias. Contudo, é certo que Martim Afonso de Souza, logo após a fundação de São Vicente, em 1533, iniciou a cultura no Engenho do Governador[369].

---

[368] In *Synopsis Chronologica de Subsidios ainda os mais raros para a Historia e Estudo Crítico da Legislação Portuguesa: Mandadas publicar pela Academia Real das Sciencias de Lisboa e Ordenada por Jozé Anastasio de Figueiredo*, Lisboa, MDCCXC, II – desde 1549 até 1603.

[369] *Vid.* BRASIL BANDECHI, *História Econômica e Administrativa do Brasil*, São Paulo, 1970, p. 44, onde podemos ler que *chamou-se, a princípio (enquanto dele foi Martim Afonso o principal proprietário), Engenho do Trato e Engenho do Senhor*

A importância da cana-de-açúcar para os planos de colonização de Portugal manifesta-se já nas primeiras cartas de doação, dentre as quais destacamos a de Duarte Coelho, de 10 de Março de 1534, onde lemos que

> ... me praz por fazer merce ao dito Duarte Coelho e todos seus socesores a que esta capitania e governança vyer de juro e d'erdade pera sempre que elles ajam [...] engenhos de qualquer calydade que seya que na dita capitanya e governança se poderem fazer e ey por bem que pessoa alguma nam posa fazer as ditas moendas marinhas nem enjenhos senam o dito capitam e governador ou aqueles a que ele pera yso der licença de que lhe pagarem aquele foro ou trebuto que se com eles comcertar[370].

A partir de 1560 Portugal já superava a produção de açúcar das possessões espanholas[371]. O Governo geral[372] fomentou o desenvolvimento da cultura da cana e da produção do açúcar, isentando de impostos por dez anos os engenhos que se construíssem, pelo alvará de 20 de Julho

---

Governador; mas, depois de transferido à firma Hielst & Shetz, tomou as denominações de Engenho dos Armadores, Engenho de São Jorge dos Erasmos e, por fim, mais curtamente, Engenho dos Erasmos. Até fins do século XVI, havia em São Vicente seis engenhos. Também sobre a temática a instigante síntese de FRÉDERIC MAURO, Do pau brasil ao açúcar, estruturas económicas e instituições políticas – 1530-1580, in *Revista de Ciências do Homem*, vol. IV, série A, 1972, Lourenço Marques, pp. 197-205. Pelo final do século serão c. 150 engenhos no Brasil, com predomínio das capitanias de Pernambuco e da Bahia, com 70 e 50 engenhos respectivamente. Sobre o tema também se pode ler a boa visão geral de JORGE COUTO, *A Construção do Brasil – Ameríndios, Portugueses e Africanos, do início do povoamento a finais de Quinhentos*, Lisboa, 1997, pp. 284-296.

[370] Cfr. BIGOTTE CHORÃO, *Doações e Forais das Capitanias do Brasil (1534-1536)*, cit., p. 14.

[371] Concentradas sobretudo nas Antilhas.

[372] Já no Regimento de Tomé de Sousa podemos ter alguma ideia da preocupação com a organização dos engenhos. Previa que as terras dadas em sesmarias para *engenhos d'açúcares, será a pessoas que tenham possibilidade para os poderem fazer(dentro do tempo que lhe limitardes), que será o que vos bem parecer. E para serviço e manejo dos ditos engenhos de açúcares, lhes dareis aquela terra que para isso for necessária, e as ditas pessoas se obrigarão a fazer, cada um em sua terra, uma torre ou casa forte, da feição e grandura que lhes declarardes nas cartas, e será a que vos parecer, segundo o lugar em que estiverem, que abastarão para segurança do dito engenho, e povoadores de seu limite. E assim se obrigarão de povoarem e aproveitarem as ditas terras e águas, sem as poderem vender, nem trespassar a outras pessoas, por tempo de três anos.Vid. RFAD*, cit., pp. 39-40.

de 1551. Foram também outorgados privilégios de nobreza e impenhorabilidade aos senhores de engenho[373] e o alvará de 29 de Março de 1559 reduziu as taxas sobre a importação de escravos africanos que se destinassem aos engenhos.

A verdade é que o engenho acabava por implicar em grande impulso e esforço de colonização. Eram necessários muitos braços. E não era possível contar apenas com os colonos vindos do Velho Mundo para a enorme e pesadíssima tarefa da cultura da cana e do trabalho nos engenhos. Tudo isto sob a canícula e a humidade da zona do litoral brasileiro, onde se instalaram, por medida de segurança, os primeiros engenhos.

Assim, tornava-se essencial a cooperação do aborígene para tal esforço. Gilberto Freyre, em *Casa Grande & Senzala*, chama a atenção para o aspecto *sui generis* da colonização portuguesa nos trópicos, na qual o aproveitamento da gente nativa, em especial da mulher, não somente se dá como instrumento de trabalho, mas também como elemento da formação da família.

Claro está a impossibilidade da obtenção de mão-de-obra suficiente na Europa. Só restava aos portugueses o trabalho forçado para o desenvolvimento económico necessário ao prosseguimento da colonização[374] o trabalho forçado tornava-se então imperativo. Os engenhos foram, durante o ciclo do açúcar, o principal meio de desenvolvimento das novas terras descobertas, o grande impulso colonizador dos finais do século XVI[375]. Informa-nos Stuart Schwartz[376], que os trabalhadores dos Engenhos de Sergipe e Santana, no século XVI, eram predominantemente da raça

---

[373] Cfr. SIMONSEN, *História Económica do Brasil*, São Paulo, 1937, I, p. 148.

[374] *Idem* pp. 190 e ss. onde se desenvolve a ideia do trabalho forçado como imperativo económico associado à mentalidade da época, que não tinha a escravidão como um meio ilegítimo de exploração.

[375] Data desta época, e é devido também a esta riqueza proeminente, o interesse dos holandeses pelo Brasil. No século seguinte estes irão invadir e estabelecer-se nas regiões de maior produção açucareira do Brasil por algumas décadas. Também o tabaco, a erva santa, já penetrara fortemente os hábitos europeus, e a Companhia das Índias Ocidentais fazia entrar na Holanda, para distribuir pela Europa, enormes quantidades de tabaco brasileiro. Para uma visão concisa e clássica vid. J. LÚCIO DE AZEVEDO, *Épocas de Portugal Económico*, Porto, 1988, pp. 215-284.

[376] STUART B. SCHWARTZ, *Segredos Internos: Engenhos e Escravos na Sociedade Colonial, 1550-1835*, São Paulo, 1988, pp. 60-69. O autor afirma que predominava a tendência da passagem da escravidão para o trabalho remunerado, o que, como veremos, era objectivo fulcral do diploma em questão.

Tupinambá, também sendo detectados Caetés, Tapuias, Tamoios e Carijós. A percentagem era de 93% de mão-de-obra indígena contra 7% de africanos, no Engenho de Sergipe, no ano de 1572. O primeiro século da colonização do Brasil dependeu, como se pode notar, da força de trabalho indígena. Assim podemos perceber melhor a preocupação específica na lei que passamos a analisar.

* * *

A lei de Filipe I de Portugal começa com a transcrição e confirmação da lei de 1570. Em seguida, reconhece os excessos que vinham sendo praticados pelos vassalos em relação aos índios, com o cativeiro injusto e os maus tratos. Não deixa de deplorar tais abusos que eram perniciosos, tanto para a conservação dos índios, como para a paz e ordem social necessárias para o convívio dos colonos e dos gentios.

Tendo isto em vista a lei categoricamente ordena que

> *daqui em diante nenhuma pessoa de qualquer qualidade e condição que seja vaa ao çertão com Armações a buscar Indios sem liçença do dito meu governador, a qual lhe elle dara precedendo primeiro o exame neçessario da bondade, e callidade da pessoa, ou pessoas que forem fazer as ditas Armações e da confiança dellas com as quais irão dous, ou tres padres da companhia de Jesu que pello bom credito que tem entre os gentios os persuadirão mais facilmente a virem servir aos ditos meus vassallos en seus engenhos, e fazendas sem força, nem engano declarandolhes que lhes pagavam seus serviços conforme a meu Regimento, e que quando se quisessem retirar dos engenhos, ou fazendas onde estiverem o poderão fazer sem lhes ser feita força alguã, e depois de vindos os ditos Indios do çertão ei por bem que se não repartão entre os ditos moradores sem serem presentes a isso o dito meu governador, ou o ouydor geral, e os padres que forão nas tais armações, ou outros da mesma companhia, os quais procurarão que a dita Repartição se faça mais a gosto, e proveito dos Indios que das pessoas porquê se Repartirem não os constrangendo a servir contra suas vontades, e o dito governador ou ouvydor geral lhes fara pagar seus trabalhos; e serviços segundo mereçerem...*[377]

---

[377] Real Archivo da Torre do Tombo, liv. I de Leis de 1576 até 1612, fol. 168-170. Transcrição feita por nossa responsabilidade. A passagem citada do diploma filipino também faz lembrar a resolução do bispo e do ouvidor geral, tomada alguns poucos anos

O texto revela-nos todo o prestígio dos jesuítas, seja entre os gentios, seja na corte filipina. Aqui eles são de maneira subtil constituídos protectores e defensores dos índios. Também temos bem presente a importância de uma acção conjugada entre as autoridades civis e os membros da Companhia de Jesus, na disposição e distribuição dos índios para o trabalho, ficando expressamente determinado o pagamento do justo salário.

Prevê ainda o diploma que se tenha registo de todos os índios da seguinte forma

> ... e pera que com mais claresa se saiba a todo tempo os Indios que servem nos tais engenhos e fazendas, mando que a escreva no livro na camara de cada uma das capitanias das ditas partes en que se todos escreverão, com a declaração das aldeas en que estiverem, e as pessoas que os tiverem serão obrigados a ter hum rol do numero delles com declaração dos nomes, e idades que será asignado pelas Justiças de cada huã das ditas capitanias...[378]

Estabelece que devem ser feitas duas visitas por ano aos índios pelo ouvidor geral, devendo, os índios, estar acompanhados dos seus procuradores. Nesta visita se tomará informação da maneira como são tratados e se são doutrinados cuidadosamente na doutrina cristã, sendo recomendado que, se algo não estiver conforme o desejado, que se obrigue ao cumprimento das obrigações prescritas. Garante-se também toda a liberdade aos gentios que não se sintam satisfeitos.

Em seguida, reitera a liberdade dos índios nos seguintes termos:

> ... e outrossy ey por bem que nas ditas partes do brasil não aja Indio algum captivo, e todos sejão livres, e como tais sejão tratados excepto os que

---

antes da dita lei: *Estando assi postos os Indios nas Aldeas & outras povoações por ordem do Governador e Capitães da hi podem prover aos moradores dos Indios que boamente ouvere mister pera seu serviço principalmente pera benefiçiar & prantar das canas e isto por certo tempo, e pollo preço que conforme acertado da terra e qualidade dos Indios se iulgar ser iusto de maneira que os Indios folguem de aiudar aos moradores, e de os servir, contanto que acabado o tempo porque se alugarão se possão livremente tornar pera suas propias aldeas e povoações sem a isso se lhe por impedimento algum por não perderem seus mantimentos nem seu modo de grangearia com que se sustentão, e finalmente de tal maneira se procure nesta parte que he dos Indios que os moradores possão grangear suas fazendas. In* Biblioteca de Évora, cód. CXVI/1-33, f. 69v-71.

[378] *Idem.*

forem cativos em alguã guerra justa que per meu mandado, ou do dito meu governador se fizesse, ou for comprado por não ser comido dos outros Indios, não se podendo doutra maneira salvar da cruesa desumana com que se comem uns aos outros, e o que assi for comprado ficará cativo ate o tempo que tornar a seu senhor o que deu por elle, pera que com mayor dilligençia, e cuidado se requerer, e procurar a justiça dos ditos Indios. Mando ao dito governador ordene em cada huã das ditas capitanias, e povoações pessoas que terão carrego de a procurar, e requerer, e de fazer ao dito governador, e as justiças todas as lembranças que lhe pareçerem necessárias, assi pera os conservar em suas liberdades, como pera os deffender das Injurias, e máos tratamentos que se lhes fizer...[379]

Determina então que todos os casos relativos à liberdade dos índios, do justo pagamento de seus serviços e a quaisquer injustiças cometidas contra eles, devem ser objecto de processo sumário, *sem mais ordem nem fegura de juizo que a que for necessaria pera se saber a verdade sem embargo de quaisquer ordenações que em contrario aja...*

Esta disposição implica a derrogação de ordenamentos prescritos. Porém, visto que as Ordenações então em vigor, as Manuelinas, previam, no seu Livro 2°, título XLIX, que nunca se poderia entender ser derrogada nenhuma ordenação, salvo se fosse feita menção expressa da substância de tal ordenação[380], o diploma refere que, apesar de não se fazer a dita menção, devem ser consideradas revogadas as ordenações que obstem à determinação de procedimento sumário. Assim fica disposto um privilégio processual beneficiando os índios[381].

---

[379] Idem.

[380] *E por quanto muitas vezes passam algumas Provisões Nossas, as quaes sam contra Nossas Ordenações, e algumas leuam clausula, que se cumpram sem embarguo de Nossas Ordenações serem em contrairo, e porque Nossa tençam nom he por ninhumas Prouisões geeraes Deroguarmos Nossas Ordenações, Mandamos, que quando Nossos Aluaras, Priuilegios, ou Cartas, que nom forem Doações, forem contra Nossas Ordena-ções, posto que nellas digua, que o Fazemos de Nossa certa sciencia, e sem embarguo de Nossas Ordenações serem em contrairo, nunca se entenda deroguada ninhuma Nossa Ordenação, nem a tal clausula geeral obre efecto algum contra disposiçam de qualquer Nossa Ordenaçam;* **salvo se expressamente por Nós for deroguada a dita Ordenação, fazendo mençam sumariamente da substancia della,** *de maneira que claramente pareça que fomos emformado, ao tempo que a Deroguamos, do contheudo na dita Ordenaçam.* In Ordenações Manuelinas, Liv. 2°, tít. XLIX.

[381] Numa série de artigos no jornal *El País*, de Montevidéu, por ocasião das comemorações do V Centenário do Descobrimento da América por Cristóvão Colombo, o historiador LESLIE CRAWFORD dá-nos um interessante panorama do estatuto jurídico

Através deste diploma, podemos perceber o desenvolvimento de uma política legislativa de protecção aos índios, que já se manifestara durante o período da dinastia de Avis. Mas também se nos afigura a disposição do monarca Habsburgo em prosseguir uma linha de acção que já se revelara muitas décadas antes, como, por exemplo, podemos depreender desta carta do príncipe Filipe dirigida ao conquistador Pedro de Valdivia, *adelantado* do Chile, de 10 de Maio de 1554:

> *Porque uma das coisas que Sua Majestade [Carlos V]e eu temos mais presente e mais desejamos, é o bom tratamento dos nativos desta terra e sua instrução e conversão à nossa santa Fé católica, encarrego-vos e mando que, entendida a vontade real, tenhais muito grande cuidado com o bom tratamento desses nativos e com sua instrução e conversão, e não dar lugar a que se lhes faça nenhuma ofensa; que em nada podeis fazer a Sua Majestade e a mim tão agradável serviço como este*[382].

E ainda transcreveremos, para corroborar, a real cédula de 17 de Maio de 1582, aonde Filipe II afirma:

> *Os índios são pessoas miseráveis, e de natureza tão débil, que facilmente se acham maltratados e oprimidos, e nossa vontade é que não padeçam*

---

dos índios, e defende que estes eram uma categoria privilegiada devido a algumas prerrogativas, tais como a isenção do pagamento de despesas judiciais, seja nos pleitos iniciados por eles, seja naqueles iniciados pelos seus protectores ou procuradores; ou o benefício de serem tratados pelos médicos gratuitamente, como dispõe a compilação 39 das Leis das Índias, especificamente para os médicos do Peru; ou a mesma gratuidade no México e as exéquias gratuitas previstas por lei, em caso de falecerem em hospitais. Aqui transcrevemos um extracto de um dos artigos(12 de Julho de 1991) que nos interessa em especial, por referir a época pela qual Filipe II de Espanha também reinava em Portugal: *Em 12 de Maio de 1589, a Audiência de Quito informou que até aquele momento haviam sido registrados oito mil litígios a mais de índios que de espanhóis. Que explicação se deve dar? Os índios vinham pedir justiça pela razão claríssima de que eram ouvidos e obtinham reparação dos danos sofridos.* **Eles sabem tão bem queixar-se que ninguém se atreve a lhes fazer afronta**, escrevia ao rei o governador do Peru, o diplomado Castro. E conclui Crawford: *Pode-se discutir se tal ou qual lei foi cumprida estrita e universalmente; mas é fato histórico notório(...) que o índio foi mais bem tratado pela lei castelhana do que o homem branco ou mestiço.* Cfr. *El País*, de Montevidéu, edições de: 16 de Junho de 1992; 31 de Julho de 1992; 22 de Agosto de 1991; 10 de Maio de 1991; 12 de Julho de 1991; 26 de Julho de 1991 e 17 de Maio de 1992.

[382] *Colecciones y documentos inéditos relativos al descubrimiento de las antiguas posesiones de América e Filipinas*, Madrid, 1864, t. III, p. 446.

vexações, e tenham o remédio e amparo convenientes, por quantas vias possíveis, pelo que foram despachadas muitas Cédulas nossas, instruindo para que sejam bem tratados, amparados e favorecidos; as quais deverão ser executadas sem omissão, dissimulação, nem tolerância, segundo se encarregou a nossos Ministros reais. Rogamos e encarregamos aos Arcebispos e Bispos que, tendo eles visto e considerado o estipulado nestes casos, usando dos remédios que lhes oferecer sua inteligência e prudencia, para maior e melhor cumprimento de sua vontade, disponham no que lhes toca, com toda atenção e vigilancia, o que convenha para evitar a opressão e desordens de que padecem os índios, e procurem que sejam doutrinados e ensinados com o cuidado, a caridade e o amor convenientes à nossa Santa Fé, e tratados com a suavidade e a temperança que tantas vezes já foram mandadas. Sem dissimular com os que faltarem com esta universal obrigação, e muito menos com os Ministros e pessoas que, devendo atender com remédio a qualquer dano, fizerem da omissão uma fonte de lucro(...). E por ser esta a matéria em que nos daremos por mais obrigados e bem servidos, tornamos a encarregar repetidamente, e que nos avisem do fruto e dos bons efeitos que resultarem de seu desvelo[383].

A lei de 22 de Agosto de 1587 é a expressão de uma mentalidade de protecção dos aborígenes[384] que poderíamos chamar de tipicamente

---

[383] VICENTE D. SIERRA, *Asi se Hizo America – La Expansión de la Hispanidad en el siglo XVI*, Madrid, 1955, p. 224.

[384] Sob a óptica económica, que poderia permear a análise deste diploma, transcrevemos as palavras de Arthur Cezar Ferreira Reis: *Os engenhos e as fazendas de criar multiplicavam-se. Em 1580, podemos dizer que já constituíam motivação fundamental, gênero de vida que movimentava o Brasil na projeção que alcançava. À pobreza, com que a terra desanimara muitos, sucedia empresa de possibilidades ilimitadas. O trabalho para a manutenção desse estado de coisas na economia de produção não fora possível, no entanto, realizar-se com a mão de obra indígena. A colaboração da multidão aborígene não se ampliara até lá. O resultado fora a importação do braço africano, na condição de escravo para as tarefas essenciais à atividade de criação económica*. Vid. *Revista de Ciências do Homem*, vol. IV, série A, 1972, Lourenço Marques, p. 95. A pergunta que fica é se justamente a legislação protectora dos índios não fôra causa concorrente ou essencial para a importação do braço africano. Parece-nos que não pode ser negativa a resposta apesar de ser necessário matizar o reflexo. O Homem de finais de Quinhentos não era alheio à sede de lucros, e o pagamento do salário justo ao aborígene, menos apto ao pesadíssimo trabalho que exige a cultura canavieira, talvez não fosse equiparável ao trabalho escravo do negro africano, resistente e habituado à dura faina. Stuart B. Schwartz, num ensaio voltado essencialmente para o problema sócio--económico, assevera que tanto o desenvolvimento de uma resistência dos índios e as

ibérica, visto que, seja no tempo dos reis da dinastia de Avis, seja durante a monarquia dual, ou ainda, e simplesmente, na monarquia espanhola[385] e a legislação destinada às suas possessões, a marca comum é este anelo pela protecção dos índios, associada à evangelização e criação de uma sociedade justa. Na expressão do historiador americano Lewis Hanke, era a luta pela justiça nas terras do Novo Mundo.

* * *

Neste momento, parece-nos importante, antes de prosseguir na análise dos diplomas emanados em parte do período de domínio filipino, perpassarmos algumas informações sobre o protector dos índios.

A instituição do protectorado dos índios constituiu elemento notável da política indigenista dos Habsburgo. O protector foi o funcionário encarregado de vigiar os comportamentos em relação aos indígenas e, ao mesmo tempo, servir na integração dos gentios na ordem jurídica instaurada, facilitando o exercício dos direitos destes, designadamente por meio das acções que a sua defesa deveria suscitar. Era um cargo burocrático com a atribuição específica de procurar que os índios vivessem da melhor maneira possível, dentro da legislação, evitando qualquer tipo de extorsões por parte dos europeus. Aqui fica delineada a atitude paternal e proteccionista do povo colonizador.

---

epidemias que devastaram aldeias inteiras, quanto a legislação antiesclavagista, levaram à redução da disponibilidade e da rentabilidade que porventura os índios podiam proporcionar. *Cfr. Da América Portuguesa ao Brasil*, Braga, 2003, p. 72. Resta referir que durante a década de 1580 a legislação que protegia os índios e regulava o cativeiro foi respeitada. Transcrevo a passagem de Marchant que afirma: *Estreitamente dominados pelos jesuítas, e reconhecidos como aliados armados do governador, viveram sem ser molestados pelos colonos*[os índios da Bahia]. *Sua vida combinava disciplina e franquia da escravidão... in Do Escambo à Escravidão*, cit., p. 121.

[385] Já no tempo de Carlos V isto fica patente. Na sua *Provisão de Granada*, de 17 de Novembro de 1527, formulou um elenco de instruções para novos descobrimentos, assinalando: *Foi e é nosso principal objectivo e desejo, ter os ditos índios no conhecimento do verdadeiro Deus Nosso Senhor e de sua Santa Fé, com a pregação dela e o exemplo de pessoas doutas e de bons religiosos, fazendo boas obras e dispensando bom tratamento, sem que suas pessoas e bens recebam força nem pressão, dano ou malefício algum.* Vid. BRAVO LIRA, da Academia Chilena de História, La Epopeya Misionera en América y Filipinas – Contribuición del poder temporal a la evangelización, in *História da Evangelización da América – Atas do Simpósio*, Vaticano, 1992, p. 70.

A existência dos protectores, além de ser parte integrante da política indigenista dos Habsburgos, estribava-se numa ficção jurídica: a consideração dos índios como menores de idade, **miseráveis**. Miserável[386] foi o termo utilizado na época para tratar aquele que necessitava de tutela.

O ofício de protector dos índios foi proposto pelo cardeal Cisneros ao regente de Castela. A missão fundamental deveria ser a conservação e o bom tratamento da população indígena. O primeiro protector foi Bartolomeu de Las Casas.

Numa primeira fase foram nomeados bispos[387] para ocuparem o cargo, tendo em vista que haviam partido da Igreja todas as manifestações de preocupação, desde os primórdios dos Descobrimentos, com o tratamento que deveria ser dispensado aos índios. Além disso, apresentava-se como essencial a mediação do clero no relacionamento entre os colonos e os índios. Também inserir os índios no novo *modus vivendi* era função da Igreja. Assim na América espanhola, assim na América portuguesa. A Religião foi sempre elemento de integração.

Mas, a partir da década de sessenta, começaram a ser designados leigos para o exercício das funções de protector.

Entre 1582 e 1589 houve a suspensão da instituição no mundo hispânico. Mas, como vimos há pouco, o texto da lei de 1587 instituiu, não com as especificidades previstas para a América espanhola, os jesuítas como protectores dos índios[388].

Pela real cédula de 10 de Janeiro de 1589, Filipe II de Espanha, reconhecendo os grandes inconvenientes ocasionados pela extinção do cargo de protector dos índios, decidia restaurá-lo[389].

---

[386] A concepção jurídica do **miserável** remonta à época do Imperador Constantino. A esta condição pertenciam as viúvas, os órfãos, os neófitos, os peregrinos. Eles gozavam de privilégios, especialmente de ordem judicial. Séculos transcorridos os índios americanos viriam a participar destes privilégios. *Vid.* CASTAÑEDA, Paulino, *La condición miserable del indio y sus privilegios*, Sevilla, 1971.

[387] No vice-reinado do Peru tivemos, a partir da década de trinta do séc. XVI, os bispos, por designação real, a exercitarem o protectorado. A partir de 1531 os bispos eram investidos automaticamente como protectores dos índios. Assim, o foro eclesiástico como que anexou esta atribuição.

[388] *Supra* pp. 183-184.

[389] Os novos protectores deveriam seguir a instruções promulgadas pelo vice-rei don Francisco Toledo, em 1575. E assim será até 1620. São 22 as *ordenanzas* dessas instruções, que podem ser consultados *in* RUIGÓMEZ GÓMEZ, Carmen, *Una Política*

Durante o período em que eram nomeados religiosos para o exercício das funções de protector, estes possuíam as funções de juízes, com pequena alçada, é verdade, que ia até 50 pesos de ouro e 10 dias de cárcere. Mas, em regra, eles actuaram como advogados e procuradores. Serviam-se sobretudo das informações e da recolha das queixas dos índios, assim como das denúncias, para solicitar a sanção adequada às faltas e abusos cometidos contra os índios.

No Brasil, durante o período que nos preocupa, vemos que os jesuítas foram os encarregados deste protectorado – que possuía características diversas do espanhol – e o exerceu essencialmente nos aldeamentos, com a jurisdição que lhes foi concedida[390]. Contudo, podemos dizer que as denúncias foram as armas utilizadas pelos inacianos para conseguir os propósitos de protecção para a civilização dos gentios. O grande exemplo, já para meados do século XVII, foi o padre António Vieira que, com sua verve vigorosa, denunciava, do púlpito, os abusos cometidos, e com seu fino sentido diplomático conseguia as ordens régias para o favorecimento e protecção dos índios do Brasil[391].

No seu *Regulamento das Aldeias*, publicado apenas em 1943, o padre Vieira, cuidando na terceira parte principalmente do problema da jurisdição civil – na terminologia da época *governo temporal* – trata os índios por miseráveis, num sentido não rigoroso do que, por aproximação, poderíamos entender por menoridade. Parece-nos que a utilização desta expressão pode ter sido derivada do uso anterior, corrente, como tivemos a oportunidade de averiguar, na América espanhola[392].

---

indigenista de los Habsburgo: el Protector de lo Indios en el Perú, Madrid, 1989, pp. 189-197. Foi deste trabalho que me servi para a síntese exposta.

[390] ... *me pareceu encarregar por ora, enquanto eu não ordenar outra cousa, aos religiosos da Companhia de Jesus o cuidado de fazer descer êste gentio do sertão, e o instruir nas cousas da religião cristã*, **e domesticar, ensinar, e encaminhar no que convém ao mesmo gentio, assim nas cousas de sua salvação, como na vivenda comum, e tratamento com os povoadores, e moradores daquelas partes**. Este extracto do Regimento, de 26 de Julho de 1596, marca a posição primordial que foi ocupada pelos jesuítas. O Texto segue analisado mais adiante e vem publicado na íntegra no Anexo G.

[391] Sobre está faceta da vida do padre António Vieira ver o trabalho clássico de JOÃO FRANCISCO LISBOA, *Vida do Padre Vieira*, São Paulo, 1956, pp. 269-394; e também o *Sermão das Tentações* e o famoso *Sermão aos Peixes*, obras de arte e combate contra os cativeiros injustos.

[392] A passagem refere-se ao problema dos salários dos índios: *Nos preços do serviço dos Índios nenhuma coisa se altere, nem se permita a ninguém levá-los sem*

3.4.1 *Uma Lei ao final do reinado de Filipe I*

Esta lei, passada por Filipe I, já nos últimos anos do seu reinado, revoga as leis anteriores e determina, como única causa legítima para o cativeiro do gentio, a guerra justa. Mas, e aqui a novidade, esta guerra só poderá ser empreendida por provisão régia. A decisão teria que ser tomada na Europa e isto, por si só, procrastinava e punha obstáculos que dificultavam a declaração de guerra.

O monarca, no texto da lei, lamenta os abusos[393] que são cometidos contra os aborígenes e considera que o mal causado gerava *grandes inconvenientes assi para as conçiencias das partes que pela dita maneira os captivam, como pelo que toca a meu serviço, e a bem da conservação daquele estado.*

Então, seguindo parecer dos membros do seu Conselho, decide o soberano que para

> *atalhar às cautellas com que os moradores das ditas partes procurão fraudar a dita ley, ei por bem de a revogar*[a lei de 1570] *como por esta revogo, e mando que daqui em diante se não use mais della, e que por nenhum caso, ne modo algum os gentios das partes do brasil se possão captivar salvo aquelles que se captivarem na guerra que contra elles eu ouver por bem que se faça, a qual se fará somente per provisão minha pera isso particullar por mim asinada, e os que de outra maneira forem captivos ei por livres*[394]*;*

A seguir, aparece a preocupação de proteger os índios tomados em guerra não ordenada pelo rei, ou salteados, proclamando-se que permanecerão em *liberdade natural*, como foram encontrados, e que a nada podem ser constrangidos.

---

depositar pagamento, excepto somente quando forem do serviço de El-Rei, com cujos ministros se deve solicitar com todo o aperto a satisfação do suor destes **miseráveis**, *pois do bom tratamento, que se faz aos já cristãos, depende em tanta parte a conversão dos Gentios*. In História da Companhia de Jesus no Brasil, Lisboa-Rio de Janeiro, 1938-1950, IV, pp. 119-121.

[393] Estes abusos são os meios excusos encontrados pelos colonos para cativar os índios, sob pretexto de guerra justa. Muitas vezes os índios eram perturbados ou maltratados; ao reagirem, os aborígenes acabavam por matar algum colono; em seguida era declarada guerra para castigar a morte. Assim declaravam-se abusivamente «guerras justas».

[394] INTT, *Livro 2° de Leis*, fóls. 26v-27. Transcrição de nossa responsabilidade.

Reitera-se então que se os colonos desejarem servir-se do trabalho dos índios devem remunerá-los como o fazem a homens livres[395].

E o próprio governador do Brasil, membro do Conselho do rei, D. Francisco de Souza, ordenou o pagamento de 26 mil réis mensais ao capitão-mor da Paraíba, Feliciano Coelho de Carvalho, para o sustento dos índios desta Capitania[396].

Esta Lei foi registada a 9 de Dezembro de 1595[397].

3.4.2 O Regimento de 26 de Julho de 1596

É muito provável que os abusos cometidos por inescrupulosos, aproveitando-se das distâncias colossais – que dificultavam o conhecimento das leis[398] – e de alguma impunidade, tenham continuado.

Havia, de acordo com os testemunhos da época, grandes diferendos entre os jesuítas e muitos dos colonos, que geravam um grande dilema. Os jesuítas zelavam[399], e essa era a sua missão, pela evangelização e conver-

---

[395] *E os senhores de Engenhos e outras pessoas que teverem alguns indios forros que queirão estar co elles e os tratem bem, e lhes pagão seus serviços, e tem doctrina Christã, e os conservão em sua liberdade, e os não dividirem pode los hão ter, e far se hão com elles as diligenças que se hão de fazer com os outros pera serem conservados, e bem tratados e visitados pelos padres da Companhia pera sua consolação & salvação.* Vid. Biblioteca de Évora, cód. CXVI/1-33, f. 69v-71.

[396] *Cfr.* AHU, *Capitania da Paraíba*, Cx. 1, Doc. 1.

[397] ANASTÁSIO DE FIGUEIREDO, *Synopsis Chronologia*, II, p. 271.

[398] Taunay informa-nos, na sua obra *Bandeiras Paulistas*, que esta lei foi registada em São Paulo, na data de 7 de Maio de 1599, portanto já após a morte de Filipe II. A lei chegou à Bahia num galeão proveniente da cidade do Porto, em 20 de Maio de 1597. Este lapso de dois anos parece-nos injustificável, a não ser por um interesse regional, que a História comprova.

[399] Na resolução que o bispo e o ouvidor geral do Brasil tomaram em inícios de 80 já transparece a preocupação com os aborígenes, e as vantagens, para a fazenda, das boas relações e o bom tratamento que se deviam ter com eles: *Primeiramente he neçessario que os Governadores e Capitães não consintão virem ao sertão a trazer gentio senão pessoas de bem. E de boa consçiencia. E estes que de sua parte digão aos Indios que se venham pera iunto do mar onde os deixarão estar, em suas liberdades e que pollos aiudarem os proverão daquillo de que teverem neçessidade & que senão consintira fazerem se lhe agravos e que com elles não usem de nenhum modo de engano nem força. E depois de trazidos lhes faça inteiramente goardar o que lhes mandou prometer plo que posto que nas liçenças que ate aqui se derão se mandava aos que hyão ao sertão que não usassem de engano nem força, com tudo polla mayor perte, os que la vão são pessoas de pouca*

são do gentio, enquanto os colonos necessitavam de explorar as terras e conseguir suprir as suas primeiras necessidades. Talvez estejamos diante de um falso dilema, pois nenhuma das opções parece ser ilegítima, nem sequer, objectivamente, deveriam ser excludentes.

Muitos colonos argumentavam que os índios eram incapazes, devido aos seus costumes, de serem forros. Dentre os bárbaros costumes destacavam a antropofagia. Claro está que esta generalização era excessiva e que os padres da Companhia, que não se opunham ao cativeiro legal, não podiam aceitar este género de argumentos.

O Regimento de 1596 fortalece imensamente a posição dos jesuítas na medida em que a eles fica restrita a descida dos índios. Visto os índios se encontrarem livres no sertão, assim deveriam permanecer no convívio com os colonos. O rei, no texto da lei, tem por bem

> ... dar ordem com que o gentio desça do sertão para as partes vizinhas às povoações dos naturais dêste Reino, e se comuniquem com êles, e haja entre uns e outros a boa correspondência que convém para viverem em

---

confiança não cumprirão o que lhes era mandado. E depois dos indios vindos se não cumprio o que lhes foi prometido, nem ao menos se conservarão a sua liberdade. & os Indios achandosse enganados huns morrião de paixão, e outros tornavão a fugir pera suas terras, e algumas vezes fazendo dano aos moradores, e que os Governadores e Capitães trabalhem para que não falte nada aos ditos Indios assi do que releva pera sua salvação, como da sustentação pera sua vida, o que se pode bem fazer com ordenar que aia mais aldeias das que agora ha de que os padres da Companhia té a administração no spiritual. E que com huns e com outros se tenha muita costa, e posto que o modo de que deve de usar neste negoçio o Governador senão pode particularizar deve de ficar em seu alvidrio tudo o que convem de maneira que não aia iniustiças, per ao que deve de tomar informação, e comunicar com as pessoas que seião de rezão e que desapaixonadamente nesta materia o possão aconselhar. E desenganar disto mais especialmente deve Sua Mgde. encarregar aos Governadores e suas provisões porquanto he certo que na execução consiste o remedio deste negoçio. E que a mesma diligençia ponha o Governador geral em fazer cumprir e goardar aos Capitães de todas as Capitanias e que deste caso se devasse e pergunte em suas residençias. Vid. *Resolução que o bispo e ouvidor geral do Brasil tomaram sôbre os injustos cativeiros dos Índios do Brasil, e do remédio para o aumento da conversão e da conservação daquele Estado*, ms. da Biblioteca de Évora, cód. CXVI/1-33, f. 69v-71. O texto antecipa a lei em, pelo menos, uma década. Stuart Schwartz cita um documento da Biblioteca da Ajuda (44-XIV-6, ff. 179-181, 185-193v) no qual o jesuíta Gaspar Beliarte, os ouvidores gerais Cosme Rangel e Martim Leitão, e os governadores de Portugal teriam manifestado opiniões que foram levadas em conta na preparação da lei estudada. *Cfr.* SCHWARTZ, Stuart, *Sovereignty and Society in Colonial Brazil*, London, 1973, p. 131.

quietação, e conformidade; me pareceu encarregar por ora, enquanto eu não ordenar outra cousa, aos religiosos da Companhia de Jesus o cuidado de fazer descer êste gentio do sertão, e o instruir nas cousas da religião cristã, e domesticar, ensinar, e encaminhar no que convém ao mesmo gentio, assim nas cousas de sua salvação, como na vivenda comum, e tratamento com os povoadores, e moradores daquelas partes[400].

Há, no texto, o claro desejo de concórdia entre os jesuítas e o governo do Brasil. Seria o governador a assinalar os lugares para onde os religiosos deveriam deslocar e encaminhar os índios. Era manifesto o desejo do soberano de que os jesuítas fossem a ponte entre os índios e a sociedade civil. Com esse fito designa os religiosos como aqueles que devem declarar aos gentios a sua liberdade absoluta na vida que levarão integrados nas povoações. O direito de propriedade do índio é assegurado pela letra da lei: *e será senhor da sua fazenda, assim como o é na serra*.

É recomendado expressamente que se deve ser claro, sincero e honesto no acto de descer do sertão os índios, de maneira que estes não pudessem, no futuro, *dizer que o fazem descer da serra por engano, nem contra a sua vontade*.

Estipula-se que os índios descidos apenas poderiam servir os colonos pelo prazo de dois meses. Previa-se isto com o desiderato de evitar que o índio que trabalhasse para os colonos pudesse tornar-se cativo. E mais, o pagamento efectuar-se-ia findos os dois meses:

Sómente a Justiça de terra lho farão, com efeito pagar, acabados os dous meses, o que merecerem, ou o em que estiverem concertados com êles por seu serviço, e os deixarão livremente ir às suas povoações, e os porão em sua liberdade[401].

Fixava-se por este diploma que seria eleito pelo governador, com parecer dos jesuítas, o procurador do gentio de cada povoação, pelo prazo de três anos, podendo ser novamente escolhido. Receberá o salário do

---

[400] *Synopsis Chronologica de Subsidios ainda os mais raros para a Historia e Estudo Crítico da Legislação Portuguesa*: Mandadas publicar pela Academia Real das Sciencias de Lisboa e Ordenada por Jozé Anastasio de Figueiredo, Lisboa, MDCCXC, Tomo I – desde 1143 até 1549; Tomo II – desde 1549 até 1603. *Vid.* Real Archivo da T. Do T. liv. 2 de Leis de 1595 até 1636, fol. 30; Liv. 3 da Espera da Casa, e Relação do Porto, fol. 271; e *RFAB*, I, pp. 331-333. Esta última foi a versão citada.

[401] *RFAB*, I, p. 332.

costume, e além disso *o Governador e mais Justiças favorecerão as cousas que o procurador do gentio requerer, no que, com razão e justiça puder ser.*

Ordenou-se também que houvesse um juiz particular, de origem portuguesa, para julgar as causas entre os índios e os moradores, com alçada, no cível, até dez cruzados, e, no crime, açoites até trinta dias de prisão.

Ao governador cabia escolher o lugar onde haviam de lavrar e cultivar, respeitando, evidentemente, os lugares já aproveitados pelos capitães.

O diploma previa, finalmente, que o ouvidor geral deveria proceder devassa anualmente contra os que infringissem a lei de 1595, tendo a liberdade de proceder contra eles ao seu alvedrio.

Ao terminar o texto ficava determinado que este deveria ser registado na chancelaria da ouvidoria geral e no livro das câmaras dos lugares das capitanias do Brasil, sendo desta maneira oferecida a publicidade necessária para o seu cumprimento.

Os índios foram favorecidos por esta lei. Para além disso, aliás vem expresso no próprio texto, foi grande incentivo à obra da Companhia. Houve muita expectativa por parte dos padres que serviam no Brasil. Expectativa de ver os males extirpados e facilitadas as suas tarefas. Tal está claramente relatado pelo padre Pero Rodrigues, em carta dirigida ao padre João Álvares, que se encontrava em Roma. A carta está datada de 5 de Abril de 1597. O missivista acusa *a cobiça insaciável de irem de contínuo os Portugueses ao sertão a descer gentio com falsas promessas de liberdade, que lhes não cumpriam, ou com guerra injusta contra quem nunca os agravara*[402], como grande obstáculo à conversão do gentio. Observa que os colonos não os deixavam buscar os indígenas no sertão, para que integrassem as suas Aldeias e vivessem livres. Mas, por fim, cheio de esperança, exclama que a nova lei protege os índios e, somente aos padres da Companhia, doravante, será legal proceder os descimentos[403].

---

[402] *In* SERAFIM LEITE, *História da Companhia de Jesus no Brasil*, op. cit., II, p. 214.

[403] Através de uma muito bem feita política junto à Corte, por homens de rara habilidade tal qual o pe. António Vieira, o poder dos jesuítas iria chegar, num *crescendo*, a alcançar, do espiritual ao temporal, o seu fastígio, no século seguinte. Com a posse da jurisdição espiritual e temporal concedida expressamente no Regimento do Estado do Maranhão, de 21 de Dezembro de 1686, no seu § 1°, nos seguintes termos: *Os Padres*

3.5 No dealbar de Seiscentos: a legislação de Filipe II

No mesmo ano que veria o desaparecimento de D. Sebastião em África, 1578, nascia o seu primo Filipe, filho de Filipe II e de D. Ana de Áustria. Este príncipe foi jurado herdeiro do trono português em 1583[404]. Durante o seu reinado, foi ventilado o projecto de transferência da capital de Madrid para Lisboa, que tomaria o nome de *Felicitas Philipi*. Contudo, tal ideia não foi levada adiante.

---

da Companhia terão o governo, não só espiritual que antes tinham, mas o político, e temporal das aldeias de sua administração. Reinava em Portugal D. Pedro II. Vid. *Regimento, & Leys sobre as Missoens do Estado do Maranhão & Pará, & sobre a liberdade dos Indios*, Lisboa, Na Oficina de António Menescal, MDCCXIV. Foi só com o neto de D. Pedro II, D. José I, que caíram em desgraça os inacianos. Por outro lado, a lei sobre a liberdade dos índios só será dada por este rei, pela lei de 6 de Junho de 1755. Anteriormente a este diploma, o alvará de 4 de Abril de 1755 elevou o conceito público dos gentios. Nele o rei declarou que os casamentos dos seus vassalos com índias não seriam passíveis de qualquer tipo de infâmia, antes seriam dignos da real atenção. Proibiu-se, então, o epíteto de caboclos ou outro qualquer que se revestisse de carácter injurioso. Logo veio a lei a que fizemos referência e que pode ser considerada sob certos aspectos, a mais importante, no alcance, acerca da liberdade do índios. A lei de Junho do mesmo ano dirigia-se em especial aos índios do Estado do Maranhão e declarou serem livres e isentos de toda escravidão, podendo dispor de suas pessoas e bens. Estavam, contudo, exceptuados os filhos de índios com escravas pretas. A lei foi estendida a todos os índios do Brasil pelo alvará de 8 de Maio de 1758, em conformidade com o Breve *Immensa Pastorum*, do Papa Benedito XIV, que reprovava os abusos cometidos contra os índios do Brasil. Assim D. José declarou livres todos os índios do Brasil, sem restrição alguma, para que fossem julgados, em tudo e por tudo, como os da capitanias do Gão Pará e do Maranhão. Entretanto faz-se mister notar que ainda não foi, como se costuma dizer, a lei definitiva para os índios. O Regente Dom João futuro VI do nome, à guisa de exemplo, por carta régia de 5 de Novembro de 1808, declarava guerra aos Botocudos e previa que *todo o miliciano ou qualquer morador que segurar alguns destes índios, poderá considerá-lo por 15 anos como prisioneiro de guerra, destinando-o ao serviço que mais lhe convier*. É preciso dizer que se previa que aqueles dentre os índios que quisessem *aldear e viver debaixo do suave jugo das minhas leis* seriam considerados cidadãos livres e vassalos especialmente protegidos pelo rei e por suas leis. *Cfr.* Waldemar Ferreira, *O Direito Público Colonial do Estado do Brasil sob o signo Pombalino*, Rio de Janeiro, 1960; e Manuel Miranda e Alipio Bandeira, Memorial acerca da antiga e moderna legislação indígena, in *Textos Clássicos sobre o Direito e os Povos Indígenas*, Curitiba, 1992.

[404] Foi jurado mesmo antes de o ser em Castela e Leão (1584), Valência, Aragão e Catalunha (1585) e Navarra (1586).

De facto, o reinado de Filipe II de Portugal marcou um avanço das investidas dos franceses e holandeses em terras brasileiras, e a luta pela recuperação dos territórios invadidos não deixou de contribuir para a criação de uma consciência nacional no Brasil, com a concorrência das três raças – a portuguesa, a dos índios e a dos negros – para a expulsão dos invasores. Esta só se daria definitivamente após a Restauração de 1640, com o advento da dinastia de Bragança[405].

---

[405] Sobre as consequências da união das monarquias ibéricas no Brasil ver HÉLIO VIANNA, *História do Brasil*, São Paulo, 1972, pp. 128-137; e sobre as invasões estrangeiras, especialmente dos holandeses, *idem*, pp. 146-171. As invasões francesas no norte do Brasil, durante a época focalizada, foram feitas por católicos. A fundação da cidade de São Luiz do Maranhão e o período francês naquelas plagas está amplamente descrito nas obras dos padres capuchinhos que lá se instalaram. As descrições de Claude d'Abbeville são especialmente coloridas, mas rigorosas. Nelas encontramos o documento que apresenta a tentativa dos franceses instaurarem uma ordem jurídica em terras brasileiras. As Leis e Ordenações foram lidas e publicadas no Dia de Todos os Santos, de 1612. Parece útil dar a substância daquelas Leis fundamentais estabelecidas na Ilha do Maranhão. O Cavaleiro e Senhor de La Ravardière, Daniel de La Touche e François de Rasilly, Cavaleiro e Senhor de Auneles, por parte do Rei Luiz XIII, lançaram *leis santas e apropriadas a um princípio... que sem a Justiça de Deus organizada entre os homens, como se fosse a sua própria imagem, não pode existir república alguma*. Num primeiro momento, regulam aquilo que é relativo à honra e glória de Deus. Ordenam o amor e o serviço de Deus, a observação dos mandamentos, e que não se dê qualquer cargo senão aos que tiverem santa e recta intenção. Condenam os perjuros e estipulam as penas. Favorecem os capuchinhos, prevendo a pena de morte para os que embarassem o seu apostolado. Num segundo momento condenam todos os tipos de atentados contra a administração e a ordem pública, tais como: parricídios, traições, monopólios, que caracterizariam crime de lesa-majestade, com pena de morte, sem qualquer hipótese de remissão. Ordenam a obediência e fidelidade aos poderes constituídos. Num terceiro momento prescrevem o necessário para a conservação dos habitantes, da sociedade, da paz e amizade de uns para com os outros. Reafirma a legislação relativa aos duelos de Henrique IV, sem perdão para os infractores. O assassinato ou o homicídio, senão em legítima defesa, devem ser punidos com morte, como meio de exemplo. O falso testemunho condenava ao castigo que deveria sofrer o acusado, conforme o crime. Ao furto era aplicado o açoite ao pé da forca, a toque de corneta. Também deveria, o criminoso, trabalhar um ano nas obras públicas. Em caso de reincidência seria pendurado e estrangulado. Em caso de ser escravo, o enforcamento dava-se no primeiro furto. Então encontramos e transcrevemos o que era especificamento previsto acerca dos índios: *ordenamos, a bem dos índios sob nossos cuidados, para que cheguem por meios brandos a conhecer as nossas leis divinas e humanas, que ninguém os espanque, injurie, ultraje, ou mate, sob pena de sofrer o mesmo que fizer. Ordenamos que se não cometa adultério por amor ou violentamente com as mulheres dos índios sob pena de morte, visto ser a ruína da alma do criminoso, e a desta colónia, infringindo o mesmo castigo a quem*

O início do reinado de Filipe II de Portugal dá-se em 1598 e, apesar das várias críticas que se lançam sobre a sua debilidade e a entrega do governo aos validos que, por sua vez se inclinariam à redução de Portugal a mera província de Espanha, no que respeita ao assunto da liberdade dos índios do Brasil, não apenas deu continuidade ao processo legislativo que se iniciara com D. Sebastião, mas também avançou para a extinção do cativeiro dos índios, culminando assim, nos finais da primeira década de Seiscentos, a linha evolutiva da legislação régia. Isto justifica, pois, atravessarmos a fronteira de Quinhentos em pequena incursão pelos preceitos legais de Filipe II.

Uma das medidas importantes, com relevo para o Brasil, foi a criação do Conselho da Índia. Esta criação fez parte das reformas filipinas das estruturas administrativas portuguesas. Primeiro instituiu-se o Conselho da Fazenda, dando-se ao vice-rei, o cardeal arquiduque Alberto, em 1591, o seu primeiro Regimento. O Conselho da Índia foi criado, com possível inspiração no *Consejo Supremo de Indias*(1542), em 1604, sendo o seu Regimento de 25 de Julho, dado em Valladolid.

O Regimento do Conselho prevê a edificação de um tribunal próprio para *o governo do estado da Índia e dos mais ultramarinos*. O Conselho era composto de um presidente, dois conselheiros de capa e espada e dois conselheiros letrados, um jurista e o outro clérigo canonista, visto que seriam tratadas questões que envolviam matérias eclesiásticas. Também era composto por dois secretários; um para os negócios do Brasil, Guiné, Ilhas de São Tomé e Cabo Verde; e outro para os negócios da Índia.

Fazia parte da competência do Conselho todos os negócios relativos à Índia, ao Brasil, à Guiné, às Ilhas de São Tomé e Cabo Verde e demais partes ultramarinas, com excepção dos Açores e da Madeira e os lugares de África.

---

violentar as moças solteiras. Ordenamos e proibimos a todos que não pratiquem qualquer ato de desonestidade com as filhas dos índios, sob pena, pela primeira vez, de servir o delinqüente como escravo na colónia por espaço de um mês, pela segunda, de trazer ferros aos pés por dois meses, e pela terceira vez, trazidos a nossa presença, mandaremos infringir o castigo que for justo. Proibimos também todo e qualquer furto nas roças e noutros objectos pertencentes aos índios, sob as penas supra-mencionadas. O texto espelha bem a mentalidade da época. Pode ser encontrado e lido com proveito, na íntegra, in CLAUDE D'ABBEVILLE, *História da missão dos padres capuchinhos na Ilha do Maranhão e suas circunvizinhanças*, São Paulo, 2002, pp. 169-173.

Este Conselho propunha ao rei a nomeação das autoridades e oficiais do ultramar e estava encarregado de passar as cartas, provisões, despachos e patentes. As cartas, dirigidas ao soberano pelas autoridades civis e eclesiásticas, eram abertas no Conselho.

A criação do Conselho não foi bem recebida em Lisboa. A Mesa da Consciência e Ordens foi a maior opositora. Várias cartas régias, ordenando o cumprimento do Regimento do Conselho pela Mesa da Consciência, atestam esta oposição[406]. Houve conflito de competências. O alvará de 2 de Janeiro de 1606 procurou resolver o conflito. Assim, coube à Mesa da Consciência o provimento dos ofícios dos defuntos e ausentes e da redenção dos cativos, e a jurisdição judicial e contenciosa que lhe tinham sido atribuídas por Bulas apostólicas. Ao Conselho da Índia restou o provimento dos bispados, benefícios, ofícios e mais negócios pertencentes à Coroa pelo mestrado da Ordem de Cristo. A reforma do Regimento da Mesa da Consciência de 1608 especificou estas atribuições no ultramar.

* * *

Um ano após criar o Conselho da Índia[407], o soberano dedicava uma provisão aos meios que deviam ser empregues para atrair os índios à

---

[406] A Carta Régia de 30 de Agosto de 1605 ordena o cumprimento pela Mesa da Consciência e Ordens do que estava disposto nos capítulos 6.° e 8.° do Regimento: sendo a primeira disposição referente à obrigação do envio de todas as cartas e despachos de todos os ministros e prelados e quaisquer outras pessoas dos Estados ultramarinos, endereçados ao Conselho; a segunda dispõe que *para que todos* [cartas e despachos aludidos] *se possam despachar com mais diligência e facilidade, se repartirão entre os Conselheiros, aos quais o Presidente mandará entregar os papéis dêles, para que os tragam vistos ao Conselho, e fação relação dêles; e os negócios tocantes à guerra, e as cartas e papeis do Viso Rei e Governadores e Capitães que a ela tocarem, se cometerão aos dous Conselheiros de capa e espada; a cada um aquela parte que ao Presidente parecer; e todas as matérias de Justiça ao Conselheiro Letrado; e todas as tocantes aos Prelados, e Igrejas e seus bens e pretenções, e as mais que forem Eclesiásticas, ao Conselheiro Eclesiástico. E terá o Presidente particular cuidado de sinalar a cada um os dias em que houver de trazer os papeis vistos, começando sempre pelos mais importantes, e que mais brevidade pedirem. RFAD*, I, p. 351.

[407] O Conselho da Índia teve vida efémera e foi extinto por Carta Régia de 21 de Maio de 1614, por instâncias do vice-rei D. Fr. Aleixo de Meneses que, enquanto arcebispo de Goa também governara o Estado da Índia (1607-1609), fora censurado pelo dito Conselho. Cfr. MARCELLO CAETANO, *O Conselho Ultramarino – Esboço da sua*

civilização. Nesta provisão, de 5 de Junho de 1605, Filipe II proíbe que sejam escravizados os gentios, sem qualquer excepção[408].

Pela provisão ficou estabelecido que em nenhum caso se poderia cativar os gentios do Brasil. E asseverou-se que, apesar de existirem razões de ordem jurídica para que em certos casos se desse o cativeiro licitamente, muitas mais razões se poderiam dar contra tal procedimento, *especialmente pelo que tocava à conversão dos gentios à nossa Santa Fé Cathólica, as quaes se deviam antepôr a todas as mais*[razões]. Esta provisão procurou atalhar o não cumprimento da lei de 1595, que apenas permitia o cativeiro em caso de guerra justa ordenadas expressamente pelo rei.

Mas os cativeiros continuaram, com visível transtorno para as consciências daqueles que escravizavam os índios, para a conversão do gentio, e detrimento das fazendas do Estado[409].

Desta forma a nova medida tomada pelo rei era um passo à frente, em direcção à completa abolição do cativeiro dos gentios na *terra brasilis*.

3.5.1 *A Lei de 30 de Julho de 1609*

Foi com base num princípio, consubstanciado nas *Ordenações Filipinas*, no liv. IV, tít. 42, que grande parte da legislação dedicada ao estatuto do índio[410] veio à luz. No texto da lei, que proíbe serem quaisquer

---

História, Lisboa, 1967, pp. 31-35; O Regimento do Conselho da Índia está publicado em *RFAB*, I, pp. 347-354.

[408] *Cfr. Colecção Chronologica da Legislação Portuguesa – compilada e annotada por* José Justino de ANDRADE e SILVA, 1603-1612, Lisboa, 1854, p. 129. Vid. a Lei de 13 de Outubro de 1611, onde é citada a Provisão; e *RFAB*, I, p. 324.

[409] J. F. LISBOA, *Jornal de Tímon – Apontamentos, Notícias e Observações para serivrem à História do Maranhão*, 1° vol., II, p. 118. E além dos cativeiros muitos actos de violência viriam a ser cometidos ao arrepio das leis que buscavam regular a vida em comum. Houve em São Paulo alguns anos mais tarde um crime bárbaro, do qual foram acusados alguns pombeiros dos moradores. O principal Timacauna dirigia-se, acompanhado da sua gente, para a Vila de São Paulo, com o intuito de se converter à religião católica, sendo morto a caminho. *Cfr.* AHU, *Capitania de São Vicente*, Doc. 3, onde se pode ler a devassa tirada para a resolução do crime.

[410] Nos seus comentários às Ordenações Filipinas, na edição feita no Brasil, em 1870, Cândido Mendes de Almeida considera que o princípio adiante referido deu origem à todos as leis promulgadas a partir de 1570, relativas à liberdade dos índios do Brasil. O mesmo princípio vem já consignado nas *Ordenações Manuelinas*, liv. II, tít. 46.

pessoas *constrangidas a morarem em algumas terras ou casaes*, é referido que *tal obrigação parece specie de captiveiro, o qual he contra razão natural*. Eis o princípio.

A lei de 30 de Julho de 1609 suprime plenamente o cativeiro e afirma a liberdade natural de todos os índios do Brasil. Vejamos o conteúdo do diploma histórico.

Começa por relembrar a medida tomada por seu primo, El rei Dom Sebastião, em 1570, para suprimir os modos ilícitos com que se cativavam os gentios. Em seguida cita a lei de Filipe I, de 11 de Novembro de 1595, que buscava dar paliativo aos abusos, permitindo apenas os casos de guerra justa, ordenada através de provisões particulares, assinadas pelo próprio punho régio. Neste texto eram considerados livres todos os que fossem feitos escravos por qualquer outra maneira.

O rei afirma que, apesar das medidas tomadas pelos seus antecessores, perduraram os inconvenientes causados pelos cativeiros injustos. Em virtude disso passou a provisão de 5 de Junho de 1605, acima referida.

Então segue-se que:

> *... para se atalharem os grandes excessos, que poderá haver, se o dito captiveiro em algum caso se permittir, para de todo se cerrar a porta a isto, com o parecer dos do meu Conselho, mandei fazer esta Lei, pela qual* **declaro todos os gentios d'aquellas partes do Brazil por livres, conforme a Direito, e seu nascimento natural,** *assim os que já forem baptizados, e reduzidos à nossa Santa Fé Catholica, como os que ainda viverem como gentios, conforme a seus ritos, e ceremonias; os quais serão todos tratados, e havidos por pessoas livres, como são*[411].

É confirmado o desejo, já expresso em outras ocasiões, de que os jesuítas encaminhassem os índios para a civilização[412], garantindo, pelo crédito que gozavam junto aos gentios, a sua liberdade, e conduzindo-

---

[411] Cfr. *Colecção Chronologica da Legislação Portuguesa*, cit., p. 271.

[412] Diga-se, contudo, que não tinham a exclusividade de acção. Já muitas outras ordens religiosas se encontravam instaladas no Brasil, e o apoio dos governos era patente. Temos, por exemplo, uma provisão passada pelo capitão-mor da Paraíba, dirigida ao feitor e almoxarife da fazenda real da mesma capitania, ordenando o pagamento da quantia de 46 mil réis a frei Anastácio, da Ordem de São Bento. *Para os serviços de doutrina e cristandade dos gentios aldeados*. A provisão está datada de 10 de Novembro de 1593. AHU, *Capitania da Paraíba*, Cx.1, Doc. 2.

-os na *vivenda commum*. Aqui o desejo de integração dos povos é cristalino.

É reafirmado o direito de propriedade dos índios que vivessem nas povoações portuguesas, da mesma forma que devia ser guardado nos bosques em que viviam segundo a lei da natureza, não devendo ser tolerada qualquer espécie de injustiça.

Ao governador caberia, após parecer dos religiosos, designar lugares para os índios que viessem das serras poderem lavrar e cultivar. Estando estabelecidos, não poderiam ser recambiados senão por livre vontade e decisão.

Foi previsto que nas povoações onde não houvesse ouvidor dos capitães, o governador e o chanceler da Relação deveriam designar um juiz particular, português, cristão velho, *de satisfação*, que conhecerá das causas dos índios e mercadores, com alçada no cível até dez cruzados, e no crime até 30 dias de prisão

> *não sendo delicto que mereça maior castigo; porque se o merecer, em tal caso correrá o livramento pelas Justiças Ordinárias; e assim ordenará uma pessoa de confiança, cristão velho, para que com ordem dos ditos Religiosos possa requerer o que fôr devido aos gentios; e na execução que liquidamente se lhes dever de seu serviço, se procederá sumariamente, conforme as minhas Ordenações; aos quaes se fará o favor, que a Justiça permitir*[413].

Ficou ordenado que se nomeasse um curador, que sob a direcção dos Padres, olhasse pelos interesses dos índios quando fossem contratados para serviço real ou particular, ou dos próprios jesuítas, *e assim ordenará* [o juiz particular, cristão velho] *uma pessoa de confiança, christão velho, para que com ordem dos ditos Religiosos possa requerer o que fôr devido aos gentios*[414].

---

[413] *Colecção Chronologica da Legislação Portuguesa*, cit., p. 272.

[414] O curador a que se refere o diploma de Filipe II quiçá tivesse missão análoga ao do *Protector de los Indios* da América espanhola, ou seja, perseguir judicialmente aqueles que extorquiam ou abusavam dos índios. Interessante notar no caso espanhol que, apesar de normalmente incidirem sobre peninsulares as perseguições, também se registaram não poucos casos de caciques(principais) que exploraram as suas comunidades e contra quem actuaram os protectores. Cfr. RUIGÓMEZ GÓMEZ, *op. cit.*, pp. 128-129.

O procedimento e a execução seriam sumários na cobrança dos salários[415].

Os capitães e donatários não deveriam ter sobre os índios que vivessem nas povoações *mais vassalagem, poder, nem jurisdição, do que, por seu Regimento e doações, tem sobre as mais pessoas livres, que nellas moram*. Assim, não podiam ser lançados sobre eles tributos reais ou pessoais. Em caso de o serem, o governador a tudo anulará, fazendo restituir os tributos injustamente cobrados, e tal será executado sem apelação nem agravo.

A lei deveria ser cumprida e executada, sem apelação nem agravo, e sem admissão de qualquer forma de embargos. Era o que estava ordenado expressamennte ao governador do Brasil e aos governadores de três capitanias: São Vicente, Porto Santo e Rio de Janeiro. Previa-se, então, que aqueles que trouxessem, contra a forma desta lei, gentio da serra, ou mesmo se servissem deles como escravos, ou os vendessem, incorreriam nas penas *que por Direito commum, e Ordenações, incorrem os que captivam e vendem pessoas livres*.

Ficaram revogadas, pela lei de 1609, todas as leis, regimentos e provisões sobre a liberdade dos gentios do Estado do Brasil feitos até aquela data, passados pelo próprio rei ou seus antecessores.

Previa ainda que o chanceler da Relação deveria tirar devassa todos os anos daqueles que agissem de forma contrária ao estipulado por esta lei, devendo proceder contra *os culpados breve e summariamente, sem mais ordem nem figura de Juizo que a que for necessaria para saber a verdade; e os despachará da Relação, como for justiça, conforme a seu Regimento*.

A lei deveria ser cumprida e guardada pelas autoridades judiciais *sem declaração, nem interpretação alguma*.

A publicidade deveria ser a mais ampla possível, devendo o chanceler-mor publicá-la na Chancelaria e enviar, com selo régio e sinal próprio, aos governadores do Brasil e a todos os capitães das capitanias. Devia ser registada nos Livros do Desembargo do Paço e das Relações, onde fosse costume registar as leis e ordenações e também nos Livros da Relação do Brasil e nos das provedorias e capitanias. Ordenava-se, finalmente, que se enviasse a lei ao sertão e às terras onde viviam os gentios, para que todos ficassem cientes da ordem dada pelo rei de que todos eram declarados livres e senhores da sua fazenda.

---

[415] De resto já estava previsto na Provisão de 26 de Julho de 1596.

Interessante notar que o Tribunal da Relação acabara de ser instalado na Bahia, exactamente em Junho de 1609. Stuart Schwartz considera que esta instalação estava intimamente ligada à política dos Habsburgos com respeito aos índios.

As reacções dos colonos à nova lei não se fizeram esperar. No Rio de Janeiro chegou a haver motim. Na Paraíba, a câmara de Filipéia de Nossa Senhora das Neves compôs uma carta ao rei, datada de 19 de Abril de 1610, reclamando abertamente da interferência espanhola e da lei ter sido feita em Castela, não tendo assim aplicabilidade no Brasil. A reacção na Bahia também foi forte. Um membro da câmara de Salvador, Jorge Lopes da Costa, apresentou um texto aos jesuítas, considerados pelos colonizadores como responsáveis pela lei, no qual qualificava a nova lei de *notável desserviço a Deus e a Sua Majestade e prejudicial a todo o estado*. O governador Diogo de Meneses escreveu ao rei, em 8 de Maio de 1610, alertando para os *mil inconvenientes* da nova lei[416].

Esta lei, marcante quanto ao processo histórico que viemos observando e de grande importância para a história do direito brasileiro, foi redigida em Madrid e assinada pelo rei.

---

[416] *Cfr.* SCHWARTZ, Stuart, *Sovereignty and Society in Colonial Brazil*, London, 1973, pp. 136-139.

CONCLUSÃO

Após o itinerário percorrido, temos o dever de apresentar algumas conclusões. A dificuldade apresenta-se nitidamente no momento em que olhamos para trás e vemos os meses de trabalho com a devida perspectiva. Sentimos um forte desejo de, se possível fosse, recomeçá-lo; e ir mais além! Nada nos convenceria, no entanto, ter sido inútil o tempo dispendido à procura de livros, artigos e documentos que nos trouxessem alguma luz sobre o tema que escolhemos. Pelo contrário, cremos ter sido esse tempo utilíssimo nesses *anos de aprendizagem*, para empregar a expressão de Goethe. Contudo, temos apresentar conclusões que, ao longo do texto, já foram apresentadas. Mas, quiçá, reapresentá-las, depois de vários meses de trabalho e reflexão, não seja de todo supérfluo.

Logo, durante as primeiras buscas de fontes coevas do período estudado, deparamo-nos com o *Tratado da Terra do Brasil*, redigido durante o breve reinado de D. Sebastião por Pero de Magalhães Gandavo. No estilo simples deste amigo de Camões encontramos uma passagem um tanto o quanto ingénua que nos fez reflectir, e esta reflexão mui constantemente retornava, ao passo que avançávamos no estudo. Eis o extracto:

A lingua deste gentio toda pela Costa he huma: carece de tres letras – scilicet, não se acha nela F, nem L, nem R, cousa digna de espanto, porque assi não têm Fé, nem Lei, nem Rei; e desta forma vivem sem Justiça e desordenadamente[417].

---

[417] *Cfr., op. cit.*, Rio de Janeiro, 1924, p. 49.

A observação de Gandavo, talvez não tão ingénua quanto pensávamos, ora se nos apresentava com contornos definidos, ora parecia excessivamente genérica, e neste exacto momento em que escrevemos ainda suscita questões. Esperamos terminar essas conclusões comentando o trecho transcrito.

A importância e relevo da Ordem Militar de Nosso Senhor Jesus Cristo na formação do Brasil ainda está por ser estudada. Começamos a atentar para o problema a partir de uma conferência proferida para o curso de licenciatura em Administração Pública da Faculdade de Direito da Universidade de Coimbra, dirigido pelo Dr. Rui Manuel de Figueiredo Marcos. A importância para Portugal afigurou-se-nos evidente. O pouco que pudemos encontrar para o caso brasileiro suscitou-nos grande curiosidade.

Quanto à jurisdição espiritual ficou bastante claro o desenvolvimento histórico, com as suas origens estabelecidas durante a administração do infante Dom Henrique, legitimado pelas bulas pontifícias.

O processo de incorporação da Ordem na Coroa, que culmina com a subida ao trono do monarca Venturoso, confundiu os contornos até então mais nítidos, seja da jurisdição espiritual, seja dos direitos temporais. Contudo, para o Brasil ficou claro que, até à criação da diocese do Funchal, em 1514, a jurisdição espiritual pertenceu ao vigário geral de Tomar. Passando então àquela diocese até à criação do bispado de São Salvador da Bahia em 1551.

O problema do padroado, com a incorporação da Ordem na Coroa, resolve-se na actuação dos monarcas, na qualidade de administradores da Ordem e obrigados a favorecerem a evangelização, servindo-se para este fim dos dízimos que revertiam para a Ordem, consignados na nossa legislação especial. O favorecimento dos jesuítas para o cumprimento desta obrigação específica da Ordem de Cristo, v.g., com a dotação do Colégio da Bahia, ficou, parece-nos, demonstrado.

Quanto ao ainda mais complexo problema dos poderes de ordem temporal no Brasil, fica-nos a sensação que há indícios positivos que deveriam servir de ponto de partida para uma investigação aprofundada. Em Portugal, o senhorio da Ordem está documentado[418]. Os comendadores exerciam o senhorio e possuíam a jurisdição cível e criminal com

---

[418] *Vid.* SOUSA E SILVA, Isabel L. Morgado, A Ordem de Cristo (1417-1521), *in Militarium Ordinum Analecta*, 6, Porto, 2002, pp. 205 e ss.

mero e misto império; governavam e admnistravam a justiça nas suas respectivas áreas. Para o caso brasileiro ainda nada temos senão estes indícios vindos de Portugal e as observações de Varnhagen que considerava que a Ordem de Cristo detinha, de direito, poderes temporais[419].

Acerca do Tribunal criado por D. João III, a Mesa da Consciência e Ordens à qual, dentre as suas muitas atribuições, cabia decidir sobre os problemas relativos às Ordens militares e também sobre a questão, primordial para o Brasil Quinhentista, da liberdade dos índios, ficou patente o carácter de excepção no panorama da época. Sendo criado para decidir nos casos que tocassem a consciência régia, surge como um Tribunal *sui generis* que, com bastante clareza, apresenta o conúbio do temporal e do espiritual, na Justiça e na Política, indo contra toda a tendência do tempo – tempo em que a obra de Maquiavel já estava bastante divulgada. O facto dos confessores régios terem um lugar privilegiado na Mesa da Consciência é de si notável.

Com a Mesa da Consciência percebemos a existência de um controlo do poder pela teologia e pela ética. A própria composição do Tribunal denota este aspecto.

A repercussão da criação do Tribunal nos outros países da Europa é atestada pelo desejo de Botero de criar um semelhante[420]. Também Francisco de Borja, enquanto Geral dos jesuítas e preocupado com o problema da escravidão dos índios do Brasil, se manifestou acerca do Tribunal, pedindo a total obediência à Mesa da Consciência aos seus subordinados.

Sobre a questão dos índios apresentamos a *Reposta* de Manuel da Nóbrega escrita no Rio de Janeiro, que é dos mais antigos documentos de cultura jurídica produzidos no Brasil. Nele pudemos observar traços marcantes do ensino jurídico ministrado em Coimbra, com o recurso ao Direito Romano e Canónico, numa *disputatio* de cariz medieval. O documento mostra a seriedade com a qual encaravam os problemas de índole jurídica os portugueses de Quinhentos, seja o missionário jurista,

---

[419] *Cfr.* VARNHAGEN, *História Geral do Brasil*, São Paulo, 1948, vol. I, pp. 72, 74, 300.

[420] A hipótese, contudo, não está demonstrada. Mas Giovanni Botero, secretário de São Carlos Borromeu, propôs efectivamente a criação de um *Consiglio de Coscienza*, ao qual os príncipes deveriam submeter os negócios políticos, como garantia que estariam conformes à Lei de Deus. *Cfr.* ALBUQUERQUE, Martim de, in *Estudos de Cultura Portuguesa*, Lisboa, I, pp. 192-193.

seja o Tribunal da metrópole. O certo é que todas as questões que se apresentavam eram novas. E eram debatidas segundo os critérios e as técnicas jurídicas de então. A visão de mundo dos nossos colonizadores estava ainda profundamente marcada pela cultura medieval. Desta cultura, eminentemente religiosa, nasceu uma concepção jurídica cuja hierarquização não concebia dicotomia entre o espiritual e o temporal. A lei divina, a lei natural e a positiva encontravam-se e procuravam consonância para os casos concretos. A *Reposta* do padre Manuel da Nóbrega é um documento fundamental para a compreensão da problemática do pensamento jurídico no Brasil nos seus primórdios.

Os primitivos habitantes do Brasil tinham costumes muito diversos daqueles reinantes na velha Europa. A transformação dos seus hábitos era fundamental para a instauração de uma ordem jurídica – poderíamos chamar brasileira, pois não era a mesma de Portugal. Os contactos entre os dois povos, sujeitos de direito, foram de ordem diversa, sendo possível encontrar animosidades e cordialidades.

O problema da guerra justa foi essencial na definição das formas legítimas de cativeiro. O parecer acerca da guerra justa encomendado por Dom João III demonstra, com pormenores, o cuidado e a preocupação com a legalidade nas acções belicosas que deveriam ser perpetradas. O debate em Portugal, tendo em conta a cronologia provável do parecer – década de 30 – estava no mesmo patamar, no que respeita à doutrina, daqueles que tiveram lugar em Salamanca, cujo nome de proa foi Francisco de Vitória.

A luta pela justiça no Brasil manifesta-se de forma abundante na legislação emanada a partir de 1530. As cartas de doação, os forais e o regimento do primeiro governador geral são fontes preciosas para se aquilatar os desígnios da Coroa. As instruções dão-nos uma visão cristalina de um objectivo definido de instalação de uma justiça com os contornos portugueses, mas adaptando-se às diversas situações que naturalmente afloravam.

A harmonia das relações entre o governo civil e os jesuítas resultaram nesta implantação. O sistema das Aldeias servia para adaptar os índios à ordem jurídica dos colonizadores. Não nos podemos esquecer da luta para extirpação dos costumes que não permitiam o convívio entre portugueses e índios.

Analisando-se a legislação emanada da corte, que tratou da situação do estatuto dos gentios, percebe-se claramente uma política de continuidade e de avanços dentro do contexto da época, contexto esse marcado pelos interesses dos colonizadores, dos índios e dos estrangeiros.

O processo legislativo iniciado com a lei de Dom Sebastião de 1570 culminará com a lei de 1609, já no reinado do seu primo Filipe II de Portugal. A liberdade dos índios foi plenamente assegurada.

Já chegada a hora de findar este estudo, voltamos, como prometido há pouco, a pensar nas palavras de Gandavo, tantas vezes repetidas pelos cronistas de Quinhentos e Seiscentos. Nelas os aborígenes do Brasil são considerados privados de Deus, Rei e Lei.

Ao final do século primeiro da História das Terras de Santa Cruz já não se poderia dizer outro tanto, a situação era outra. A religião trazida pelos portugueses estava amplamente difundida, o soberano incontestado das terras cingia a coroa portuguesa e, *ubi societas ibi ius*, uma sociedade multi-cultural e multi-étnica nascera e, simultaneamente, o direito.

APÊNDICE

A

Padrão de Redízima de todos os dízimos e direitos que pertencerem a El-Rei em todo o Brasil de que Sua Alteza faz esmola pera sempre para sustentação do Collegio da Baya(1564)

Dom Sebastião, per graça de Deus, rei de Portugal e dos Algarues daquem e dalem mar em África, senhor da Guiné e da Conquista, Navegação e Comercio de Thiopia, Arabia, Persia e da India &. A todos os corregedores, ouuidores, juizes, justiças, officiaes e pessoas de meus reinos a que esta minha carta testemunhauel for mostrada e o conhecimento della com direito pertencer, saude.

Façouos saber que o Padre Preposito Provincial da Companhia de Jesu das partes do Brasil me enuia dizer por sua petição que eu lhe passara hum padrão escrito em pergaminho, per mim asinado e passado per minha chancelaria, e selado com selo pendente de chumbo, o qual me apresentaua; e que porquanto tinha necessidade de treslado delle em modo que em juízo fizesse fé, me pedia lho mandasse passar. E uisto por mim o dito padrão e como estaua limpo e sem cousa que duuida faça, lhe mandei passar a presente e o treslado do dito padrão *de verbo ad verbum* que hu o seguinte:

Dom Sebastião, per graça de Deus, rei de Portugal e dos Algarues daquem e dalem mar em África, senhor da Guiné e da Conquista, Navegação e Comercio de Thiopia, Arabia, Persia e da India, &, **como gouernador e perpetuo administrador que são da ordem e caualaria do mestrado de Nosso Senhor Jesu Christo**, faço saber a quantos esta minha carta de doação virem, que considerando eu a obrigação que a coroa de meus reinos e senhorios tem a conuersão da gentilidade das partes do Brazil e instrução e doutrina dos nouamente conuertidos, assi por as ditas partes serem da conquista destes reinos e senhorios, como **por estarem os dizimos e fruitos ecclesiasticos dallas por bullas dos Santos Padres aplicadas a ordem e caualaria do dito mestrado de Nosso Senhor Jesu Cristo, de que eu e os reis destes reinos meus subcessores somos gouernadores e perpetuos administradores**; e auendo tambem respeito a elrei meu senhor e avoo, que santa gloria aja, vendo quam apropriado o Instituto dos Padres da Companhia de Jesu he pera a conuersão dos infieis e gentios daquellas partes e instrução dos nouamente conuertidos, ter mandado alguns dos ditos Padres as ditas partes do Brasil cõ intenção e determinação de nellas mandar fazer e fundar collegios a custa de sua fazenda, em que se pudessem sostentar e manter hum copioso numero de religiosos da dita Companhia, porque quantos elles mais fossem e milhor aparelho tivessem pera exercitar seu Instituto tanto mor beneficio poderão receber as gentes das ditas partes, na dita conuersão e doutrina; e enquanto se lhe não faziam e dotavão os ditos collegios mandaua o dito senhor prouer de sua fazenda os ditos Padres nos ditos lugares que estavã, de mantimentos, vestidos e todo o mais necessario a suas pessoas, igreijas, casas e abitações. E vendo eu o intento e determinação de Elrei meu senhor e avoo neste caso e o muito fruito que Nosso Senhor em a dita e doutrina faz por meio dos Padres da dita Companhia e a esperança que se tem de com ajuda de Deus pello tempo em diante ir em maior crecimento, tendo elle nas ditas partes, fundadas casas e collegios pera seu recolhimento conforme a seu Instituto e Religião, mandei tomar enformação do modo que se poderia ter pera se milhor poder fazer, auendo respeito ao estado em que minha fazenda ao prezente está. E despois auida a dita enformação, assentey cõ parecer dos do meu cõselho, de mandar acabar nas ditas partes hum collegio da dita Companhia na cidade do Saluador da capitania da Baya de todos os Santos, onde já está começado; o qual collegio fosse tal que nelle podessem residir e estar até sessenta pessoas da dita Companhia, que parece que por agora deue auer nelle pellos diuersos lugares e muitas partes em que os ditos Padres residem e a que no dito collegio são enuiados pera bem da conuersão e outras obras de seruiço de Nosso Senhor, e pera sostentação do dito collegio e religiosos delle ey por bem de lhes aplicar e dotar, e de feito por esta minha carta de doação doto e aplico huma redizima de todos os dizimos e direitos que tenho e me pertencem e ao diante pertencerem nas ditas partes do Brasil, assi na capitania da Baya de todos os Santos, como nas outras capitanias e pouoações dellas; pera que o dito Reitor e Padres do dito collegio tenhão e ajão a dita redizima do primeiro dia do mes de janeiro do ano que uem de quinhentos sessenta e cinquo em diante pera sempre, assi e da maneira que a mym e a coroa destes reinos pertencem e milhor se con direito milhor o poderem auer; a qual redizima poderão arecadar em cada hum ano liuremente per sy ou per outrem que pera isso seu poder tiuer, nas proprias cousas em que os ditos dizimos e direitos se arrecadarem per meus officiaes, sem duvida, embargo contradição alguma que a ello lhe seja posta. Porque por fazer esmola ao dito Reitor e Padres o ey assi por bem. E isto por esta minha carta somente sem mais outra prouisão minha, nem de minha fazenda, a qual será registada no liuro das Alfandegas, efitorias e almoxarifados das cidades lugares e pouoações das ditas partes que necessario for por cada hum dos escriuães das ditas casas a que pertencer e pello treslado della e conhecimentos do Reitor do dito Colegio ou de quem pera isso sua procuração, commissão ou poder tiuer, e assentos dos escriuães dos cargos dos ditos officiaes do que nas ditas redizimas montar lhe sera leuado em conta o que deles se receber. Notefico assy ao Capitão da dita Capitania da Baya de todos os Santos e Governador das ditas partes do Brasil, que ora he ao diante for, e ao prouedor mor de minha fazenda da dita capitania e tizoureiro ou almoxarife dela e aos capitães das outras capitanias das ditas partes: prouedores, contadores, tesoureiros, almoxarifes, recebedores, e officiaes outros, a quem esta minha carta for mostrada e o conhecimento dela pertencer, e mando-lhes que a cumpram e guardem façã inteiramente cumprir e guardar como nela he conteudo e declarado porque assy o ey por bem e meu seruiço. E por firmeza do que dito he lhe mandei passar por mim assinada e selada com meu selo de chumbo pendente. Dada em Lisboa, a sete de nouembro de mil e quinhentos e sessenta e quatro. Eu Bertolameu Frois o fiz escreuer. E os ditos reitor e Padres averão a dita redizima, pela maneira que dito he, enquanto não ualer mais que o que se estimar e arbitrar pera prouimento e mantimento do dito collegio e religiosos delle até o dito numero de sessenta pessoas, porque ualendo mais o que assi mais render, ficará em mão de meus officiaes, como em deposito até o meu Gouernador das ditas partes mo fazer a saber e eu prouer nisso como for meu seruiço. E auendo por bem de mandar fundar nas ditas partes outro collegio ou acrecentar mais numero de religiosos na dita Companhia como são infoarmado que Elrei meu senhor e avoo que santa gloria aja tinha determinação de o fazer, mandarei prouer acerca da mantença delles como ouuer por mais meu seruiço/. – O Cardial Infante. O Barão. Carta de doação per que Vossa

Alteza dota e aplica ao Colegio da Companhia de Jesu, que se ha de acabar na cidade do Saluador das partes do Brasil huma redizima de todos os dizimos e direitos que Vossa Alteza tem e lhe pertencem e adiante pertencerem nas ditas partes pella maneira conteuda nesta doação, a qual carta testemunhauel mando que se dee e tenha tanta força, fee e autoridade e vigor tanto quanto com direito lhe deue ser dada, por ser tresladada da propria prouisão que fica em poder do Procurador da dita Companhia bem e fielmente. Dada nesta minha cidade de Lisboa, aos vinte e noue dias do mes de nouembro. El-rei mandou pello doutor Fernão de Magalhãis do seu desembargo e corregedor dos feitos e causas ciueis de sua corte e casa de suplicação. Luiz Uaz Rezende o fez escreuer com o riscado esta minha carta de doação, dada em Lx^a, a qual, entrelinhada, mandei emmendada passar e a propria leuoa aparte. Pagou nada XX reis. E assinei e dassinar nada. Fernão de Magalhãis/. Cumpra-se Men de Saa/ Cumpra-se Braz Fragoso/ Consertado per mim Luiz Uaz de Rezande/ Simão de Matos/ Simào Gonçalves/ Pagou XXX reis Luiz Carualho.

– E o qual trellado de doação eu Marcall Vaz taballião do pubriquo e do judiciall por Ellrei noso senhor nesta cidade de Salluador he seus termos consertei com o proprio que fiqua em poder dos Reuerendos Padres da Companhia desta cidade e vai na verdade sem cousa que duuida faça, o quall consertei com o Reuerendo Padre Gregorio Serrão nesta cidade do Salluador, oje vinte e tres dias do mes de março de mil e quinhentos e setenta e cinquo anos e aqui assinei do meu proprio sinall que tal [segue--se o sinal]. Pagou nada. Consertado per mim tabalião Marcal Uaz/ E comigo o Padre Gregorio Serrão.

In Archivum Societatis Iesu Romanum,
Fundationes: Collegii Bahiensis, 11, 70-71v;
e *História da Companhia de Jesus no Brasil*, Lisboa, 1938, I, pp. 538-540.

B

Reposta do Padre Manuel da Nóbrega ao Padre Quirício Caxa Ano de 1567

Parecer do Padre Quirício Caxa

1. Quanto à primeira digo que o pay pode vender o filho estando em extrema necessidade conforme a Lei 2ª, capitulo *De patribus*. E pois a rezão da ley hé acudir à necessidade do pay, rezão parece estender a ley a outra qualquer necessidade extrema, como Saliceto sobre a dita ley a estendeo à necessidade de resgatar dos que injustamente lhe querem tirar a vida. E pois este Doctor se atreveo a alargar a outra necessidade fora da ley por a regra que diz *Casus exceptus a regula extenditur ad similem et ub eadem est ratio, idem debet esse ius*, não hé muito que o principe alargue o direito comum nisso, como em outras cousas faz a que proceda, avendo necessidade grande, como fezerão os senhores da Mesa da Cosciencia com autoridade real, pois isso não parece ser contra direito natural.

2. A 2ª proposição hé que hum mayor de vinte annos se pode vender a ssi mesmo. Para provar esta, pressuponho duas cousas:

A 1ª hé que o homem livre hé senhor de sua liberdade, porque não há ninguem que diga o contrairo, e porque, se o não fora, em nenhum caso fora licito aliená-la, nem por salvar a vida, como consta da vida e ainda na fama nos que tem que o homem não hé senhor della, como Caietano, que nem por tormentos nem outro modo diz que hé licito infamar-se a si mesmo, como elle diz verbo «detractio». Isto hé falso porque saltem com necessidade extrema pode, como consta de Joseph, que comprou a liberdade dos egiptios estando elles em necessidade extrema.

A 2ª cousa hé que aquelle brocardico, *Non bene pro toto libertas venditur auro*, não se deve de entender de maneira que a liberdade não seja estimavel a dinheiro, porque isso ser falso consta das vendas licitas que della se podem fazer, e porque o mesmo diz o Sabio de *bono nomine*, que hé a fama, e porem vemos que se recompensa com dinheiro, se não deve--se interpretar que hé tão excelente que os homens por nenhuma cousa a avião de dar, pois a servidão repugna ao poder que tanto naturalmente os homens estimão, conforme a S. Thomás I^a 2^a q. 2, ar. 4 ad 3.

3. Alem destas duas cousas , pressuponho outra, *scilicet*, que não há direito divino, natural, nem humano, que mande que hum se não venda a ssi mesmo fora da extrema necessidade; porque, se a liberdade hé de direito natural, não hé porque a natureza a isso incline, como inclina a não fazer outrem injuria, senão *quia non inducet contrarium licet ars adinvenerit*, como andar nu hee de direito natural porque a natureza não deu vestido, senão a arte foi a que achou, e desta maneira a liberdade *et communis omnium possessio* hé de direito natural, o que tudo vemos que está ordenado pollos homens doutra maneira segundo S. Thomás I^a 2^a q. 94, ar. 5 ad 3. Item não há direito humano que isso tolha porque os que nisso fallão entendem-se nos vendidos por outros, e porque se o ouvera, a glossa do capitulo *Perlatum* 29, q.2, que move esta questão, o trouxera. Todo este 3° persuposto provo por Navarro no comento de usuras 14, q. 3 cap. I, n. 93, aonde claramente diz que hé licito vender-se hum a outro por escravo temporal ou perpetuo por direito natural e que não está vedado por direito divino nem humano.

Destes praesupostos provados se segue claramente que hum se pode vender a si mesmo porque cada hum hé senhor de sua liberdade e ella hé estimavel e não lhe está vedado por nenhum direito, logo pode-a alienar e vender. Item *probatur quia Rubem* se dava por escravo e disso não hé reprehendido, logo sinal hé que o podia fazer, e consta que alli não avia necessidade extrema. Item *Exod. 22* e mais sem scrupulo *Deuter. 15* se dis que o escravo ficava livre no 7° anno, mas que se queria ficar e dar outra vez sua liberdade que ficasse por escravo, nos quaes lugares claramente não há necessidade nenhuma senão mera *voluntas cedendi suo iuri*, nem mais era necessario como Lyra diz *Jeremi. 34 Item 29, q. 2, cap. Perlatum*, se diz que se hum casado, ainda depois de ter filhos, se fezer escravo dalgum não per necessidade senão *occasione divortii*, que hé obrigado a ter a molher e que ella não fica escrava visto que não consentio em elle se fazer escravo, de donde se collige que posto que peccou em o fazer por tal entenção e contra a vontade da molher, que fica verdadeiro escravo, e que se não ouvera isso que por outra via não peccara, porque *quilibet potest dare alteri quod suum est, sed vir est sui iuris cum sit liber, ergo potest ius suum dare alteri*, palavras são, formais, de S. Thomás 4° d. 36, ar. 3. E a glosa sobre o mesmo capitulo pregunta que, como se pode vender hum a ssi mesmo, pois hum mesmo hé vendedor e a cousa vendida? Presupondo que tirada esta duvida (que a verdade hé a que nesta materia tem mais força) ficava tudo chão, e posto que ella deixe a questão em aberto e não determine, pode ser que por lhe não ocorrer a reposta de sua duvida, podemos dizer que não hé inconveniente aquilo, pois necessariamente se deve conceder isso quando hum se vende com necessidade extrema. Item deste parecer hé Navarro, cap. 17, n. 88, porque interpretá-lo que entenda avendo necessidade extrema hé claramente contra o texto e contra si mesmo no lugar que ariba aleguei. Item Soto no De Iust. e no 4, d. 35, ar. 3. Item Med. De Rest. fol. 35, onde diz que *liber homo praescribi non potest, Constitu. de usucapio*; a qual declara que se deve de entender *nisi voluntatem suam exprimat quod velit tam miserabilem conditionem subire puta servitutem*. Item Scoto 4 d. 36, ar. I°, tratando se a servidão hé licita, diz que si, em dous casos; e o primeiro logo hé: *quia aliquis voluntarie se subiecit tali servituti, quo nihil clarius*; e Ricardus de Mediavilla, na mesma destinção *Distinctiuncul.* 5, q. I, concede o mesmo, e Paludano na mesma *Distinctiuncul.* do 4°, q. I, ar. 3. Estas rezões e autoridades parece que provão que não hé necessario que seja mayor de 20 anos, nem o § *Servi instit. De iure personarum* põe essa obrigação mais que àquella que permite ser vendido e não o que per si mesmo se vende. Concedera eu esta illação de boa mente se não ouvira vir assi ordenado da Mesa da Consciencia, mas porque nem hé com muita rezão, diremos que, quanto a isto, o direito humano defende que se não faça senão desta maneira.

4. Fica responder a algumas duvidas de V. R.

A primeira, do penhor sobre homem livre, não força; porque a ella responde Navarro, no comento arriba dito, e Soto que põe censos pessoaes, que são mais fortes que o penhor; a glos. do cap. *Ex rescripto* digo que hé contra a glosa do capitulo *Perlatum* 19, q. 2.

À 2ª, da doação que passa de certa quantidade, responde Paludano *ubi super*, que hé verdade na doação, mas não em a venda de que nós falamos, quanto mais que a liberdade de qualquer destes não vale esta contia.

A 3ª, não hé contra nós, porque eu fallo do que se vende e não do que permitte ser vendido que hé muy different cousa; alem disso a dita glosa do dito cap. *Perlatum* não põe mais de cinco condições deixando aquella que o que o vende saiba ser livre.

À 6ª, do cap. 23 n. 95 de Navarro, digo que falla do que hé vendido por outro como escravo, como claramente parece, e não do que se vende a si mesmo de que falou no cap. 17 n. 88.

A 7ª, do pouco preço, *ipsi viderint*, que ninguem lhes dis que dem menos do que a cousa em tal tempo e modo de vender val. E quanto ao gastarem em o serviço de seus senhores o preço, não parece inconveniente, porque isso chamamos participar, *scilicet*, levar parte.

A 8ª, da christandade, pollo menos procederá isto onde a não há, como se agora faz, porque nos que estão em as Aldeas não se toca, por ley que está posta pera isso.

A 9ª, das determinações de Angola, não força, e Navarro diz o contrairo, cap. 23, n. 96 et cap. 24, n. 9 et cap. 17, n. 60.

À 4ª, que me ficou, digo que, como dixe arriba, está mais em *quid facti* que em *quid iuris*, e que quando ouverem os enganos que V.R. diz que não vai bem.

À 5ª não tenho que responder, senão que V.R. responde aos capitulos do *Exod. Et Deuter.* Moralmente, avendo de ser literalmente.

Repostas ao sobredito do Padre Nóbrega

5. Tratando da questão *quid iuris* porei as palavras da Ley 2ª, capitulo *Qui filios distraxerunt*, que parece ser o fundamento da maior parte de todo o que se há de dizer, e diz assi: «Si quis propter nimiam paupertatem eges tatem que victus causa, filium filiamve sanguinolentus vendiderit, venditione in hoc tantum modo casu valente, emptor obtinendi eius servitii habeat facultatem. Liceat autem ipsi qui vendidit vel qui alienatus est aut cuilibet alii ad ingenuitatem eum propriam repetere, modo si aut pretium offerat quod potest valere aut mancipium pro huiusmodi prestet».

Na qual lei não achará dizer extrema necessidade, mas somente grande pobreza e necessidade de comer, e todavia todos commummente a entendem falar da extrema necessidade, porque qualquer outra que não seja extrema não basta, segundo a mente a meu parecer de todos quantos escrevem, o que podem collegir de Sotto, *De iust. et iure, lib. 4° q.2: Ibi vendi tamen pro vita fas est etc*; e Acursio sobre a mesma lei diz: *Non tamen id patri licebit ob aliam utcumque similem causam*; Dinus *Reg. In argu. de Regulis juris in 6°*; Alciatus *post alios in lib 2° De Verborum significatione, col. 48, ex hoc asseverans non licere patri, etiam principi, filium invitum obsidem hosti dare etiam ut se redimat.* Ita Covarrubias, *Variarum Resolutionum*, o qual sobre a ley *Invitum*, capitulo *De contrahenda emptione, fol. 219*.

E considerando na rezão sobre que tudo se deve fundar, ocorre-me aver ouvido e lido que quando concorrem duas leis naturaes huma contraria da outra, a que tem mais força praevalece. Manda a ley natural e divina não furtar, mas quando a necessidade hé extrema, a ley e obrigação natural de conservar a vida faz tudo commum, o que parece da mente de S. Thomás 2ª. 2àæ, q. 66,ar. 7__, e esta prevalece. Bem permitte a ley natural que por hum conservar sua vida perca sua liberdade por outra pessoa não perder a vida, somente a ecquidade da Ley 2ª o achou na necessidade extrema do pay, e ainda se me entoja ver trabalho nos doutores pola defenderem, que não contradiga a verdadeira e recta justiça.

Licito hé furtar com extrema necessidade, como tenho dito, mas como desce dahi, ainda ainda que seja grande necessidade pecca e lhe manda o capitulo, *Si quis per necessitatem De furto*, dar penitencia; e o que se diz, que *propter nimiam necessitatem* hé licito furtar, entende-se da extrema: Panormitano *in cap. Quoniam, De simonia, et Sylvestre*, com os mais que elle alega, *verbum furtum, q.5*, da mesma maneira. Posto que a nossa Ley 2ª não diga mais senão *Si quis propter nimiam paupertatem etc.* declara-se da extrema, porque, como passa day, logo hé peccado e injustiça.

6. Desta conclusão, assi declarada rudamente, tiro os corolarios seguintes:

O I° que os senhores da Consciencia no caso sobredito, em dizerem que o pai, constrangido de grande necessidade possa vender o filho, falam polos mesmos termos da Ley 2ª; e asi como a Lei recebe interpretação, que falla em extrema somente, a mesma recebem seus casos, *scilicet*, grande, isto é extrema, e desta mesma fala Soto donde elles o tirão à letra no lugar acima declarado. E sua mente bem se vê em dizer: *Vendi tamem pro vita fas est, quasi dicat* por outra alguma necessidade não; e pola regra, que se alega tambem, que *casus exceptus* a regula *extenditur ad similem ubi est eadem ratio, quia non dabis unquam eandem rationem*. Porque nem Saliceto, que se alega, sai fora da extrema necessidade, da conservação da vida do pai, mas hé conclusão tirada da mesma equidade da Ley.

E deste I° corolario se segue não ser intenção dos senhores da Consciencia fazerem lei nova com a authoridade do Principe, que tem, porque alem de não aver palavra por onde tal cousa se presuma, se elles ordenassem que abastasse qualquer outra necessidade, eu a teria por lei injusta por não ter as condições da boa ley, que diz o cap. 4ª dist.: *Erit autem lex iusta et posibilis secundum naturam et secundum consuetudinem patris loco temporique conveniens, necessaria et utilis, nullo privato commodo, sed pro communi civium utilitate conscripta.* Outrem poderá achar a tal ley e dizer que concorrem as sobreditas causas, mas eu de todas não vejo outra, senão dizer que hé a favor dos Portugueses e a eles proveitosa com total destruição da gente destas partes.

7. Do qual se torna a seguir que quem se encosta aos senhores da Mesa da Consciencia, entendendo seu caso como V.R. o quer entender, não tem bom encosto, pois elles somente declarão o direito commum e não fazem ley nova, e falão polas mesmas palavras, que a Ley 2ª sobredita falla; nem faz a nosso proposito dizer que quem segue a opinião de algum Doutor famoso hé capaz de absolvição, pois neste caso nem os senhores da Consciencia nem outro nenhum famoso doutor o diz.

8. O 2º corolario que tiro hé a declaração do que se disse fallando humas vezes por extrema, outras por grande, porque extrema e grande tudo entendo extrema, por presupor que nesta materia, o que as leis e doutores chamão grande, não se pode entender senão da extrema, *ut dicum est*.

9. O 3º corolario que tiro hé que me espanto de ouvir, que poder o pai vender ao filho, fora da extrema necessidade, não hé contra a lei natural, com tão pobre fundamento como hé dizer que Noé fez a seu filho Can escravo de seus irmãos; pois está visto que a causa, porque todos entendem a sobredita Ley 2ª somente fallar na extrema necessidade, a principal hé por não perjudicar a lei natural *et contra naturam est homines hominibus dominari*, como S. Gregorio e todas as mais leis, que Soto alega e podia alegar no sobredito lugar, o provão manifestamente; e não hé dado à patria potestade, por lei natural nem humana, podê-lo fazer.

10. E o texto de Genesi assi do cap. 9, como do 27, em que Noé fez escravo a Can de seus irmãos, e Isac a Esau de seu irmão Jacob, não falla desta maneira de escravos de que tratamos, mas declara em spiritu de profecia a sojeição que huma geração terá a outra por via de benção que lança, porque grande absurdo seria dizer ser toda a geração de Can escravos das outras gerações *iure, perpetuo*, como fora se dos taes

escravos fallara, maiormente que em vida delles nunqua de tal subjeição e servidão esteverão de posse, antes Esau foi mais poderoso em sua vida e mais riquo que Jacob e nunca servio, antes fugia delle Jacob como ay aponta a glosa. E ainda que tal falara Noé, não prova V.R. seu intento; que todos dizem que por culpa e delicto se pode perder a liberdade, como cometeo Can contra seu pay, e que o podia castigar como pay e principe e rey que era sobre toda a geração sua, que era toda a gente que naquele tempo avia no mundo.

11. O 4º corolario hé que a determinação do Senhor Bispo e do Senhor Governador e Provedor-mor e do Padre Luis da Grãa, Provincial, que neste caso tomarão, a qual, segundo polas palavras da Monitoria, que se passou, se vee, são as seguintes – «O pay pode vender seu filho com grande necessidade» etc. – hão-de entender da extrema e outra nenhuma não, conforme ao que está dito; porque a entenderem de outra grande necessidade, que não chegue a extrema, seria muy perigosa e contra a mesma monitoria acima diz: que todos os letrados, que S.A. mandou ajuntar sobre estes casos e sobre as informações que os moradores da Baya e toda a costa lá mandarão, responderão que nas cousas, que erão de direito natural, divino e canonico, não podia aver alteração alguma. Da qual determinação do Senhor Bispo com os mais, mal entendida polos confessores e gente do Brasil, se abrio a porta a muitas desordens que nisto são feitas.

12. E, porque minha entenção neste negocio não hé tratar mais que o que pertence aos casos, que pola costa se praticão, pera manifestação da verdade e segurança das consciencias dos penitentes, virei agora a tratar da questão *quid facti*.

13. O 5º corolario que tiro hé que os escravos que eu vi trazer dos Potiguares o anno de 50, que eu fui à Capitania de Pernambuco, segundo minha lembrança, os quaes com pura fome, sem intervir outra cousa alguma, os pais vendiam os filhos, e da mesma maneira me dizem ser este anno passado nos mesmos Potiguares, os taes podem ser legitimos escravos; e da mesma maneira se em alguma outra parte, por esta extrema necessidade, se venderem.

14. O 6º, que todos os que na Baya e por toda a costa dizem vender os pais (se pai algum vendeo filho verdadeiro!) des o anno de sesenta, em

que esta desaventura mais reinou até este de 67, muy poucos podem ser escravos, porque hé notorio a todos poucas vezes terem fomes nem necessidade extrema pera venderem seus filhos em todo este tempo; nem me satisfas dizer que a necessidade do resgate com que fazem seus mantimentos hé grande, pois esse podem elles aver sem venderem os filhos, como sempre ouverão com servirem certo tempo, ou suas criações, ou seus mantimentos; e, por grande necessidade que tenhão, raramente chega em extrema como seria necessario pera a venda valer.

15. Disse se pay algum vendeo filho, porque, como bem se sabe, com nome de pay chamão elles a todos seus parentes assi ascendentes como colateraes; e ategora não tenho visto pay verdadeiro vender filho seu nem filha por sua livre vontade; e se alguns na Baya os vendem creo hé forçadamente com medo ou engano ou outros injustos modos que custumão de praticar as lingoas e gente desta costa.
Deste corolario se segue que seria necessario aos officiaes de S.A., quando trazem os taes escravos ao registo, examinarem bem quando disser hum que seu pai o vendeo, se era pai verdadeiro e se fora necessidade com que o vendeo extrema, porque doutra maneira não vejo como a salve na consciencia. E muito milhor seria ordenar-se, e mais conforme à lei natural, divina e humana, tirar-se totalmente o tal resgate do pay vender o filho, ou ao menos declarar-se bem, assi por evitar muitos males e peccados que os lingoas com este pretexto fazem, porque, como hé notório, quando vem ao registo fazem dizer a hum indio com medo tudo o que querem e faz a seu proposito.

16. E assi tambem porque todos confessão que na policia christãa não está em uso pay vender filho ainda que seja com extrema necessidade. E pois S.A. pretende converter o Brasil de seus errores e fazê-lo politico nos custumes, não vejo rezão pera se dever introduzir antre elles custume que nunca elles, sendo tão barbaros como são, a ley natural do amor que tem aos filhos lhe permittio praticar, senão depois que a perversa cubiça entrou na terra.
Muito ajudam a isto as palavras do *Authenticum: nulli iudicum titulo 9°,* as quaes são estas: « Quia vero et huiusmodi iniquitatem in diversis locis nostrae reipublicae cognovimus admitti quia creditores filios debitorum praesumunt retinere aut in pignus, aut in servile ministerium, aut conductionem, hoc modis omnibus prohibemus». Contra a qual ley e a rezão natural, sobre que se funda, se pratica agora nesta terra depois que o gentio se começou de sojeitar.

2ª Propositio

17. Na outra proposição, se hum se pode vender a ssi mesmo sendo maior de vinte annos, irei fallando sobre o que se aponta e depois resolverei as conclusões e ilações, que fazem a nosso preposito e agora estão *in contingentia facti* em todo o Brasil.

18. Ao presuposto, que o homem livre hé senhor de sua liberdade, respondo que hora seja senhor de sua liberdade ora não, que todos os textos, e doutores todos, contrariam a maneira como se vendem os da Baya e ssi mesmos depois que forão suijeitos, e hé huma das maiores sem-justiças que no mundo se fez. E não se apegue tanto a dizer o que diz Navarro no cap. 17, n. 88, que as leis que mandão não se poder vender homem livre, se entenda que não seja compelido, mas por sua livre vontade que poderá, porque alem de soo Navarro o dizer, esta livre vontade não se acha no nosso caso, nem Navarro se pode entender senão no caso de que vem fallando e segundo as alegações que alega, como tudo abaixo se verá; e se hum hé senhor de sua liberdade nem por isso a pode sem causa perder.

Achará V.R. que todos os textos e doutores e glosas falão indistinctamente, sem pôrem exceição nem limitação de quando por sua vontade ou contra vontade se vendem, porque claro está que quem se vende ou consente vender-se que por sua vontade hé, e todavia as leis o não permittem. Ha lei *Et liberi hominis, licet, De contrahenda emptione;* diz: *Et liberi hominis et loci sacri et religiosi qui haberi non potest, emptio intelligitur, si ab ignorante emitur.* Nota « qui haberi non potest». Item as palavras da *Auth. Ut nullus*, acima alegado: *Ibi hoc modis omnibus prohibemus.* Item aquele que consente venderem-no pera participar do preço não val a venda se o comprador sabe ser elle livre, como também a grosa do cap. *Perlatum* aponta naquelas palavras: *et ut emptor ignoret eius conditionem*, que V.R. não vio bem. E está claro que falla do que por sua vontade se consinte vender, e todavia a lei em tal caso não consinte ser escravo. A grosa, com todo o mais que ella e Panormitano ay alega no cap. *Ex rescripto de iure iurando*, indistinctamente fallão, a qual V.R. não deve reprovar tão facilmente, pois a mais commum hé com ella, nem Navarro no *Comento de usuras*, que V.R. alega, diz tão claramente que hé licito venderem-se hum ao outro por escravo temporal ou perpetuo, mas somente diz que ainda que tevessemos que hum se pode vender e fazer-se escravo temporal ou perpetuo de outro, por ser licito segundo direito natural e não estar vedado polo divino nem humano, porem nem por isso seria licito constituir direito de censo sobre si fiquando livre. Antes se há-de entender o que aqui diz Navarro conforme ao que tinha dito no sobredito cap. 17, no qual não fala que hum tão levemente possa vender sua liberdade, mas há-se de entender quando hum, por não poder pagar o que deve, se vende; e o que diz abaixo que na Ethiopia se vendem muitos, ay alegando a Soto, há-se de entender em o caso em que Soto falla, o qual, se bem se ponderar, falla em caso de salvar a vida com perda da liberdade; e forçadamente se há-de entender assi o que diz Navarro por não dizermos que se contradiz no cap. 23, n. 25 e no cap. 24, n. 9; porque, querer fazer differença do que se vende ao que permitte ser vendido sem pôr rezam de diversidade, não me parece bem, pois a não há nem nenhum doutor a põe, antes todos fazem disso huma mesma cousa. E o mesmo Navarro ajunta tudo no sobredito cap. 17, dizendo que se vendem a ssi mesmos ou com seu consentimento; e Soto, pera provar que hum se pode vender, alega o texto que falla do que consinte ser vendido por participar do preço sendo mayor de vinte annos, como por elle se verá; e a grosa do cap. *Perlatum*, onde diz *maxime cum quinque requirantur ut venditio liberi hominis teneat*, não faz nenhuma distinção do que por si se vende ou consinte vender, antes tratando aquele texto do que se vendeo *divortii causa*, ella por contrario alega o que as leis dizem do que consinte ser vendido por participar do preço. E os senhores da Consciencia, ou seu capitulo, falando pollos termos em que fallão as leis dos que consintem ser vendidos por outrem, alegão textos do Exodo e Levitico que tratão dos que se vendem a ssi mesmo, misturando tudo por ser huma mesma cousa e ter huma mesma rezão. E portanto tenho por averigoado querer Navarro somente restringir as leis e doutores, que fallão que hum homem livre não possa ser escravo, se entenda salvo avendo ay causa justa, como pagar o que deve ou outra justa causa de necessidade extrema, porque entonces consentindo não perjudica tanto a ley natural e rezão que manda conservar a liberdade.

19. Diz mais V.R. que se hum não fosse senhor de sua liberdade nem em caso de extrema necessidade da vida a podia alienar. Diria eu que quando concorrem duas leis naturaes em contrario prevalece a que tem mais vigor: assi a lei natural, que manda conservar a vida, prevalece por ser de mais altos quilates à outra lei natural de conservar a liberdade, como acima tratando da venda do filho já apontei e se pode bem prover por muitos semelhantes que por brevidade não digo. Nem a reposta, que da regra do direito, tirada do direito natural, *non bene pro toto* etc., hé

sufficiente por dizer que hay vendas que segundo eu digo são licitas, porque somente por salvar a vida, que val mais que todo o ouro, ou por outra justa causa, ou quando por pena de culpa se perdesse, ou por guerra justa, nos quaes casos também a vida se pode perder e não hé perder-se a liberdade por preço. E a interpretação, dada à regra que se entenda que hé tão excellente a liberdade que os homens por nenhuma cousa a avião de dar, etc., porventura se podia milhor dizer que, porque a servidão repugna ao poder que naturalmente se tanto estima, como cousa tão natural e que não tem preço, não hé rezão que sem grande causa se perca; e parece mais conforme ao de S. Thomás, que V.R. alega, o que faz pouco a seu proposito.

Diz mais que o lugar do Levitico 25 *si necessitate compulsus* não prova ser necessario necessidade extrema pera se vender assi. Esta authoridade, como todas as mais, não se espante entendê-la da extrema, ainda que em todo Aristoteles não aja tal consequencia; pois, da mesma maneira no caso da Ley 2ª, C. *Qui filios distraxerunt*, não falando a ley por extrema, todos forçados da rezão e ley natural a entendam dela; e, da mesma maneira dizendo que com grande necessidade se pode furtar, declara-se que há-de ser extrema, como acima fica dito: da mesma maneira se pode entender as suas leis, pois há a mesma rezão.

Diz mais que não há direito natural que tal tolha, de que me espanto; e parece fazer differença antre direito natural, aquelle a que a natureza inclina, do outro modo, *quia natura non inducit contrarium*, como S. Thomás, que V.R. alega, diz se entende, que por isso o tal direito não obriga. Dever-se-ya melhor declarar. S. Thomás diz que *communis omnium possessio et omnium una libertas esse de iure naturale, distinctio vero possessionum et servitus non sunt inducta a natura, sed per hominum rationem ad utilitatem humanae vitae*, o que parece não ajudar nada a esse proposito, antes faz contra elle, pois se prova que a liberdade hé de direito natural e que a rezão dos homens pera proveito da vida humana pode distinguir os bens temporaes e causar servidão; do qual ao menos tenhamos que, quando a rezão pera proveito da vida humana falta, não se pode perder a liberdade e perjudicar a ley natural.

20. As authoridades, que V.R. alega, me parecem fraquas. Porque Rubem se fazia escravo por livrar Benjamim era digno de louvor e tinha causas e obrigação pera isso, assi por a consolação do pay e conservação de sua vida, o qual tinha dito, se lho não trazião, *deducetis (inquit) canos meos cum merore ad inferos*, como pola promeça que disso tinhão feita a seu pay. Isto ser licito, polo acima dito se vê claramente.

A autoridade do Exod. 21 e Deuter. 15, já que não contenta a reposta dos outros Apontamentos em que dezia que era pena, porque diz que não hé literal senão moral entendimento: se assi fora, pusera Nicolao de Lira destincto junto com a moral; mas já que põe onde trata do literal se deve ter. E, se isto não satisfaz, digo que a força do amor da molher e dos filhos, que também hé de direito natural, juntamente com Deus o mandar e permitir, hé causa justa e sufficientissima pera hum poder perder e dar sua liberdade; quanto mais que todas estas autoridades fazem pouco ao caso, pois não fallão propria e inteiramente dos escravos de que nós falamos, como o diz S. Thomás I^a 2_ê q. 105, ar. 4, e Navarro na sobredita repetição *de usuras* n. 92. Quanto mais sendo leis judiciaes que, como V.R. bem sabe, não tem vigor na ley da graça senão se as tornão a renovar os que pera isso tem poder. Thom., I^a 2_ê q. 105, ar. 2°, arg. 8, *et Colibet* 4° art. 13, *dicit: posterum principium sola praecepta legis naturae quae moralia appellamus iam articulis fidei et sacramentis gratiae contineri legem divinam.*

Ao capitulo *Perlatum* 29, q. 2^a, respondo que o intento do texto não hé tratar se pode ser escravo ou não, nem hé essa a questão que se pregunta; mas, já que se fez escravo de qualquer maneira que fosse por ter rezão de se apartar da molher, se fica ella juntamente escrava e se hé causa pera se poder apartar o matrimonio. E hé: poderia ser que elle, por odio que teria à molher e desejos de se apartar dela, buscaria modo pera ficar escravo parecendo-lhe que assi se poderia apartar della, e pois não avia outro modo justo, que as leis permitissem, senão fazendo-se vender por outro participando do preço, o que podia fazer onde não fosse conhecido. Mas de qualquer maneira que fosse, o texto não tem de ver com isso, e assi a ilação que V.R. tira, com todo o mais que diz, parece fora do caso do texto por ficar seu fundamento muy fraco. No qual texto tambem achará que a grosa pergunta como pode hum homem livre fazer-se escravo: *cum quinque requirantur* etc., e, porque não era materia daquele texto, deixou tudo indeciso.

21. Quanto às autoridades dos doutores, já disse que Soto e Navarro se hão-de entender nos casos em que falão e não tão livremente como V.R. quer. De Scoto referirei as palavras que achei em Gabriel referidas, que hé hum livro velho, e diz assi: «Tertia, servitus si debet esse iusta et principatus eius non tiranicus oportet id esse alterum duorum modorum, aut qui aliquis sponte et libere se sic alteri subiecit quae foret utique stulta et fatua cum homo libertatem quam habet a natura sic sponte a se abdicat sine

demerito, hoc enim videtur quodam modo esse contra naturalem legem; a tamen, licet multae obligationes ab initio temere, stulte et fatue sunt factae, nihil ominus tenent cum facta sunt; exemplum de comprehenso a latrone, qui nisi spondeat se datarum censum privatur vita, hic iniuste angariatur, sed iuste solvit quod promisit».

Pregunto eu agora se o ladrão pode levar com boa consciencia o que faz prometer a hum com medo da morte? E se disser que si, da mesma maneira dirá que com boa consciencia podem os moradores do Brasil levar a liberdade dos Indios que assás *stulte et fatue* lha dão, já que livremente lha dessem, pois Scoto ambos estes casos compara; e, posto que eu não vi outros sententiarios, parece que devem todos pouco mais ou menos levar este caminho.

22. Ho que digo, pera que V.R. não tenha tão certas as autoridades que alega no que diz, nem a ilação, que V.R. quer tirar, que não hé necessário ser de vinte annos pera se hum poder vender; mas, poruqe assi vem determinado da Mesa da Consciencia, diz que o direito humano deffende que se não faça senão desta maneira. No que parece dizer duas cousas, huma que foi lei a tal determinação da Consciencia; e a outra que, se esta ley não fora, ainda que fora menor de vinte annos se podera vender. Ambas estas me parecem sem fundamento, porque dizer que os senhores da Consciencia quiserão promulgar lei nova, nenhuma palavra vejo pera se isso presumir, mas somente fallão Soto, à letra; e todas me parece (*si fas et dicere*) que se enlearão nas alegações, como já apontei no pressuposto do primeiro Apontamento, que também com este torno a mandar a V.R.; a outra conclusão parece tal, qual o fundamento sobre que se funda.

23. Destruido pois todo o fundamento de V.R. e, resolvendo a materia, digo que como a liberdade seja de lei natural não se pode perder senão quando a rezão fundada em ley natural o permittir, mas quando se presume não aver liberdade de vontade ou outro modo de tirania, ou não há causa justa pera se vender, não pode ser escravo e pecca peccado de injustiça, e hé obrigado a restituir; e todos aquelles, a cujas mãos vem, tem a mesma obrigação, porque como cousa furtada sempre passa com seu encargo. Desta conclusão tiro os seguintes corolarios *in contingentia facti*.

I° Corolario

24. O primeiro, que todos os que se venderão na Baya e na Capitania Spiritu Santo, des o anno de 60 por diante ou se consentirão vender por seus parentes, não podem ser escravos. Este corolario me convem provar, e não irei perguntar às lingoas do Brasil, a quem V.R. me remete, porque essas são as que tem feito todo o mal, mas perguntá-lo-ei a V.R. e aos mais Padres e Irmãos que tambem são lingoas e virão e vem pollo olho todo o que se faz: se as chagas que esta dor causou em seus peitos, e se as lagrimas, que por seus olhos sairão poderão falar, abastarão pera prova sufficientissima; mas já que pera com os homens não há cousa que abaste, veja Deus do alto e ponha remedio a tantas desordens!

25. Bem deve V.R. saber, pois o sabe toda a terra, que des que o Governador Men de Sá sojeitou o gentio da comarca da Baya e os fez meter cada hum em ordem de vida, dando-lhe com toda a moderação o jugo de Christo, e des que abaixou a soberba do gentio de Paragoaçu, começou logo a tirania dos injustos christãos. E como o gentio estava medroso e sojeito, teverão entrada pera roubarem e assolarem toda a terra, depois de lhe averem primeiro tomadas as terras, e os averem lançado dela. E começarão depois de dada a sentença contra os Caetés, a qual posto que durou pouco tempo, elles a executarão tão bravamente que destruirão a mayor parte da comarca da Baya, fazendo a Caetés ainda os que o não erão, os quais elles nem sua geração tinhão culpa na morte do Bispo em cuja vingança se deu a tal sentença, e Deus Nosso Senhor permittio tão bravo castigo. Depois de acabados os Caetés, começarão a roubar e saltear; e, pera escaparem à justiça, teverão boa escapula em saberem que se permittia poderem-se vender como passassem de vinte annos por participar do preço; e, com lhes fazerem dizer por medo huma de duas ou que seus pais os venderão ou elles se vendiam de sua vontade, escapavão do registro. Dos quaes castigos ficarão todos tão desasossegados, que huns fugirão pera seus inimigos e forão muitos mortos, outros polos matos, outros deixavão-se perecer à fome, não tendo mãos pera fazerem seus mantimentos, donde por esta causa os que ficarão em fome tinhão os maos liberdade pera usarem com elles de todos seus enganos à sua vontade, porque dantes deste tempo nunca se vio em toda a costa hum vender-se a ssi mesmo, nem suas necessidades a isso obrigavão. E depois que se isto praticou na Baya, se aceitou também na Capitania do Spiritu Sancto, principalmente com a geração que chamão dos do Gato por estarem mais

sogeitos, em os quaes se fezerão muitas deshumanidades e fazem neste dia. E o mesmo se pratica onde o gentio tem qualquer sojeição ou obediencia aos christãos.

26. Presuposta esta informação e a mais que se pode tomar, que todos sabem, provo este corolario desta maneira: Todos os resgatados, neste tempo se deve presumir serem mal resgatados por argumento do que nota Navarro no *Comento das usuras n. 87 e 88*, tratando da presumpção da usura por se pôr censo sobre pessoa livre e da presumpção da usura quando huma cousa se vende por menos preço com pacto de retrovendido se naqueles casos se presume sem-justiça. Quem não vê aver neste nosso caso mil evidencias pera se tal presumir? *Scilicet*, considerada a perseguição passada, o medo e temor do gentio, a qualidade da gente tão barbara, e ver que em nenhuma outra parte, onde cessão estas cousas, se não vende nenhum a ssi mesmo, e ver quantos enganos e modos ensinou a cubiça aos homens do Brasil; e se isto não abasta, digão os nossos Padres lingoas com quantos toparão em confissões ou fora della que livremente, sem temor nem outro injusto respeito, se ajão vendido. E pois somente em terra onde o gentio está sojeito se vendem a ssi mesmo, rezão hé de presumir ser a tal venda injusta e por tal condenada, mayormente quando não ouvesse fome extrema a que a tirania não aja dado causa como abaixo se dirá.

27. Faz mais em favor deste corolario a rezão da lei, que manda não valer a venda do que consinte por participar do preço sendo menor de vinte annos, a qual rezão não pode ser outra senão por se presumir que sendo de menor idade poderá ser facilmente enganado. E, como neste caso se tenha experiencia de quão faceis sejão estes gentios pera se enganarem quando tem sujeição e medo, justamente se deve presumir engano em as taes vendas de si mesmo. Favorecem tambem muito as palavras de Escoto acima alegadas: « Servitus si debet esse iusta et principatus non tiranicus » etc. com todo o mais que acima notavamos de S. Thomás, *scilicet*, que, quando a rezão pera proveito da vida humana falta, não se pode perder a liberdade, com todo mais acima dito.

E deste corolario infiro o mesmo se dever dizer da venda que fazem os pais de seus filhos depois de serem sojeitos por aver a mesma rezão e presumpção contra as taes vendas.

2° Corolario

28. Os que na Baya se venderão por fome, ou venderão seus filhos, ou consentirão em as taes vendas, não podem ser escravos, se a tal fome foi causada da sem-rezão sobredita; mas os que se venderão nos Pitiguares com fome, sem intervir engano, se devem ter por legitimos escravos, porque nenhuma rezão há de presumir engano, pois hé notorio sua fome de que os christãos não podiam ser causa por elles não terem sojeição alguma.

3° Corolario

29. Os que, por fugirem de tal sem-rezão, se forão polos matos e erão achados e tomados daqueles que erão seus contrairos, antes de huns e outros serem sujeitos ao Governador, não podem ser escravos legitimos, assi por terem já paz e sojeição, e se ajuntarem em povoações e igrejas pera serem insinados, desistindo huns e outros das guerras que antes tinhão; como também por a tirania ser causa de todo seu mal, e por conseguinte todos os que os christãos avião induzido aos que antes erão seus contrarios que os fossem saltear, ser injustiça e sem-rezão e não podem ser escravos.

4° Corolario

30. Não podem ser escravos os que fugirão das igrejas ainda depois de christãos, por fugirem assi por medo vendo que nem os Padres a muitos podião valer, e por fugirem à sujeição da doctrina e quererem viver livres em seus custumes passados. Nem outrosi podem ser escravos os que por fugirem à tal sojeição da doctrina se fazem escravos dos christãos, por verem que os taes escravos os deixão seus senhores viver em seus custumes passados; nem outrosi os que se fazem escravos dizendo que os escravos são temerosos e tem medo o gentio deles por serem com seus senhores juntamente executores da tirania e sem-rezão passada e presente, porque as taes resões e todas as semelhantes não são justas pera hum perder sua liberdade; e o mesmo digo dos que se vendem movidos do vicio carnal e peccados que com as escravas dos christãos cometem, as quaes servem de anzol pera prender e cativar os pobres Indios.

5° Corolario

31. Errarem os confessores que absolvem aos que taes escravos posuem, se os não poem em sua liberdade perfeita e lhes pagão seu serviço, arbitrio de bom varão, ainda que elles não sejão os que os mal cativarão antes lhe custarão seu dinheiro na mão de outros christãos, pois diz Soto e tambem os senhores da Consciencia e todo o Direito, que sempre vai o mal avido com o seu encarrego. Nem vejo rezão pera escusar os taes confessores com pretexto de ignorancia, nem ainda com dizer que o fazem por ordem de seu Prelado; porque em caso, que por lei natural e divina hé defeso, não vejo escusa, ao menos que escuse de toda a culpa; porque assi elles como os penitentes devem e são obrigados a saber e examinar bem a maneira como forão feitos escravos os que comprão, pois geralmente os mais são injustamente avidos.

In Biblioteca de Évora,
Códice CXVI/I-33, ff. 145r-152v.(letra do séc. XVI);
Monumenta Brasiliae, Roma, 1960, IV,
pp. 387-415(edição crítica com notas abundantes).

C

Bula do Papa Paulo III, de 1537.

Considera os índios seres racionais, capazes de se salvarem e livres por natureza

Paulus Papa Tertius, uniuersis Christi fidelibus, præsentes litteras inspecturis, salutem, & Apostolicam benedictionem. Et infra Veritas ipsa, quæ nec falli, nec fallere potest, cum prædicatores fidei ad officium prædicationis destinaret, dixisse cognoscitur, Eum tes docete omnes gentes. Omnes dixit, absque omni delectu, cum omnes fidei disciplinæ capaces existant. Quod videns, & iuidens ipsius humani generis æmulus, qui bonis operibus, ut pereant, semper aduersatur, modum excogituuit hactenus inauditam, quo impediret, ne verbum Dei gentibus, ut saluæ fierent, prædicaretur: ac quosdam suos satellites commouit, qui suam cupiditatem adimplere cupientes, Occidentales, & Meridionales Indos, & alias gentes, quæ temporibus istis ad nostram notitiam peruenerunt, sub prætextu quod fidei Catholicæ expertes existant, uti bruta animalia ad nostra obsequia redigendos esse passim asserere præsumant, & eos in seruitutem redigunt, tantis aflictionibus illos urgentes, quantis vix bruta animalia illis seruientia urgent. Nos igitur, qui ejusdem Domini nostri uices, licet indigni, gerimus in terris, & oues gregis sui nobis commissas, quæ extra ejus ouile sunt, ad ipsum ouile toto nixu exquirimus: attendentes Indos ipsos utpote ueros homines, nom solum Christianæ Fidei capaces existere, sed ut nobis innotuit, ad fidem ipsam promptissime currere; ac volentes super his congruis remedijs prouidere, prædictos Indos, & omnes alias gentes ad notitiam Christianorum in posterum de uenturas, licet extra fidem Christi existant, sua libertate, ac rerum suarum dominio priuatos, seu priuandos non esse, imo libertate, & dominio hujusmodi uti, & potiri, & gaudere libere, & licite posse, nec in seruitutem redigi debere: ac quidquid secus fieri contigerit, irritum, & mane, ipsos que Indos, & alias gentes, verbi Dei prædicatione, & exemplo bonæ vitæ, ad dictam fidem Christi inuitandos fore, authoritate Apostolica per præsentes litteras decernimus, & declaramus: non obstantibus premissis, cæterisque contrarijs quibuscunque. Datum Romæ anno 1537. Quarto nonas Iunij, Pontificatus nostri anno tertio.

Segue-se o texto em português, publicado por Simão de Vasconcellos:

Paulo III, a todos os fieis Chistãos, que as presentes letras virem, saude, & benção Apostolica. A mesma Verdade, que nem pode enganar, nem ser enganada, quando mandava os Pregadores de sua Fé a exercitar este offício, sabemos que disse: Ide, & ensinai a todas as gentes. A todas disse, indifferentemente, porque todas são capazes de receber a doutrina de nossa Fé. Vendo isto, & envejandoo o comum inimigo da gerção humana, que sempre se oppoem as boas obras, pera que pereçam, inventou hum modo nunca dantes ouvido, pera estorvar que a palavra de Deos não se pregasse as gentes, nem ellas se salvassem. Pera isto moveu alguns ministros seus, que desejosos de satisfazer a suas cobiças, presumem affirmar a cada passo, que os Indios das partes Occidentaes, & os do Meio dia, & as mais gentes, que nestes nossos tempos tem chegado a nossa noticia, hão de ser tratados, & reduzidos a nosso serviço como animaes brutos, a titulo de que são inhabeis pera Fé Catholica: & socapa de que são incapazes de recebella, os poem em dura servidão, & os affligem, & opprimem tanto, que ainda a servidão em que tem suas bestas, apenas he tão grande como aquella copm que affligem a esta gente. Nos outros, pois, que ainda que indignos, temos as vezes de Deos na terra, & procuramos com todas as forças achar suas ovelhas, que andão perdidas fóra de seu rebanho, pera reduzillas a elle, pois este he nosso officio; conhecendo que aquelles mesmos Indios, como verdadeiros homens, não somente são capazes da Fé de Christo, senão que acodem a ella, correndo com grandissima promptidão, segundo nos consta: & querendo prover nestas cousas de remedio conveniente, com authoridade Apostolica, pello teor das presentes, determinamos, & declaramos, que os ditos Indios, & todas as mais gentes que daqui em diante vierem á noticia dos Christãos, ainda que estejão fóra da Fé de Christo, não estão privados, nem devem sello, de sua liberdade, nem do dominio de seus bens, & que não devem ser reduzidos a servidão. Declarando que os dittos Indios, & as demais gentes hão de ser atrahidas, & convidadas á ditta Fé de Christo, com á pregação da palavra divina, & com o exemplo de boa vida. E tudo o que em contrario desta determinação se fizer, seja em si de nenhum valor, nem firmeza; não obstantes quaesquer cousas em contrario, nem as sobredittas, nem outras, em qualquer maneira. Dada em Roma, anno de 1537, aos nove de Junho, no anno terceiro de nosso Pontificado.

In Chronica da Companhia de Jesu do Estado do Brasil e do que obrarão seus filhos nesta parte do Novo Mundo, pello Padre Simão de Vasconcellos, Lisboa, Anno MDCLXIII, pp. 101-103.

D

A Lei de Dom Sebastião de 20 de Março de 1570

Ley sobre a Liberdade dos Gentios das terras do Brasil: & em que casos podem, ou nam podem catiuar

Dom Sebastiam per graça de Deos Rey de Portugal, & dos Algarues daquem & dalem mar em Africa, Senhor de Guinè, & da conquista, Navegaçam, & Comercio de Ethiopia, Arabia, Persia, & da India, &c. Faço saber aos que esta ley virem, que sendo eu informado dos modos illicitos, que se tem nas partes do Brasil em catiuar os gentios das ditas partes, & dos grandes inconuenientes que disso naçem, assi per as conseiencias das pessoas, que os catiuam pellos ditos modos, como pera o que toca a meu seruiço, & bem, & conseruaçam do estado das ditas partes: & parecendome que conuinha muito a seruiço de nosso Senhor prouer nisso, em maneyra que se atalhasse aos ditos inconuenientes, mandey uer o caso na mesa da Consciencia, pellos deputados do despacho della, & per outros letrados: & conformandome nisso com sua determinaçam, & parecer. Defendo, & mãdo, que daqui em diante se nam vse nas ditas partes do Brasil dos modos que se atè ora vsou em fazer catiuos os ditos gentios, nem se possam catiuar per modo nem maneyra algûa, salvo aquelles que forem tomados em guerra justa, que os portugueses fezerem aos ditos gentios com autoridade & licêça minha, ou do meu Gouernador das ditas partes, ou aquelles que custumam saltear os Portugueses, ou a outros gentios pera os comerem: assi como sam os que se chamam Aymures, & outros semelhantes. E as pessoas que pellas ditas maneyras licitaa catiuarem os ditos gentios, seram obrigados dentro de dous meses primeiros seguintes, que se começaram do tempo, em que os catiuarem, fazerem escreuer os tais gentios catiuos nos liuros das prouedorias das ditas partes, pera se poder ver, & saber quaes sam, os que licitamente foram catiuos. E nam ho comprindo assi no dito tempo de dous meses. Ey por bem percam ha auçam dos ditos catiuos, & senhorio. E que per esse mesmo feyto sejam forros, & liures. E os gentios, que per qualquer outro modo, ou maneira forem catiuos, nas ditas partes, declaro por liures: & que as pessoas que os catiuarem, nam tenham nelles dereito, né senhorio algum. E mando ao meu Gouernador das ditas partes do Brasil, & ao Ouuidor geral dellas, & aos Capitães das capitanias, & aos seus Ouuidoães, & a todas as Iustiças, Officiaes, & pessoas das ditas partes, que cumpram, & façam muy inteiramente cumprir, & guardar esta Ley como se nella contem. E ao Chanceler mòr, que a publique na Chancelaria, & enuie o trelado della sob seu sinal, & meu sello per tres ou quatro vias às ditas partes do Brasil. E mando ao Gouernador das ditas partes, que a faça publicar ê todas as Capitanias, & povações dellas, & registar no livro da Chancelaria da ouuidoria geral, & aos liuros das camaras dos lugares das ditas Capitanias pera que a todos seja notorio, & se cumpra inteiramête. E assi se registara este no liuro da mesa do despacho dos meus Desembargadores do Paço, & nos liuros das Relações das Casas da Supplicaçam & di Ciuel, em que se registam as semelhantes leis. Dada em cidade de Euora, a XX, dias do mes de Março. Gaspar de Seyxas a fez, Anno de nascimento de Nosso, Senhor Iesu Christo, de 1570. Jorge da Costa a fez escreuer.

In *Leys, e Prouisoes que elRey dom Sebastiã nosso Senhor fez depois que começou à governar. Impressas em Lixboa per Frãcisco Correa, com a prouaçam do Ordinario, & Inquisidor, 1570.*

E

A Lei de Filipe I de 22 de Agosto de 1587

Lei que sua magde. Passou sobre os Indios do brasil que não podem ser captivos, e declara os que podem ser

Dom fellipe etc. Faço saber aos que esta ley virem que avendo respeito ao snor Rey dom sebastião meu sobrinho que deos tem fazer uã Lei no anno de 1570 per que ouve por bem, e mandou pellos respeitos nella declarados que nas partes do brasil senão usasse dos modos ilicitos que ate o dito tempo se usavão em cativar os gentios dellas, e que somente fossem captivos aquelles que fossem tomados em guerra justa que se fizesse com autoridade, ... do meu governador das ditas partes, como mais largamente he declarado na dita ley de que tresllado o seguinte.¶

Dom Sebastiam per graça de Deos Rey de Portugal, & dos Algarues daquem & dalem mar em Africa, Senhor de Guinè, & da conquista, Navegaçam, & Comercio de Ethiopia, Arabia, Persia, & da India, &c. Faço saber aos que esta ley virem, que sendo eu informado dos modos illicitos, que se tem nas partes do Brasil em catiuar os gentios das ditas partes, & dos grandes inconuenientes que disso naçem, assi per as conseiencias das pessoas, que os catiuam pellos ditos modos, como pera o que toca a meu seruiço, & bem, & conseruaçam do estado das ditas partes: & parecendome que conuinha muito a seruiço de nosso Senhor prouer nisso, em maneyra que se atalhasse aos ditos inconuenientes, mandey uer o caso na mesa da Consciencia, pellos deputados do despacho della, & per outros letrados: & conformandome nisso com sua determinaçam, & parecer. Defendo, & mãdo, que daqui em diante se nam vse nas ditas partes do Brasil dos modos que se atè ora vsou em fazer catiuos os ditos gentios, nem se possam catiuar per modo nem maneyra algûa, salvo aquelles que forem tomados em guerra justa, que os portugueses fezerem aos ditos gentios com autoridade & licêça minha, ou do meu Gouernador das ditas partes, ou aquelles que custumam saltear os Portugueses, ou a outros gentios pera os comerem: assi como sam os que se chamam Aymures, & outros semelhantes. E as pessoas que pellas ditas maneyras licitaa catiuarem os ditos gentios, seram obrigados dentro de dous meses primeiros seguintes, que se começaram do tempo, em que os catiuarem, fazerem escreuer os tais gentios catiuos nos liuros das prouedorias das ditas partes, pera se poder ver, & saber quaes sam, os que licitamente foram catiuos. E nam ho comprindo assi no dito tempo de dous meses. Ey por bem percam ha auçam dos ditos catiuos, & senhorio. E que per esse mesmo feyto sejam forros, & liures. E os gentios, que per qualquer outro modo, ou maneira forem catiuos, nas ditas partes, declaro por liures: & que as pessoas que os catiuarem, nam tenham nelles dereito, né senhorio algum. E mando ao meu Gouernador das ditas partes do Brasil, & ao Ouuidor geral dellas, & aos Capitães das capitanias, & aos seus Ouuidoães, & a todas as Iustiças, Officiaes, & pessoas das ditas partes, que cumpram, & façam muy inteiramente cumprir, & guardar esta Ley como se nella contem. E ao Chanceler mòr, que a publique na Chancelaria, & enuie o trelado della sob seu sinal, & meu sello per tres ou quatro vias às ditas partes do Brasil. E mando ao Gouernador das ditas partes, que a faça publicar ê todas as Capitanias, & povações dellas, & registar no livro da Chancelaria da ouuidoria geral, & aos liuros das camaras dos lugares das ditas Capitanias pera que a todos seja notorio, & se cumpra inteiramête. E assi se registara este no liuro da mesa do despacho dos meus Desembargadores do Paço, & nos liuros das Relações das Casas da Supplicaçam & di Ciuel, em que se registam as semelhantes leis. Dada em cidade de Euora, a XX, dias do mes de Março. Gaspar de Seyxas a fez, Anno de nascimento de Nosso, Senhor Iesu Christo, de 1570. Jorge da Costa a fez escreuer.¶

E conformandome com a dita ley, e por evitar os excessos de que meus vassalos menores nas ditas partes do brasil usão com os Indios della assi e nos trazerem do çertão por força e com enganos, como pellos mal tratarem, e venderem como captivos sendo livres, e se servirem delles sem lhes pagarem seus serviços, e outras estroções, e injurias que recebem de que se seguem muitos inconvenientes assi pera a conservação dos mesmos Indios, como pera a quietação daquellas partes, e dos tais convertidos a nossa santa fee ey por bem e mando que daqui em diante nenhuma pessoa de qualquer qualidade e condição que seja vaa ao çertão com Armações a buscar Indios sem liçença do dito meu governador, a qual lhe elle dara precedendo primeiro o exame neçessario da bondade, e callidade da pessoa, ou pessoas que forem fazer as ditas Armações e da confiança dellas com as quais irão dous, ou tres padres da companhia de Jesu que pello bom credito que tem entre os gentios os persuadirão mais facilmente a virem servir aos ditos meus vassallos en seus engenhos, e fazendas sem força, nem engano declarandolhes que lhes pagavam seus serviços conforme a meu Regimento, e que quando se quisessem retirar dos engenhos, ou fazendas onde estiverem o poderão fazer sem lhes ser feita força alguã, e depois de vindos os ditos Indios do çertão ei por bem que se não repartão entre os ditos moradores sem serem presentes a isso o dito meu governador, ou o ouydor geral, e os padres que forão nas tais armações, ou outros da mesma companhia, os quais procurarão que a dita Repartição se faça mais a gosto, e proveito dos Indios que das pessoas porquê se Repartirem não os constrangendo a servir contra suas vontades, e o dito governador ou ouvydor geral lhes fara pagar seus trabalhos; e serviços segundo mereçerem, e pera que com mais claresa se saiba a todo tempo os Indios que servem nos tais engenhos e fazendas, mando que a escreva no livro na camara de cada uma das capitanias das ditas partes en que se todos escreverão, com a declaração das aldeas en que estiverem, e as pessoas que os tiverem serão obrigados a ter hum rol do numero delles com declaração dos nomes, e idades que será asignado pelas Justiças de cada huã das ditas capitanias, e o dito ouvydor geral sera obrigado a visitar os tais Indios com o procurador delles duas vezes en cada hum anno tomando a cada huã das tais pessoas conta dos que tiverem no seu rol e se enformará particularmente se os vendem, ou tratam mal, e achando que não tem cuidado de os doutrinar nas cousas da nossa santa fe como convem, o fará a saber ao prelado daquellas partes pera a isso dár o remedio necessario, e lhes fara pagarem todo o devido de seus serviços, e nas partes onde não estiverem o dito ouvydor geral, e for presente, o provedor mor de minha fazenda visitará os ditos Indios na maneira atras declarado, e querendo Alguns dos ditos Indios por receberem maus tratos tamto das tais pessoas, ou por outro qualquer respeito tirassem das fazendas onde estivessem o poderão livremente fazer como pessoas livres, e não o comprindo assi o dito ouvydor geral que ora he, e ao diante for das ditas partes se lhe dará en culpa na Residencia que se tirar delle, na qual se perguntará pello sobredito, e nas capitanias e povoações onde o dito ouvydor geral não for presente, ei por bem que fação a mesma dilligencia os capitães das ditas capitanias, ou as pessoas que estiverem en seu lugar, com os ouvydores dellas, e outrossy ey por bem que nas ditas partes do brasil não aja Indio algum captivo, e todos sejão livres, e como tais sejão tratados excepto os que forem cativos em alguã guerra justa que per meu mandado, ou do dito meu governador se fizesse, ou for comprado por não ser comido dos outros Indios, não se podendo doutra maneira salvar da cruesa desumana com que se comem uns aos outros, e o que assi for comprado ficará cativo ate o tempo que tornar a seu senhor o que deu por elle, pera que com mayor dilligençia, e cuidado se requerer, e procurar a justiça dos ditos Indios. Mando ao dito governador ordene em cada huã das ditas capitanias, e povoações pessoas que terão carrego de a procurar, e requerer, e de fazer ao dito governador, e as justiças todas as lembranças que lhe pareçerem necessárias, assi pera os conservar em suas liberdades, como pera os deffender das Injurias, e máos tratamentos que se lhes fizer, ei por bem que em todos os casos tocantes as liberdades dos ditos Indios, jornais, soldadas, devidas, ou avexações que lhe forem feitas contra as provisões que em seu favor são passadas, ou ao diante se lhe passarem o dito ouvydor geral, e as mais justiças das outras capitanias, e povoações procederão nelles sumariamente sem mais ordem nem fegura de juizo que a que for necessária pera se saber a verdade sem embargo de quaisquer ordenações que em contrario aja, e de se não fazer aqui expressa menção e derogação da sustançia dellas que nestes casos ey por derogadas, e da ordenação do Livro 2° tit. corenta e nove que diz que se não entenda nunca ser derogada a ordenação se da sustancia dellas se não fizer expressa menção. Notefico assy ao meu governador, e ao ouvydor geral, e aos capitães das capitanias, e aos ouvydores dellas, e a todas aas mais justiças e officiaes e pessoas das ditas partes a que o conhecimento desta ley pertencer, e lhes mando que a cumprão, e guardem, e fação cumprir, e guardar inteiramente como se nella contem sem a isso ser posto duvida, nem contradição alguma, por que assi o ey por meu serviço, e ao chanceler mor mando que a poblique na chancelaria, e envie o tresllado dellas do seu signal, e meu sello por quatro, ou cinco vias e as ditas partes do brasil, e mando outrossy ao governador das ditas partes que a faça publicar em todas as capitanias, e povoações dellas e registar no Livro da casa da Relação que ora envyo as ditas partes, e nos livros das camaras dos lugares das ditas capitanias pera que a todos seja notorio, e se cumpra inteiramente e assi se registará no Livro da mesa do despacho dos meus desembargadores do paço, e nos livros das Rellações das casas da suplicação e do porto em que se registão as semelhantes provisões, Francisco de Barros a fez em Madrid a xxij de agosto Anno do naçimento de nosso Senhor Jhesu Christo de 1587 – Roquebierra a fez escrever.

Foy publicada a ley del Rey Nosso Senhor atras escrita na chancelaria per mim Gaspar Maldonado escryvão della perante os officiaes da dita chancelaria, e outra muyta gente que vinha requerer seu despacho, em Lisboa a xb(15) de março de bc Lxxxbiii° (1588).

> In Synopsis Chronologica de Subsidios ainda os mais raros
> para a Historia e Estudo Crítico da Legislação Portuguesa:
> Mandadas publicar pela Academia Real das Sciencias de Lisboa
> e Ordenada por Jozé Anastasio de Figueiredo, Lisboa, MDCCXC,
> Tomo I – desde 1143 até 1549; Tomo II – desde 1549 até 1603.
> Vid. Real Archivo da T. Do T. , liv. I de Leis de 1576 até 1612, fol. 168.

F

Lei de 11 de Novembro de 1595

Lei sobre se não poderá captivar os gemtios das partes do brasil, que estiverem em sua liberdade, salvo no caso declarado na dita Lei

Dom Phillippe etc. faço saber aos que esta lei virem que o senhor Rey Dom Sebastião meu sobrinho que deos tem fez huã lei na çidade de evora a xx de março do anno de mil e bcLxxi(570) na qual defendeu que se não podessem captivar os gentios das partes do brasil, senão nos casos e pelo modo nela declarados, e os que de outra maneira fosse captivos declarou por livres como mais largamente na dita lei se contem, e que sou informado que os moradores da costa do brasil usam de modos injustos palleando causas para dizerem que comforme à dita lei os captivão em justa guerra e proçedem em tudo contra as pallavras e tenção da mesma lei captivando os injustamente a huns por engano, a outros por força do que se segue grandes inconvenientes assi para as conçiencias das pessoas que pela dita maneira os captivam, como pelo que toca a meu serviço, e a bem da conservação daquele estado. E querendo eu ora a isso prover com o pareçer dos do meu conselho, como convem a serviço de deos e meu pelas ditas causas, e outros justos respeitos que me a isso movem, e por atalhar às cautellas com que os moradores das ditas partes procurão fraudar a dita ley, ei por bem de a revogar como por esta revogo, e mando que daqui em diante se não use mais della, e que por nenhum caso, ne modo algum os gentios das partes do brasil se possão captivar salvo aquelles que se captivarem na guerra que contra elles eu ouver por bem que se faça, a qual se fará somente per provisão minha pera isso particullar por mim asinada, e os que de outra maneira forem captivos ei por livres; ei por bem, e quero que aquelles contra quem eu não mandar fazer guerra vivão em qualquer das ditas partes em que estiverem em sua liberdade natural, como homens livres que são sem poderem ser como captivos constrangidos a cousa algûa, e querendo os moradores das ditas partes do brasil servirse delles lhe pagarão seu serviço, e trabalho como a homens livres, e contra os que a poblicação desta lei em diante per alguma outra maneira os captivarem mandarei proçeder como ouver por bem, e for meu serviço, e mando ao governador das ditas partes do brasil, e ao ouvidor geral dellas, e aos capitães das capitanias, e aos seus ouvidores, e a todas as justiças, officiaes e pessoas das ditas partes que cumprão, e fação mui inteiramente cumprir e guardar esta lei como nella se contem, e ao doutor Simão Gonçalves Preto do meu conselho, chanceler mor de meus regnos e senhorios que a poblique na chancelaria e envie o traslado della sob meu sello e seu sinal por tres, ou quatro vias ao governador das ditas partes do brasil, ao que mando que a faça poblicar em todas as capitanias, e povoações dellas, e registar no Livro da chancelaria da ouvidoria geral, e nos Livros das camaras dos lugares das ditas capitanias pera que a todos seja notorio, e se compra inteiramente, e assi se registará no Livro da mesa do despacho dos meus desembargadores do paço, e nos Livros das Rellações das casas da supricaçam e do porto em que as semelhantes leis se registão, dada em Lisboa a onze de novembro, diogo de barros a fez ano do naçimento de nosso senhor Jhesu Christo de mil e bcLxxxxb (1595) pero de seixas a fez escrever.

Foi poblicada na chancelaria a lei del Rei nosso senhor atras escrita per mim gaspar maldonado escrivão della perante os officiaes da dita chancelaria e outra muita gente que vinha requerer seu despacho em Lisboa a 9 dias de dezembro de 1595.

In Synopsis Chronologica de Subsidios ainda os mais raros para a Historia e Estudo Crítico da Legislação Portuguesa: Mandadas publicar pela Academia Real das Sciencias de Lisboa e Ordenada por Jozé Anastasio de Figueiredo, Lisboa, MDCCXC, Tomo I – desde 1143 até 1549; Tomo II – desde 1549 até 1603. Vid. Real Archivo da T. Do T. , liv. 2 de Leis de 1595 até 1636, fol. 22[26v-27].

G

Lei de 26 de Julho de 1596

1 – Eu El Rei, faço saber aos que êste âlvará, e Regimento virem, que considerando eu o muito que importa, para a conversão do gentio do Brasil à nossa fé católica, e para a conservação daquele Estado, dar ordem com que o gentio desça do sertão para as partes vizinhas às povoações dos naturais dêste Reino, e se comuniquem com êles, e haja entre uns e outros a boa correspondência que convém para viverem em quietação, e conformidade; me pareceu encarregar por ora, enquanto eu não ordenar outra cousa, aos religiosos da Companhia de Jesus o cuidado de fazer descer êste gentio do sertão, e o instruir nas cousas da religião cristã, e domesticar, ensinar, e encaminhar no que convém ao mesmo gentio, assim nas cousas de sua salvação, como na vivenda comum, e tratamento com os povoadores, e moradores daquelas partes, no que procederão pela maneira seguinte:

2 – Primeiramente, os Religiosos procurarão por todos os bons meios encaminhar ao gentio para que venha morar e comunicar com os moradores, nos lugares que o Governador lhe assinará, com parecer dos Religiosos, para terem suas povoações, e os Religiosos declararão ao gentio, que é livre, e que na sua liberdade viverá nas ditas povoações, e será senhor da sua fazenda, assim como o é na serra; porquanto eu o tenho declarado livre, e mando que seja conservado em sua liberdade, e usarão os ditos religiosos de tal modo, que não possa o gentio dizer que o fazem descer da serra por engano, nem contra a sua vontade, e nenhuma outra pessoa poderá entender em trazer o gentio da serra aos lugares que se lhe hão de ordenar para suas povoações.

3 – E nenhumas pessoas irão às ditas povoações sem licença do Governador e consentimento dos Religiosos que lá estiverem, nem terão

gentios, por não se enganarem, parecendo-lhes, que servindo aos moradores podem ficar cativos; nem se poderão servir dêles por mais tempo que té dous meses, nem lhes pagarão dante mão, sob pena de o perderem. Sómente a Justiça de terra lho farão, com efeito pagar, acabados os dous meses, o que merecerem, ou o em que estiverem concertados com êles por seu serviço, e os deixarão livremente ir às suas povoações, e os porão em sua liberdade.

4 – E [nem] os Religiosos mandarão de sua mão gentios a algumas pessoas particulares, para se servirem dêles, nem êles se servirão dêles em suas casas, se não pelo tempo declarado neste Regimento, e pagando-lhes seu salario, para que em tudo se hajam como homens livres, e sejam como tais tratados.

5 – O govêrno elegerá, com o parecer dos Religiosos, o procurador do gentio de cada povoação, que servirá até três anos, e tendo dado satisfação de seu serviço, o poderá prover por outro tanto tempo, e haverá por seu trabalho o ordenado acostumado, e o Governador e mais Justiças favorecerão as cousas que o procurador do gentio requerer, no que, com razão e justiça puder ser.

6 – Haverá um juiz particular, que será português, o qual conhecerá das causas que o gentio tiver com os moradores, ou os moradores com êle, e terá d'alçada, no cível, até dez cruzados, e no crime, açoutes, até trinta dias de prisão.

7 – E o Governador lhe assinará os lugares aonde hão de lavrar e cultivar, e serão os que os Capitães não tiverem aproveitado e cultivado, dentro no tempo que são obrigados, conforme as suas dotações, e o mesmo Governador lhos demarcará, e confrotará, mandando fazer disso autos.

8 – Este Regimento se entenderá nas povoações dos gentios que de novo descerem do sertão por ordem dos Religiosos da Companhia, e nas mais que por sua ordem são feitas; mas, havendo que estejam ordenadas por outros religiosos, e a seu cargo, se guardará a forma em que té agora as governaram.

9 – E o Ouvidor geral devassará uma vez no ano, daqueles que cativarem os gentios, contra a forma da lei que mandei passar nesta cidade

de Lisboa, para se não poderem cativar, a onze de Novembro do ano passado de 1595, e procederá contra êles como lhe parecer.

10 – E mando ao Governador das ditas partes do Brasil, e ao Ouvidor geral deles, e aos Capitães das Capitanias, e aos seus Ouvidores, e a todas as Justiças, Oficiais e pessoas das ditas partes, que cumpram e façam cumprir mui inteiramente, e guardar êste meu Alvará, e Regimento, como se nele contém, o qual se registará no livro da Chancelaria da Ouvidoria geral, e no livro das Câmaras dos lugares das Capitanias das ditas partes, para que a todos seja notório, e saibam a forma em que os ditos Religiosos hão de proceder nos casos dêste Regimento; e se cumpra inteiramente, e assim se nos registará no livro da mesa do despacho dos meus Desembargadores Pôrto, em que os semelhantes Alvarás, e Regimentos se registam. Pero de Seixas o fez em Lisboa, 26 de Julho de 1596.

R E Y

In Synopsis Chronologica de Subsidios ainda os mais raros para a Historia e Estudo Crítico da Legislação Portuguesa: Mandadas publicar pela Academia Real das Sciencias de Lisboa e Ordenada por Jozé Anastasio de Figueiredo, Lisboa, MDCCXC, Tomo I – desde 1143 até 1549; Tomo II – desde 1549 até 1603. Vid. Real Archivo da T. Do T. , liv.2 de Leis de 1595 até 1636, fol. 30; Liv. 3 da Espera da Casa, e Relação do Porto, fol. 271. verf.

H

Relação da Legislação para o Brasil no século XVI

1516 – Dois alvarás: um ordenando ao feitor e aos oficiais da Casa da Índia que fornecessem as ferramentas necessárias àqueles que fossem povoar o Brasil; o segundo trata da fundação de um engenho de açúcar.

1526 – Datado de 5 de Junho autoriza Pero Capico a retirar-se da sua capitania.

1533 – Carta régia de 25 de Janeiro ordenado que se desalojassem franceses de Pernambuco; outra datada de 28 de Setembro, dirigida a Martim Afonso de Sousa, na qual Dom João III dá instruções e comunica a decisão de dividir o Brasil em capitanias de 50 léguas, sendo de 100 léguas a doação feita ao destinatário da Carta.

1534 – 1535 – Temos as doações das capitanias. Cabe lembrar a doação feita por Dom Manuel a Fernão de Loronha, que seria confirmada por Dom João III em 1532; o alvará de 2 de Outubro de 1534, concedendo franquia de direitos para as importações de Duarte Coelho, donatário de Pernambuco.

1548 – Regimento de Tomé de Sousa; também os regimentos do Provedor-mor da Fazenda, António Cardoso Barros e dos provedores e oficiais das capitanias, e o do Ouvidor geral; Carta régia recomendando a Diogo Álvares, o Caramuru, que prestasse auxílio ao Governador geral.

1549 – Carta régia de 7 de Janeiro, na qual se trata da fundação da sede do governo e de uma fortaleza na Bahia de Todos os Santos.

1551 – Alvará de 20 de Julho isentando de dízimas por cinco anos aos que viessem para a Bahia ou Espírito Santo pelos próprios meios, e concedendo outros favores aos lavradores e operários que viessem das ilhas; também o alvará de 22 de Setembro que refere a vinda do primeiro bispo, tendo sido criado o bispado de São Salvador por bula de 25 de Fevereiro deste mesmo ano.

1553 – Criação do lugar de físico em 20 de Abril; alvará de 23 de Julho ampliando o de 20 de Julho de 1551.

1554 – Carta régia de 2 de Maio nomeando alcaide-mor para a cidade de São Salvador.

1557 – Alvará de 12 de Fevereiro de 1557, mandando abonar mantimentos dos jesuítas; alvará de 5 de Março suprimindo o direito de vintena do donatário de Pernambuco; Cartas régias dirigidas a Mem de Sá e à Câmara de São Salvador recomendando-lhes os jesuítas; alvará de 7 de Março aumentando a alçada do Governador geral.

1559 – Carta régia de 29 de Março concedendo aos senhores de engenho que apenas pagassem o terço dos direitos sobre os escravos que mandassem buscar no Congo, no máximo 120;

1560 – Alvará de 7 de Novembro dando a redízima aos jesuítas; carta régia ao Governador Mem de Sá para que organizasse um conselho que providenciasse provisoriamente contra o injusto cativeiro dos índios; novo alvará de isenção dos tributos sobre o açúcar que substitui o do ano anterior, datado de 16 de Março.

1565 – Provisão de 6 de Março ordenando que as naus que não pudessem chegar às Índias não arribassem ao Brasil.

1567 – Lei de 30 de Junho proibindo a vinda cristãos-novos para o Brasil; Lei que obrigava os colonos que possuíssem 400$ que apresentassem um arcabuz, um pique ou lança, uma rodela ou adarga e um capacete ou celada – esta lei foi conseguida por Mem de Sá.

1570 – Provisão de 16 de Março concedendo isenção de direitos aos engenhos que se construíssem no prazo de dez anos; a lei de 20 de Março sobre o cativeiro dos índios; regimento de 10 de Dezembro dado aos capitães-mores.

1572 – Lei de 10 de Dezembro de 1572 que dividiu o Brasil em dois governos, com sedes em São Salvador e São Sebastião do Rio de Janeiro.

1573 – Provisão de de 2 de Junho e alvará de 2 de Julho proibindo a ida de cristãos-novos para o Brasil.

1574 – Carta régia sobre o resgate dos índios conforme a qual os Governadores Brito e Salema fizeram um acordo sobre esta matéria datado de 6 de Janeiro.

1576 – Alvará de 7 de Fevereiro cometendo aos Governadores do Brasil a apresentação para os benefícios eclesiásticos.

1577 – Carta régia de 12 de Abril restabelecendo o Governo geral; regimento dado a Lourenço da Veiga, em 6 de Maio, suprimindo vários empregos; carta régia de 11 de Maio nomeando administrador eclesiástico para as capitanias do sul; alvará de 21 de Maio revogando as leis que proibiam a vinda de cristãos novos; regimento dos dízimos do açúcar, de 17 de Setembro de 1577;

1584 – Alvará concedendo ordinária aos capuchinhos.

1587 – Lei de 22 de Agosto contra o cativeiro dos índios; regimento de 25 de Setembro criando a Relação da Bahia.

1588 – Regimento do novo governador, Francisco Giraldes, de 8 de Março, com postila de 30 do mesmo; alvará criando o provedor de defuntos e ausentes, datado de 23 de Março; acto regulando a vinda de colonos estrangeiros para o Brasil;

1595 – Lei de 11 de Novembro que considera livres os índios cativos em guerras não autorizadas através de provisão assinada pelo soberano.

1596 – Regimento de 26 de Julho concedendo privilégios aos jesuítas.

Para este pequeno rol da legislação Quinhentista relativa ao Brasil me servi essencialmente do artigo intitulado Legislação Portugueza relativa ao Brasil, publicado na *Revista do Instituto Histórico e Geográfico Brasileiro*, 1929, tomo 105, vol. 159, pp. 201-222. Fiz actualizações e acrescentei algumas informações.

BIBLIOGRAFIA

Fontes manuscritas

Arquivo Nacional da Torre do Tombo
  Manuscritos da Livraria:
  Livros de Leis: livros, 1 e 2.
  Manuscritos relativos ao Brasil: livros 16-20.
  Chancelaria de D. João III.
  Gavetas 11-8-3 e 23-11-17.

Arquivo Histórico Ultramarino
  Espírito Santo, caixa 1.
  Maranhão, caixas 1-10.
  São Paulo, caixas 1-4.

Biblioteca Pública de Évora
  Códice CXVI / 1-33.
  Códice CXV / 2-3.

Biblioteca Nacional de Lisboa
  Fundo geral: Códices 600, 655, 737, 801.
  Colecção Pombalina: Códices 644-645 e 741.
  Notícia Histórica da Meza da Consciência e Ordens, Cód. 10887.

Biblioteca Geral da Universidade de Coimbra
  Códices: 706-711; 479 e 490.

Biblioteca Nacional do Rio de Janeiro
  Códices: 4, 3.
  Coleção de Angelis: I, 29-1-31/33.

Documentação e Legislação impressas

Anais da Biblioteca do Rio de Janeiro, XXVII, 1905, 119-280. Documentos coligidos por Manuel Cícero Peregrino da Silva sob o título de *Documentos relativos a Mem de Sá, governador geral do Brasil*.

Collecção Chronológica da Legislação Portuguesa, vol. I, (Lisboa, 1854--1857), por José Justino de Andrade e Silva.

Colecciones y documentos inéditos relativos al descubrimiento de las antiguas posesiones de América e Filipinas, (Madrid, 1864).

Cuerpo de Derecho Civil Romano, 6 vols., edição bilingüe, latim-espanhol, (Barcelona, 1892).

Doações e Forais das Capitanias do Brasil, (Lisboa, 1999), por Maria José Mexia Bigotte Chorão.

Estatutos da Universidade de Coimbra(1559), (Coimbra, por ordem da Universidade, 1963).

Leis Extravagantes e Repertório das Ordenações de Duarte Nunes do Lião, Fundação Calouste Gulbenkian, (Lisboa, 1987).

Leys, e Prouisoes que elRey dom Sebastiã nosso Senhor fez depois que começou à governar. Impressas em Lixboa per Frãcisco Correa, com a prouaçam do Ordinario, & Inquisidor, 1570.

Monumenta Henricina, 14 vols., (Coimbra, 1960).

Monumenta Brasiliae, 7 vols., (Roma, 1960).

Ordenações Afonsinas, Fundação Calouste Gulbenkian, vol. 1, (Lisboa, 1998).

Ordenações Manuelinas, Fundação Calouste Gulbenkian, 5 vols., (Lisboa, 1984).

Ordenações Filipinas, Edição *fac-simile* da edição feita por Candido Mendes de Almeida, no Rio de Janeiro em 1870, Fundação Calouste Gulbenkian, (Lisboa, 1985).

Auxiliar Jurídico – Apêndice às Ordenações Filipinas, 2 vols., reprodução *fac-símile*, da edição de 1870, (Lisboa, 1985).

Raízes da Formação Administrativa do Brasil, IHGB, 2 vols, (Rio de Janeiro, 1972), organizado por Marcos Carneiro de Mendonça.

Synopsis Chronologica de Subsidios ainda os mais raros para a Historia e Estudo Crítico da Legislação Portuguesa: Mandadas publicar pela Academia Real das Sciencias de Lisboa e Ordenada por Jozé Anastasio de Figueiredo, Lisboa, MDCCXC, Tomo I – desde 1143 até 1549; Tomo II – desde 1549 até 1603.

Fontes: séculos XVI e XVII

ANCHIETA, Beato Joseph de, *Primeiros Aldeamentos da Baía*, (Rio de Janeiro, 1946).

— —, *Cartas, Informações, Fragmentos Históricos e Sermões (1554-1594)*, (Rio de Janeiro, 1933).

— —, *De Gestis Mendi Saa*, (Rio de Janeiro, 1958).

AZPILCUETA NAVARRO, Martín de, *Manual de Confessores & Penitentes*, (Coimbra, 1560).

CARDIM, Fernão, *Tratados da Terra e Gente do Brasil*, (São Paulo, 1980).

Carta de Pero Vaz de Caminha, edição da Comissão das Comemorações do V Centenário do Nascimento de Pedro Álvares Cabral, (Lisboa, 1968).

CLAUDE D'ABBEVILLE, *História da missão dos padres capuchinhos na Ilha do Maranhão e suas circunvizinhanças*, (São Paulo, 2002).

FREITAS, Fr. Serafim de, *Do Justo Império Asiático dos Portugueses*, introdução do Professor Marcello Caetano, (Lisboa, 1983).

GABRIEL SOARES DE SOUSA, *Tratado Descritivo do Brasil em 1587*, (São Paulo, 1974).

GANDAVO, Pero de Magalhães, *Tratado da Terra do Brasil* e *História da Província da Santa Cruz,* (Rio de Janeiro, 1924).

GIL VICENTE, *O Juiz da Beira*, (Coimbra, 2003).

HANS STADEN, *Duas Viagens ao Brasil*, (Belo Horizonte, 1988).

JEAN DE LÉRY, *Histoire d'un voyage fait en la terre du Brésil – 1577*, (Montpellier, 1992).

JERÓNIMO OSÓRIO, *Tratado da Nobreza Civil e Cristã*, tradução, introdução e anotações de A. Guimarães Pinto, (Lisboa, 1996).

MONTAIGNE, *Ensaios*, vol. I, (Brasília, 1987).

MORENO, Diogo de Campos, *Livro que dá Razão do Estado do Brasil-1612*, (Recife, 1955).

MOUREAU, Pierrre, *Relação Verdadeira do que se passou na Guerra travada no país do Brasil entre os Portugueses e os Holandeses desde o ano de 1644 até o ano de 1648*, (Belo Horizonte, 1978).

NÓBREGA, *Cartas do Brasil e mais escritos – (Opera Omnia)*, (Coimbra, 1955).

SALVADOR, Frei Vicente do, *História do Brasil (1500-1627)*, ed. Revista por Capistrano de Abreu, (São Paulo, 1918).

SIMÃO DE VASCONCELOS, *Crônica da Companhia de Jesus no Estado do Brasil e do que fizeram seus Filhos nesta parte do Nôvo Mundo*, (Rio de Janeiro, 1864).

— —, *Notícias curiosas e necessárias das cousas do Brasil*, (Lisboa, 2001).

YVES D'EVREUX, *Viagem ao Norte do Brasil – feita nos anos de 1613 a 1614*, introdução e notas de Ferdinand Denis, (São Paulo, 2002).

BIBLIOGRAFIA GERAL

Actas do Congresso Internacional – Anchieta em Coimbra – 1548-1998 – Colégio das Artes da Universidade, 3 vols., (Coimbra, 2000).

ALBERTO, Edite, *As Instituições de resgate de cativos em Portugal*, dissertação de mestrado, (Lisboa, 1994).

ALBUQUERQUE, Martim de, *L'Humanisme Portugais et la France-Bodin au Portugal*, (Paris, 1984).

— —, *Jean Bodin na Península Ibérica – Ensaio de História das Idéias Políticas e de Direito Público*, (Paris, 1978).
— —, A luta pela Justiça na Colonização do Brasil, in *Estudos de Cultura Portuguesa*, volume 3, (Lisboa, 2002).
— —, A aplicação das leis no Ultramar durante o Antigo Regime, in *Estudos de Cultura Portuguesa*, volume 3, (Lisboa, 2002).
— —, Para a História da Legislação e Jurisprudência em Portugal. Os livros de registo de leis e assentos dos tribunais superiores, in *Estudos de Cultura Portuguesa*, volume 3, (Lisboa, 2002).
— —, *O Poder Político no Renascimento Português*, (Lisboa, 1968).
— —, *Colecções de provas históricas dos objectivos nacionais*, (Lisboa, 1971).

ALBUQUERQUE, Ruy de; e MARTIM DE ALBUQUERQUE, *História do Direito Português,* (Lisboa, 1999).

ALENCAR, José de, *Ubirajara,* (São Paulo, 1993).

ALMEIDA, Candido Mendes de, *Direito Civil Ecclesiastico Brazileiro Antigo e Moderno,* 2 tomos, (Rio de Janeiro, 1866).

ALMEIDA COSTA, Mário Júlio de, Droit Portugais et ius commune, in *Rivista Internazionale de Diritto Commune,*(Roma,1999).

— —, *História do Direito Português,* (Lisboa, 2001).

ALMEIDA, Rita de, *O Diretorio dos Índios: um projeto de civilização no Brasil do séc. XVIII,* (Brasília, 1997).

AMARAL GURGEL, *Ensaios Quinhentistas,* (São Paulo, 1936).

AMARAL, J. Ribeiro do, *Ephemerides Maranhenses,* (Maranhão, 1923).

ANDRADA E SILVA, José Bonifácio de, *Apontamentos para a Civilização dos Índios Bárbaros do Reino do Brasil,* edição crítica de George C. A. Boehrer, (Lisboa, 1963).

ARNAUD, Expedito, *Aspectos da Legislação sobre os Índios do Brasil,* (Belém, 1971).

ARISTÓTELES, *Política,* Universidade de Brasília, (Brasília, 1988).

ARQUILLIÈRE, Origines de la Théories des deux glaives, in *Studi Gregoriani,* I, 1947.

ASTUTI, Guido, *Mos italicus e Mos gallicus nei Dialoghi «De Iuris Interpretibus» di Alberico Gentili,* (Bolonha, 1937).

BANDECHI, Brasil, *História Econômica e Administrativa do Brasil,* (São Paulo, 1970).

BARRADAS, Ildefonso Homero, *O Brasil nos tempos de El-Rei,* (São Paulo, 2002).

BARRETO, Luis Filipe, *Os Descobrimentos e o Renascimento – formas de Ser e Pensar nos séculos XV e XVI,* (Lisboa, 1983).

BEVILÁQUA, Clóvis, «As Capitanias Hereditárias perante o Tratado de Tordesilhas», in *Revista do Instituto Histórico e Geographico Brasileiro,* tomo especial de 1915, P. II.

— —, Instituições e costumes jurídicos dos indigenas brazileiros ao tempo da conquista, in *Criminologia e Direito*, (Bahia, 1896).

BIGOTTE CHORÃO, Maria José Mexia, *Doações e Forais das Capitanias do Brasil*, (Lisboa, 1999).

BOWER, Basílio, A Ordem Franciscana no Brasil 1500-1763, in *Anais do IV Congresso de História Nacional*, vol. 8, 1951.

BRÁSIO, António, A Acção Missionária no Período Henriquino, (Lisboa, 1958).

BRAVO LIRA, La Epopeya Misionera en América y Filipinas – Contribuición del poder temporal a la evangelización, in *História da Evangelización da América – Atas do Simpósio*, (Vaticano, 1992).

BROCHADO, Costa, A Espiritualidade dos Descobrimentos e Conquistas dos Portugueses, in *Portugal em África – Revista de Cultura Missionária*, Segunda série, Ano III, núm. 16, 1946, Julho-Agosto, pp. 232-240.

— —, O Problema da Guerra Justa em Portugal, in *Rumo – Revista de Cultura Portuguesa*, Ano I, 1946, pp. 41-59.

— —, *A Lição do Brasil*, (Lisboa,1949).

BUARQUE DE HOLANDA, Sérgio, *História geral da Civilização Brasileira*, (São Paulo, 1960).

— —, *Raízes do Brasil*, (Lisboa, 2000).

— —, *A Visão do Paraíso – Os motivos Edênicos no Descobrimento e Colonização do Brasil*, (São Paulo. 1954).

BUENO, Eduardo, *Náufragos, Traficantes e Degredados*, (Cascais, 2001).

CABRAL, António Vanguerve, in *Prática Criminal*, (Coimbra, 1730).

CABRAL DE MONCADA, Luis, As ideias políticas de Gil Vicente, in *Estudos Filosóficos e Históricos*, vol. 2, (Coimbra, 1958).

— —, Universalismo e Individualismo na concepção do Estado: S. Tomás de Aquino, in *Estudos Filosóficos e Históricos*, vol. 1, (Coimbra, 1958).

CABRAL, Osvaldo R., *A Organização das Justiças na Colônia e no Império e a História da Comarca de Laguna*, (Porto Alegre, 1955).

CAETANO, Marcello, *Direito Público Colonial Português*, (Lisboa, 1934).

— —, Recepção e Execução dos Decretos do Concílio de Trento em Portugal, in *Revista da Faculdade de Direito da Universidade de Lisboa*, vol. XIX, 1963.

——, *Tradições, Princípios e Métodos da Colonização Portuguesa*, (Lisboa, 1951).
——, *O Conselho Ultramarino – Esboço da sua História*, (Lisboa, 1967).

CALASSO, Francesco, *Medio Evo del Diritto*, (Milano, 1984).

CALMON, Pedro, *Espírito da Sociedade Colonial, (São Paulo, 1935)*.

——, *História do Brasil*, vols. I e II, (Rio de Janeiro, 1959).
——, *A Primeira Constituição do Brasil- Regimento de D. João III a Tomé de Sousa*, (Rio de Janeiro, 1943).
——, A Primeira Cidade: Bahia, *Revista de Ciências do Homem*, vol. IV, série A, (Lourenço Marques, 1972).

CAPÊLO, José Manuel, *Portugal templário, Relação e sucessão dos seus Mestres* [1124-1314], (Lisboa, 2003).

CARLYLE, Irmãos, *A History of Mediaeval Political Theory in the West*, 4 vols., London, 1915.

CARPINTERO, Francisco, Mos italicus, Mos gallicus y el Humanismo racionalista, in *Ius Commune*, 1976,

CASTRO, José de, *Portugal no Concílio de Trento*, vol. VI, (Lisboa, 1946).

CATHARINO, José Martins, *Trabalho índio em Terras da Vera ou Santa Cruz e do Brasil*, (s.i.l., s.i.d.).

CHARLES SAINTE-FOY, *Padre Manuel da Nóbrega – primeiro apóstolo do Brasil*, (São Paulo, 2000).

CHAUNU, Pierre, Brésil et Atlantique au XVII siècle, in *Annales, Economies-Sociétés-Civilisations*, 1961.

COELHO, Maria Helena da Cruz, *O Baixo Mondego nos finais da Idade Média – Estudos de História Rural*, 2 volumes, (Coimbra, 1983).

CORRÊA DE OLIVEIRA, Plinio, *Revolução e Contra-Revolução*, (São Paulo, 1998).

CORREIA, Fernando da Silva, *Origens e formação das Misericórdias Portuguesas*, (Lisboa, 1944).

CORTESÃO, Jaime, *A Colonização do Brasil*, (Lisboa, s.i.d.).

COUTO, Jorge, *A Construção do Brasil – Ameríndios, Portugueses e Africanos, do início do povoamento a finais de Quinhentos*, (Lisboa, 1997).

CRUZ, Maria do Rosário de Sampaio Themudo Barata de Azevedo, A Mesa da Consciencia e Ordens, o Padroado e as perspectivas da Missionação, in *Actas do Congresso Missionação Portuguesa e Encontro de Culturas*, vol. II, (Braga, 1993).

— —, *As Regências na Menoridade de D. Sebastião – Elementos para uma história estrutural*, 2 vols. (Lisboa, 1992).

DIAS, Eduardo, A Terra de Vera Cruz na Era de Quinhentos, (Lisboa, 1949).

DIAS, José Sebastião da Silva, *Correntes do Sentimento Religioso em Portugal – Séculos XVI a XVIII*, (Coimbra, 1960).

— —, *Os Descobrimentos e a Problemática Cultural do Século XVI*, (Porto, 1982).

DIAS, Pedro, *História da Arte Portuguesa no Mundo (1415-1822) – O Espaço Atlântico*, Círculo de Leitores, (s.l., s.d.).

Diccionário de História Eclesiastica de España, (Madrid, 1972).

DIÉGUES, Manuel, Mestiçagem e Transculturação no Brasil do Século XVI, in *Revista de Ciências do Homem*, vol. IV, série A, (Lourenço Marques, 1972).

DINIS, António J. Dias, A Prelazia *Nullius Dioecesis* de Tomar e o Ultramar Português até 1460, in *Anais da Academia Portuguesa de História*, 2ª série, vol. 20, (Lisboa, 1971).

— —, A Prelazia *Nullius Dioecesis* de Tomar e o Ultramar Português na segunda metade do século XV, in *Boletim Cultural da Guiné Portuguesa*, n. 105, ano XXVII, (Bissau, 1972).

EÇA, Vicente M. M. C. Almeida D.' *Normas Económicas na Colonização Portuguesa até 1808,* (Coimbra,1921).

Enciclopedia Cattolica, (Vaticano, 1950).

Enciclopedia da la Religion Catolica, (Barcelona, 1951).

FANFANI, Amintore, Sullo Sviluppo del Brasile nell'era Coloniale, in *Rivista Internazionale di Scienze Sociali,* anno XLVII, (Milano, 1939).

FERNANDES, Florestan, *A Função Social da guerra na Sociedade Tupinambá,* (São Paulo,1952).

FERRÃO, J. F. Mendes, A Aventura das Plantas e os Descobrimentos Portugueses, (Lisboa, 1992).

FERREIRA, Manuel Lopes, *Pratica Criminal – Expendida na forma da praxe observada nesse nosso Reyno de Portugal; e novamente accrescentada, e illustrada com muitas Ordenaçoens, Leys Extravagantes, Regimentos, e Doutores*, 4 tomos, (Lisboa, 1741).

FERREIRA, Tito Lívio, *O Ordem de Cristo e o Brasil*, (São Paulo, 1980).

FERREIRA, Waldemar, *História do Direito Brasileiro*, vol. II, (São Paulo, 1952).

— —, *A Política de Proteção e Elevação das Raças Exóticas do Brasil nos Séculos XVI a XVIII*, (São Paulo, 1963).

FIGUEIREDO MARCOS, Rui Manuel de, A Legislação Pombalina, in *Boletim da Faculdade de Direito de Coimbra*, vol. XXXIII

— —, *As Companhias Pombalinas – Contributo para a História das Sociedades por acções em Portugal*, (Coimbra, 1997).

FORTUNATO DE ALMEIDA, *História da Igreja em Portugal*, tomo III, (Coimbra 1915).

FRANKLIN, Julian, *Jean Bodin and the Sixteenth-Century Revolution in the Methodology of Law and History*, (New York, 1963).

FRANCO, Afonso Arinos de Mello, *O Indio Brasileiro e a Revolução Francesa*, (Rio de Janeiro, 1937).

FREI GASPAR DE MADRE DEUS, *Memórias para a História da Capitania de São Vicente*, (São Paulo, 1975).

FREYRE, Gilberto, *Casa-Grande e Senzala*, 2 vols., (São Paulo, 1946).

— —, *O Luso e o Trópico*, (Lisboa, 1961).

GIACON, Le Due Spade, in *Rivista Int. di Filosofia del Diritto*, XXXVI, 1959.

GOES, Synésio Sampaio, *Navegantes, Bandeirantes, Diplomatas*, (São Paulo, 1999).

GÓMEZ, Carmen Ruigómez, *Una política indigenista de los Habsburgo: el Protector de Indios en el Perú*, (Madrid, 1989).

GONÇALVES, Maria da C. O. D., *O Índio da Brasil na Literatura Portuguesa dos séulos XVI, XVII e XVI*, (Coimbra 1961).

GONÇALVES CEREJEIRA, *O Renascimento em Portugal-Clenardo e a sociedade portuguesa*, (Coimbra, 1975).

GUEDES, Max Justo, *O Descobrimento do Brasil – [1500-1530]*, (Lisboa, 2000).

GUIMARÃES, Luis de Oliveira, A condição jurídica das capitanias brasileiras, in *Congresso do Mundo Português*, vol. IX, 1940, pp. 129-133.

GUSMÃO, Adauto Buarque de, Evolução do Brasil Colonial, in *Revista da Universidade de Minas Gerais*, número 13, (Belo Horizonte, 1963).

HANKE, Lewis, *La Lucha Española por la Justicia en la Conquista de America*, (Madrid, 1967).

— —, *Aristotle and the american indians*, (London, 1959).

HESPANHA, António Manuel, *Panorama Histórico da Cultura Jurídica Europeia*, (Lisboa, 1998).

História da Colonização Portuguesa do Brasil, sob a direcção de Carlos Malheiro Dias, 3 volumes, (Porto, 1923).

História do Exército Brasileiro, vol. I, (Brasília, 1972).

JOHNSON, Harold, e M.B. NIZZA DA SILVA, *O Império Luso-Brasileiro(1500--1620)*, vol. VI, (Lisboa, 1992).

KANTOROWICZ, Ernst W., *Oeuvres*, (Paris, 2000).

KANTOROWICZ, Herman, The Quaestiones Disputatae of the glossators, in *Revue d'Histoire du droit*, XVI, 1939.

LAGARDE, *La Naissance de l'esprit laique au déclin du Moyen Age*, (Paris, 1926).

LEVILIER, Roberto, Don Francisco de Toledo, Supremo Organizador del Peru, (Madrid, 1935).

LIEBMAN, Enrico Tullio, Istituti del Diritto Comune nel Processo Civile Brasiliano, in *Rivista Italiana per le Scienze Giuridiche*, vol. II, pp. 154-181, (Milano, 1948).

LISBOA, J. Francisco, *Apontamentos, Notícias e Observações para servirem à História do Maranhão*, in "Jornal de Tímon", II, vols. 1 e 2, (Brasília, s.i.d.).

— —, *Vida do Padre Vieira*, (Rio de Janeiro, 1956).

Livro da Guerra de Ceuta, publicado pela Academia de Sciencias de Lisboa, s.d..

LOPES, António, D. João III e Inácio de Loiola, in *Brotéria,* 134, (Braga, 1992).

— —, Gratidão de Inácio de Loiola para com D. João III, in *Brotéria,* 134, (Braga, 1992).

LÚCIO DE AZEVEDO, J., *Épocas de Portugal Económico,* (Porto, 1988).

MACEDO SOARES, José Carlos de, *Fontes da História da Igreja no Brasil,* (São Paulo, 1954).

MAFFEI, Domenico, *Gli inizi dell'umanesimo giuridico,* (Milano, 1956).

MARCHANT, Alexander, *Do Escambo à Escravidão,* (São Paulo, 1980).

MARNOCO E SOUSA, *Administração Colonial e Direito Colonial,* (Coimbra, 1911).

MARTINEZ, Pedro Soares, *História Diplomática de Portugal,* (Lisboa, 1992).

MATTEI, ROBERTO de, *A Soberania Necessária,* (Porto, 2001).

— —, *Guerra Justa Guerra Santa – Ensaio sobre as Cruzadas, a Jihad islâmica e a tolerância moderna,* (Porto, 2002).

MAURO, Fréderic, Do pau brasil ao açúcar, estruturas económicas e instituições políticas, 1530-1580, in *Revista de Ciências do Homem,* vol. IV, série A, (Lourenço Marques, 1972).

— —, *Portugal, o Brasil e o Atlântico – 1570-1670,* vol. I, (Lisboa, 1989).

MEIRELES, Mário M., *Dez Estudos Históricos,* (São Luis,1994).

MENDONÇA, Marcos Carneiro de, *Raízes da Formação Administrativa do Brasil,* IHGB, 2 vols, (Rio de Janeiro, 1972).

MELLO, José António Gonsalves de, *Um Tribunal da Inquisição em Olinda, Pernambuco (1594-1595),* (Coimbra, 1991).

MERÊA, Paulo, Um Relatório Notável, in *Boletim da Faculdade de Direito de Coimbra,* vol. XX, (Coimbra, 1944).

— —, Suarez jurista, in *Revista da Universidade de Coimbra*, (Coimbra, 1917).

— —, A solução tradicional da colonização do Brasil, in *História da Colonização Portuguesa do Brasil*, volume 3, (Porto, 1923).

— —, A Guerra justa segundo Álvaro Pais, in *O Instituto*, vol. 64, (Coimbra, 1917).

Mesa da Consciência e Ordens, I.N.T.T., inventário elaborado por Maria do Carmo Jasmins Dias Farinha e Anabela Azevedo Jara, (Lisboa, 1997).

MÉTRAUX, Alfred, *The Revolution of the Ax*, (s.l., 1959).

— —, *La religion des Tupinambá*, (Paris, 1928).

MICHAEL PALENCIA-ROTH, The Cannibal Law of 1503, in *Early Images of the America; Transfer and Invention*, The University of Arizona Press.

MINCHINTON, W. E., *Brazil 1530-1580; An English View*, in *Revista de Ciências do Homem*, vol. IV, série A, (Lourenço Marques, 1972).

MONTEIRO, John Manuel, As populações indígenas no litoral brasileiro no século XVI: transformação e resistência, in *O Brasil nas vésperas do Mundo Moderno*, (Lisboa, 1992).

NEMÉSIO, Vitorino, O Campo de São Paulo – A Companhia de Jesus e o Plano Português do Brasil (1528-1563), in *Obras Completas*, Vol. XXIII, (Lisboa, 2001).

NEVES, Guilherme Pereira das, *E Receberá Mercê: A Mesa da Cosciência e Ordens e o Clero Secular no Brasil 1808-1828*, (Rio de Janeiro, 1997).

NIZZA DA SILVA, Maria Beatriz(coordenação de), *Cultura Portuguesa na Terra de Santa Cruz*, (Lisboa, 1995).

— —, *Brasil – Colonização e Escravidão*(organização de), (Rio de Janeiro, 1999).

OLIVAL, Fernanda, *As Ordens Militares e o Estado Moderno – Honra, Mercê e Venalidade em Portugal (1641-1789)*, (Lisboa, 2001).

OLIVEIRA VIANA, *Populações Meridionais do Brasil*, (Brasília, 1982).

— —, *Instituições Políticas Brasileiras*, (Brasília, 1982).

OSÓRIO, Baltasar, *Ceuta e a Capitania de D. Pedro de Meneses – 1415--1437*, (Lisboa, 1933).

OTÁVIO, Rodrigo, *Os Selvagens Americanos perante o Direito*, (São Paulo, 1946).

OTS, José Maria. *Manual de História del Derecho Español en las Indias y del Derecho propriamente Indiano*, (Buenos Aires, s.d.).

PEIXOTO, Afrânio, *Pequena História das Américas*, (São Paulo, 1940).

PERDIGÃO MALHEIRO, *A Escravidão no Brasil – Ensaio Histórico, Jurídico, Social*, I, (Petrópolis, 1976).

PETERS, Rex inutilis: Sancho II of Portugal and Thirteenth-Century deposition theory, in *Studia Gratiana*, Bolonha, 1967.

PIERONI, Geraldo, *Os Excluídos do Reinos*, (Brasília, 2000).

PINA, Rui de, *Crónica de D. Dinis*, (Porto,1945).

PISANO, Mestre Mateus de, *O Livro da Guerra de Ceuta (1460),* publicado pela Academia de Sciencias de Lisboa e vertido em português por Roberto Correa Pinto, (Lisboa, s.i.d.).

QUEIROZ VELOSO, *A Dominação Filipina*, (Coimbra, 1930).

REBELLO DA SILVA, Luiz Augusto, *Corpo Diplomático Portuguez*, Tomo I, (Lisboa, 1862).

REIS FILHO, Nestor Goulart, *Evolução Urbana do Brasil (1550-1720)*, (São Paulo, 1968).

RIBEIRO, João, *História do Brasil*, (São Paulo, 1960).

ROCHA PITTA, *História da América Portuguesa*, (São Paulo, 1964).

RODRÍGUEZ PUERTO, Manuel Jesús, *La Modernidad Discutida – Iurisprudentia frente a iusnaturalismo en el siglo XVI*,(Cádiz, 1998).

SALDANHA, António de Vasconcelos, Sobre o *officium missionandi* e a fundamentação jurídica da expansão portuguesa, in *Actas do Congresso Missionação Portuguesa e Encontro de Culturas*, vol. II, (Braga, 1993).

——, *As Capitanias Hereditárias do Brasil – Antecedentes, desenvolvimentone extinção de um fenómeno atlântico*, (Lisboa, 2001).

SANCEAU, Elaine, *Capitães do Brasil (1500-1572)*, (São Paulo, 2002).

——, *D. Henrique, o Navegador,* (Porto, 1988).

SANTOS JUSTO, António dos, O Direito Luso-Brasileiro: Raízes Históricas, in Lusíada – *Revista de Ciência e Cultura*, série de Direito, n° 1 e 2, Porto, 2001, pp. 79-104.

SANTOS, Eugénio dos, *Índios e Missionários no Brasil Quinhentista, do confronto à cooperação*, in Revista da Faculdade de Letras do Porto, II série, vol.IX, pp. 107-118.

SCHOLZ, Johannes-Michael, *Legislação e Jurisprudência em Portugal nos Sécs. XVI a XVIII*, (Braga, 1976).

SCHWARTZ, Stuart B., *Da América Portuguesa ao Brasil*, (Braga, 2003).

——, *Sovereignty and Society in Colonial Brazil – The High Court of Bahia and its judges, 1609-1751*, (London, 1973).
——, *Segredos Internos, Engenhos e Escravos na Sociedade Colonial*, (São Paulo, 1988).

SERAFIM LEITE, As raças do Brasil perante a ordem teológica, moral e jurídica portuguesa nos séculos XVI a XVIII, in *Scientia Ivridica*, XIII, (Braga, 1964).

——, Nóbrega o «Doutíssimo» ou a entrada da Literatura Jurídica no Brasil, in *Novas Páginas de História do Brasil*, (Lisboa, 1961).
——, *Novas Páginas de História do Brasil*, (Lisboa, 1961).
——, A Companhia de Jesus e os prêtos do Brasil, in *Brotéria*, 68, 1959.
——, *História da Companhia de Jesus no Brasil*, 2 vols., (Rio de Janeiro, 1938).
——, *Cartas do Brasil e outros Escritos do P. Manoel da Nóbrega (Opera Omnia)*, (Coimbra, 1955).
——, *Suma Histórica da Companhia de Jesus no Brasil – 1549-1760*, (Lisboa, 1965).

SERRÃO, J. Veríssimo, A busca de uma capital no Brasil Quinhentista, in *Revista de Ciências do Homem*, vol. IV, série A, (Lourenço Marques, 1972).

——, *O Tempo dos Filipes em Portugal e no Brasil (1580-1640)*, (Lisboa, 1994).
——, António Gouveia e a prioridade do método cujaciano, in *Boletim da Faculdade de Direito da Universidade de Coimbra*, 37, 1952.
——, *António Gouveia e o seu tempo*(1510-1566), (Coimbra, 1966).
——, *O Rio de Janeiro no século XVI – Documentos dos Arquivos Portugueses*, (Lisboa, 1965).

SIERRA, Vicente, *Asi se Hizo America – La Expansión de la Hispanidad en el siglo XVI*, (Madrid, 1955).

SILVA, Bolívar Bordallo da, *Fatôres dos Descobrimentos e Conquistas no Século XVI*, (Belém, 1946).

SILVA, Nuno Espinosa Gomes da, *História do Direito Português*, (Lisboa, 2000).

— —, *Humanismo e Direito em Portugal no século XVI*, (Lisboa, 1964).

SIMONSEN, Roberto, *História Econômica do Brasil*, 2 vols., (São Paulo, 1937).

SOUSA COSTA, A Expansão Portuguesa à luz do Direito, in *Revista da Universidade de Coimbra*, XX, 1962.

SOUSA, J. P. Galvão, Nação e Direito na formação brasileira, in *Scientia Ivridica,* tomo IV, (Braga, 1954-1955).

— —, *Introdução à História do Direito Político Brasileiro*, (São Paulo, 1954).

SOUSA E SILVA, Isabel L. Morgado, A Ordem de Cristo (1417-1521), in *Militarium Ordinum Analecta*, 6, (Porto, 2002).

SOUZA, Augusto Fausto de, *Estudo sobre a Divisão Territorial do Brasil*, (Brasília, 1988).

SOUZA RANGEL, Maria Amélia de, Os Reis de Portugal e a Igreja no Brasil, in *Anais do IV Congresso de História Nacional*, vol. 8, 1951, pp. 363-414.

STICKLER, Il potere coattivo dalla Chiesa nella Riforma Gregoriana secondo Anselmo da Lucca, in *Sudi Gregoriani*, II, 1947.

— —, Il gladius negli Atti dei Concili e dei RR. Pontefici sino a Graciano e Bernardo di Clairvaux, in *Salesianum*, XIII, 1951.

TAPAJÓS, Vicente Costa Santos, A Política Admnistrativa de D. João III, in *História Admnistrativa do Brasil*, vol. 2, tomo III, (Brasília,1983).

TAUNAY, Affonso de E., *João Ramalho e Santo André da Borda do Campo*, (São Paulo, 1953).

— —, *São Paulo no Século XVI*, (São Paulo, 2003).

TAUNAY, Alfredo d'Escragnolle e Hélio de Alcantara Avellar, Preliminares Européias – Administração Manuelina, in *História Administrativa do Brasil*, vol 1, tomos I e II, (Brasília, 1984).

TERNI, Massimo, *La Pianta della Sovranità. Teologhia e Politica tra Medioevo ed età Moderna*, (Roma, 1995).

Textos Clássicos sobre o Direito e os Povos Indígenas, (Curitiba, 1992).

The Coronation of Her Majesty Queen Elizabeth II, 2 June 1953, (London, 1953).

THOMAS, Georg, *Die portugiesische Indianerpolitik in Brasilien 1500-1640*, (Berlim, 1968), existe tradução portuguesa (São Paulo, 1981).

TRÍPOLI, César, *História do Direito Brasileiro*, vol. 1, (São Paulo, 1936).

TOMÁS DE AQUINO, *Tratado da Lei*, Colecção Resjurídica, (Porto, s.i.d.).

VANDERPOL, *La Doctrine scolastique du droit de guerre*, (Paris, 1919).

VARNHAGEN, Francisco Adolfo de, *História Geral do Brasil*, 5 vols., 5ª edição anotada por Adolfo Garcia, (São Paulo, 1948).

VELLOSO, Manuel Coelho, *Notícia Histórica da Meza da Consciência e Ordens*, 1732, Biblioteca Nacional de Lisboa, Cód. 10887.

VIANNA, Hélio, *História do Brasil*, (São Paulo, 1972).

VÉDRINE, Hélène, *As Filosofias do Renascimento*, (Lisboa, 1974).

VILLAS, Gaspar do C. Ribeiro, *Os Portugueses na Colonização*, (Lisboa, 1929).

WITTE, Charles-Martial de, Le *regimento* de la *Mesa da Consciencia* du 24 de novembre de 1558, in *Revista Portuguesa de História*, tomo IX, (Lisboa, 1960).

– –, *La correspondenza des premiers nonces au Portugal, 1532-1533*. Academia Portuguêsa de História, (Lisboa 1980).

ZURARA, Gomes Eannes, *Crónica da Tomada de Ceuta por El Rei D. João I*, publicada por ordem da Academia das Sciencias de Lisboa segundo os manuscritos 368 e 355 do Arquivo Nacional por Francisco Maria Esteves Pe-reira, (Lisboa, 1915).

ÍNDICE

PREFÁCIO 7

INTRODUÇÃO 11

PRIMEIRA PARTE

CAPÍTULO 1 – **A Ordem de Cristo nos primórdios dos Descobrimentos**

   1.1 O início das Navegações e a Ordem de Cristo 23
   1.2 O Padroado e a Jurisdição Espiritual 29
   1.3 O Reconhecimento do Direito de Padroado 35
   1.4 A percepção e a aplicação dos dízimos 38
   1.5 O descobrimento e a primeira colonização 40
   1.6 O Governo geral e o padroado régio 43

CAPÍTULO 2 – **Um Tribunal sui generis: A Mesa da Consciência e Ordens**

   2.1 Os poderes reais 47
   2.2 A Era de D. João III 48
   2.3 A Mesa da Consciência e Ordens 52
      2.3.1 *A Composição do Tribunal* 54
      2.3.2 *O absolutismo* 58
      2.3.3 *A Competência do Tribunal* 61
      2.3.4 *Os resgates dos cativos* 65
      2.3.5 *As matérias da consciência* 71
      2.3.6 *Acerca do confessor* 75
   2.4 O espiritual e o temporal no ultramar português 79

CAPÍTULO 3 – **O Direito nascente**

   3.1 Duas manifestações de cultura jurídica no Brasil 85

SEGUNDA PARTE

CAPÍTULO 1 – **Portugueses e Índios: o encontro de dois povos e duas mentalidades**

1.1 O primeiro contacto 107
1.2 O rompimento de hostilidades 114

CAPÍTULO 2 – **A luta pelo Direito no Brasil Quinhentista**

2.1 Os antecedentes doutrinários das leis acerca do cativeiro dos índios 117
2.2 O Livro da Nau Bretôa 126
2.3 As Cartas de doação 128
2.4 O Regimento de Tomé de Sousa 130
2.5 A Carta do primeiro ouvidor geral 136
2.6 O Governador Mem de Sá 139
2.7 A antropofagia 148

CAPÍTULO 3 – **Uma visão sobre os diplomas acerca da liberdade dos Índios**

3.1 A Lei de Dom Sebastião de 20 de Março de 1570 157
3.2 Um relance sobre o período filipino 166
3.3 O Regimento do governador Francisco Giraldes 171
3.4 A Lei de Filipe I de 22 de Agosto de 1587 180
    3.4.1 *Uma Lei ao final do reinado de Filipe I* 191
    3.4.2 *O Regimento de 26 de Julho de 1596* 192
3.5 No dealbar de Seiscentos: a legislação de Filipe II 196
    3.5.1 *A Lei de 30 de Julho de 1609* 200

CONCLUSÕES 205

ANEXOS 211

BIBLIOGRAFIA 255